高等学校交通运输与物流专业规划教材

国际货物运输与保险

胡 骥 主编

西南交通大学出版社
·成都·

内 容 简 介

本书全面系统地阐述了国际货物运输与保险的基础理论和基本知识。主要内容包括：国际贸易相关知识，国际货运代理，国际海洋货物运输，国际铁路货物运输，国际航空货物运输，国际集装箱货物运输，国际多式联运与大陆桥运输等方面的知识，以及保险的基本知识、海运货物保险的保障范围与条款、海运货物保险实务等方面的内容。

本书可作为高等院校交通运输、物流管理、国际运输等专业的教材，也可作为国际货运从业人员培训与资格考试的参考教材，同时也是国际货物运输与保险从业人员的学习参考用书。

图书在版编目（CIP）数据

国际货物运输与保险/胡骥主编. —成都：西南交通大学出版社，2015.2（2019.7 重印）
高等学校交通运输与物流专业规划教材
ISBN 978-7-5643-3727-8

Ⅰ. ①国… Ⅱ. ①胡… Ⅲ. ①国际货运 – 高等学校 – 教材②国际货运 – 交通运输保险 – 高等学校 – 教材 Ⅳ. ①F511.41②F840.63

中国版本图书馆 CIP 数据核字（2015）第 027130 号

高等学校交通运输与物流专业规划教材

国际货物运输与保险

胡 骥 主编

责 任 编 辑	王 旻
封 面 设 计	本格设计
出 版 发 行	西南交通大学出版社 （四川省成都市二环路北一段 111 号 西南交通大学创新大厦 21 楼）
发 行 部 电 话	028-87600564　028-87600533
邮 政 编 码	610031
网　　　　址	http://www.xnjdcbs.com
印　　　　刷	成都市书林印刷厂
成 品 尺 寸	185 mm × 260 mm
印　　　　张	17.25
字　　　　数	428 千
版　　　　次	2015 年 2 月第 1 版
印　　　　次	2019 年 7 月第 3 次
书　　　　号	ISBN 978-7-5643-3727-8
定　　　　价	38.00 元

课件咨询电话：028-87600533
图书如有印装质量问题　本社负责退换
版权所有　盗版必究　举报电话：028-87600562

前　言

随着全球经济一体化进程的不断推进，全世界已逐渐形成为一个统一的大市场，社会化、专业化的全球分工已成为不可抗拒的趋势。在这样的宏观背景下，国际间货物流动亦会不断增加和加强。从近年来的发展看，这一发展趋势在中国表现得更加明显，与世界各国的进出口货运量迅速增长。作为从事运输领域工作的人员必须认识到，相应的运输活动已不能仅仅着眼于国内货运市场，还应该把目光投放到国际货运市场中去。因此，需要加强在此方面知识的学习。

国际货物运输与保险作为一门专业性很强的课程，它不仅涉及国际贸易的相关知识，而且涉及国际运输及与之相关的保险的基本理论和知识，其内容广泛而复杂，并且其中有些还处在不断变化之中。故本书力求反映国际货物运输与保险相关的方面的最新动态和发展趋势，做到理论与实际相结合，以使读者掌握基本理论、基本知识和基本方法为根本目的。

全书共 14 章，分为上下两篇。上篇为国际货物运输，从第一章至第九章，主要介绍国际货物运输基本概述；国际贸易基本知识；不同运输方式的国际货物运输以及各种运费的计算；国际集装箱运输与国际多式联运等。下篇为国际货物运输保险，从第十章至第十四章，介绍了保险的基本知识，国际货物运输保险的保障范围，中外保险条款的内容和投保、承保、理赔和索赔等实务操作。

本书是在胡骥 2007 年编写的《对外贸易运输与保险》一书的基础上修改的。编者对原内容进行了精减和再加工，又补充了较多的新内容。参与本书编写的有关人员为：胡万欣（第一章、第九章）、蒋晶尧（第三章、第四章）、方晓丽（第八章）、杨莉（第七章）、黄义（第五章、第六章）、林菁（第二章、第十三章、第十四章）、刘艳（第十章、第十一章、第十二章），王全、王利利、张艳、张晓、沈佳曦在资料收集和文字整理方面做了大量工作。全书由胡骥担任主编，负责统稿并定稿。

在本书编写过程中，参考了很多专家学者的相关论著，其中主要的参考文献在本书最后列出。在此，谨向这些专家学者表示诚挚的感谢和崇高的敬意。同时向为本书出版提供帮助的西南交通大学出版社表示衷心的感谢。

由于本书所涉及的内容广泛而复杂，加之编写时间紧迫，编者的水平有限，故书中难免出现疏漏甚至错误的地方，敬请专家学者与读者批评指正。

编　者

2014 年 12 月于成都

目 录

上篇　国际货物运输

第一章　国际货物运输概述 ………………………………………………………… 1
第一节　国际货物运输的特点与作用 …………………………………………… 1
第二节　国际货物运输的组织与方式 …………………………………………… 3
第三节　国际货物运输的任务和要求 …………………………………………… 5
思考题 ……………………………………………………………………………… 7

第二章　国际贸易相关知识 ………………………………………………………… 8
第一节　国际贸易的基本概念与分类 …………………………………………… 8
第二节　进出口贸易一般程序 …………………………………………………… 10
第三节　国际贸易术语 …………………………………………………………… 14
第四节　支付工具与收付方式 …………………………………………………… 25
思考题 ……………………………………………………………………………… 30

第三章　国际货运代理 ……………………………………………………………… 31
第一节　国际货物运输代理概述 ………………………………………………… 31
第二节　国际货运代理关系和责权 ……………………………………………… 35
第三节　我国国际货运代理 ……………………………………………………… 37
思考题 ……………………………………………………………………………… 43

第四章　海洋货物运输基础知识 …………………………………………………… 44
第一节　海洋货物运输概述 ……………………………………………………… 44
第二节　商船与货物基础知识 …………………………………………………… 47
第三节　海运航线与主要贸易港口 ……………………………………………… 56
思考题 ……………………………………………………………………………… 62

第五章　国际海洋货物运输 ………………………………………………………… 63
第一节　班轮运输 ………………………………………………………………… 63
第二节　租船运输 ………………………………………………………………… 75
第三节　海运提单 ………………………………………………………………… 85
第四节　海运进出口货物运输业务 ……………………………………………… 95
第五节　索　赔 …………………………………………………………………… 99
思考题 ……………………………………………………………………………… 103

第六章 国际铁路货物运输 104
第一节 国际铁路货物联运概述 104
第二节 国际铁路货物联运业务流程 111
第三节 国际铁路货物联运运送费用计算和核收 120
第四节 对港澳地区的铁路货物运输 123
思考题 126

第七章 国际航空货物运输 127
第一节 国际航空货物运输概况 127
第二节 国际航空货物运输方式 130
第三节 国际航空货物运输运费 132
第四节 国际航空运单 138
第五节 国际航空货运代理业务 141
思考题 146

第八章 国际集装箱货物运输 147
第一节 国际集装箱运输概述 147
第二节 集装箱货运流程与交接方式 154
第三节 集装箱进出口货运程序 157
第四节 集装箱运输的运费 161
思考题 166

第九章 国际多式联运与大陆桥运输 167
第一节 国际多式联运概述 167
第二节 国际多式联运单证及其业务 171
第三节 大陆桥运输 174
思考题 176

下篇 国际货物运输保险

第十章 保险基础知识 177
第一节 保险概述 177
第二节 保险的基本原则 180
第三节 保险合同 188
思考题 194

第十一章 海洋运输货物保险保障范围 195
第一节 海运货物保险保障的风险 195
第二节 海运货物保险保障的损失 199
第三节 海运货物保险保障的费用 205
思考题 209

第十二章 海洋运输货物保险条款 ·············· 210
第一节 我国海洋运输货物保险条款 ·············· 210
第二节 伦敦保险协会海运货物保险条款 ·············· 223
思考题 ·············· 233

第十三章 其他货物运输保险 ·············· 234
第一节 陆上运输货物保险 ·············· 234
第二节 航空运输货物保险 ·············· 236
第三节 邮包运输货物保险 ·············· 238
思考题 ·············· 239

第十四章 国际货物运输保险实务 ·············· 240
第一节 国际货物运输保险投保实务 ·············· 240
第二节 国际货物运输保险承保实务 ·············· 244
第三节 国际货物运输保险索赔实务 ·············· 247
第四节 国际货物运输保险理赔实务 ·············· 249
思考题 ·············· 254
计算题 ·············· 255

附录 ·············· 256

参考文献 ·············· 267

上篇 国际货物运输

第一章 国际货物运输概述

> **学习目标**
>
> 掌握国际货物运输的含义与主要特点，理解国际货物运输的作用。
> 了解国际货物运输的组织与方式。
> 理解我国国际货物运输的基本要求和任务。

第一节 国际货物运输的特点与作用

一、国际货物运输定义

货物运输可按地域划分为国内货物运输和国际货物运输两类。其中，国际货物运输就是货物在国家与国家、国家与地区之间的运输。或者可以将国际货物运输解释为是实现进口商品、暂时进口商品、转运物资、过境物资、邮件、国际捐赠和援助物资、加工装配所需物料、部件以及退货等从一国家（地区）向另一国家（地区）运送的活动。由于国际货物运输主要是以贸易物资运输为主，它与国际贸易发展联系紧密，所以国际货物运输也通常被称为国际贸易运输（或外贸运输），是国际贸易的重要环节，对国际贸易的顺利进行起着重要的作用。

二、国际货物运输的特点

由于国际货物运输是国际间的运输活动，所以它具有不同于国内运输的许多特点。

1. 政策性强

国际货物运输是国际贸易的重要组成部分。由于在进行国际货物运输的时候，必然同其他国家或地区之间在政治、经济、军事、文化、外交等多方面产生联系，因此国际政治经济形势对国际货物运输有着非常重要的影响。同时应当认识到，在我国国际货物运输活动既是一项经济活动也是一项重要的外事活动，其始终是国家整体对外工作的一部分。这就要求从事国际货物运输活动必须符合有关对外政策的要求。

2. 运输路线长、环节多

国际货物运输是国与国之间的运输，一般运距较长。在国际货物运输过程中，往往需要使用多种运输工具，变换不同的运输方式，经由不同的国家和地区，中途还要经过多次装卸搬运，中间环节很多，其中任何一个环节发生问题，都会影响整个国际货物运输进程。

3. 涉及面广，情况复杂多变

在国际货物运输过程中，需要同国内外货主、交通运输部门、检验检疫机构、保险公司、银行、海关和各种中间代理人打交道，涉及面很广。同时，由于不同国家的政治、法律、金融货币制度是不同的，贸易、运输习惯和经营做法也有差别，并且国际货物运输易受国际政治、经济形势变化和自然条件的影响，情况十分复杂，可变的因素众多，一旦某一方面出问题，就可能影响整个国际货物运输工作。

4. 时间性强

国际货物运输过程中，按时装运进出口货物，及时将货物从起运地运至目的地，对完成运输任务、满足市场需要、减少货损和提高商品的竞争能力，有着重要的意义。特别是在当前国际市场竞争十分激烈的情况下，必须加快货运速度，使货物尽快投入市场。如果不能及时装卸，运输迟缓，到货慢，就会影响国际贸易的开展，甚至会减少销路或丢失市场。一旦国际货物运输耽误行情，损失就会相当大。

5. 风险较大

由于国际货物运输中环节多，运输距离长，涉及面广，情况复杂多变，加之时间性又很强，在运输沿途国际形势的变化、社会的动乱，各种自然灾害和意外事故的发生，以及战乱、封锁禁运或海盗活动等，都可能直接或间接地影响到国际货物运输，以至于造成严重后果，因此国际货物运输的风险较大，也正因此国际货物运输需要一定的风险保障机制，以在风险发生后转移风险损失。

三、国际货物运输的作用

1. 国际货物运输是国际贸易的重要组成部分

交通运输是伴随着商品生产和商品交换而产生和发展的。商品生产离不开运输，商品交换更需要运输，商品的价值必须通过运输才能实现。国际贸易是国家或地区之间进行的商品、劳务和技术的交换活动，如果没有国际货物运输，货物不能实现从卖方到买方的转移，则国际贸易的全过程就无法实现和完成。所以国际货物运输是国际贸易活动的不可缺少的重要组成部分。

2. 国际货物运输能够促进国际贸易的发展

随着世界各国生产的发展和世界贸易额的不断增长，国际贸易市场竞争越来越激烈，进出口商对交货时间、运输速度、运输质量、运输费用等更为重视，这无疑对国际货物运输提出了更高要求。为了适应国际贸易的发展，人们不断改进和采用现代化的运输工具，并采用科学化的运输管理模式，使国际运输体系结构、运输组织方法不断完善并日益成熟。运输能力的提高，缩短了运输时间，加速了货物的周转速度，增加了运载量，降低了运输成本，减少了货运损失，使国际贸易中的运输质量不断提高，有力地促进了国际贸易的发展。

3. 国际货物运输能够平衡国家外汇收入

国际货物运输是一种无形的国际贸易，它交换的是一种特殊的商品——运输服务。因此，对于一个国家而言，提供的运输服务越多，国际货运的规模越大，效益就越高，也就能获得更多的外汇收入，进而增加本国的外汇储备。

4. 国际货物运输能够促进国家间的经济与文化交流

发展国际货物运输能够促进国际间的商品流通日益频繁，国家地区间的经济分工与合作日益紧密，对全球经济一体化的形成也能起到积极的作用。同时，也促进了国际间的经济贸易往来及交流，促进了人员往来和各国经济科技文化交流。

第二节 国际货物运输的组织与方式

一、国际货物运输的组织机构

国际上从事国际货物运输的机构很多，但可以归纳为 3 个方面，即承运人、货主和运输代理人。这 3 个方面的业务构成了国际货物运输工作的主要内容。它们之间虽然在工作性质上有区别，但在业务上却有密切的联系。

1. 承运人

承运人是指专门经营水上、铁路、公路、航空等客货运输业务的交通运输机构，一般都拥有大量的运输工具，为社会提供运输服务。例如中国远洋运输公司、中国海运集团总公司、铁路运输部门、公路交通部门、航空公司等。此外，无船公共承运人和国际多式联运经营人也是国际货物运输的承运人。

2. 货 主

货主主要是指从事国际贸易业务的进出口企业。它们为履行贸易合同，必须组织进出口商品的运输，向承运人托运或收取货物，是进出口货物的收货人或发货人。在我国主要有国有企业、集体和民营企业等各类从事国际贸易业务的企业。

3. 运输代理人

运输代理人是指根据货主或承运人的要求,代办国际贸易货物运输相关业务的中间机构。它们属于运输中间人性质,在承运人与货主之间起着桥梁作用。比如中国对外贸易运输公司、中国租船公司、外轮代理公司及其他各种货运代理公司等。

二、国际货物运输方式

根据所使用的运输工具和运输线路,国际货物运输主要分为如表1.1所示的几种方式。各种运输方式各有特点,适应不同种类、不同距离的货物运输。综合考虑货物的性质、运量的大小、运距的长短、供求的缓急、运输费用的高低、自然气候条件以及国际政治形势等因素,选择合适的运输方式,对顺利完成国际货物运输具有重要的作用。

表1.1 国际货物运输方式

陆上运输	铁路运输			国际多式联运集装箱运输
	公路运输			
水上运输	海洋运输	沿海运输	河海联运	
		近海运输		
		远洋运输		
	内河运输			
航空运输				
管道运输				
邮政运输				

1. 陆路运输

陆路运输主要由公路运输和铁路运输两种运输方式组成。在国际货物运输中,陆路运输主要在大陆桥运输、国际多式联运以及实现货物向收货人实际交付等方面起着不可替代的作用。特别是铁路运输,其在各种运输方式完成的国际货物运量中占有相当大的比重。由于我国边境线漫长,接壤的国家众多,在与这些国家的贸易货物运输中陆路运输是主要的方式,发挥着重要的功能和作用。

2. 水路运输

水路运输根据船舶航行水域可分为内河运输和海洋运输,其中海洋运输又分为沿海运输、近海运输和远洋运输3种。海洋运输是国际货物运输最主要的运输方式,换句话说,国际货物运输的主体是海洋运输。内河运输则是水路国际货物运输的重要补充,比如在与邻国有江河连通的地域,其在实现河海联运、铁水联运等方面有着独特的作用。

3. 航空运输

航空运输在参与国际货物运输中，其运送货物有一定的特定性，比如航空货运一般适用于运输具有重量较轻、体积较小、贵重、紧急、鲜活等特性的货物。随着国际贸易的变化和航空业的发展，航空运输在国际货物运输中的地位日渐突出，特别是伴随国际快递业务的不断膨胀，航空运输的运量和范围得到较大的发展。

4. 管道运输

管道运输主要运送液体和气体货物。对于一些油、气资源丰富的国家以及需要大量进口油、气资源的国家，在进行原油和天然气贸易时，管道运输起着不可替代的作用。比如中东国家、俄罗斯等向欧洲国家出口石油和天然气主要采用的就是管道运输。

5. 邮政运输

邮政运输是以邮政部门为载体，以邮政渠道实现国际货物运输的，其采用的运输方式可能是多种的，一般需要依靠实际承运人来完成货物运输任务。

6. 集装箱运输

集装箱运输是以集装箱为运输单位进行货物运输的现代化运输形式，由于其所具有的巨大优越性，目前已被国际货物运输活动普遍采用。从发展的趋势看，集装箱运输是普通件杂货运输的发展方向，已经并且将继续对国际货物运输产生深刻的影响。

7. 国际多式联运

国际多式联运一般以集装箱为媒介，将海上运输、陆路运输、航空运输以及内河运输等传统单一的运输方式有机地整合起来，使各种运输方式串联成为一个整体，货物从出发地到目的地的全部运输过程成为连贯运输。国际多式联运被更多地理解为一种运输组织形式，它所提供的运输服务更经济、更高效。

第三节 国际货物运输的任务和要求

一、国际货物运输的任务

国际货物运输是我国对外贸易的重要环节之一，它的基本任务是：根据对外开放政策的要求，在国家有关方针政策的指导下，合理利用各种运输方式和运输工具，多快好省地完成进出口运输任务，为发展对外经济贸易服务，为国家的外交路线服务，为国家现代化建设服务。具体而言，包括以下3个方面的内容：

1. 认真贯彻国家对外政策

国际货物运输涉及面广，需要同世界各种类型的国家和各式各样的客户接触，是国家对外活动的一部分,所以必须遵照国家对外方针政策和法律规定,与有关部门加强联系互相配合、密切协作,共同完成国际货物运输任务。

2. 按时、按质、按量完成进出口运输任务

国际货物运输商品流通是通过运输实现的。买卖合同签订后,只有通过运输才能实现货物的空间位移,及时将进出口商品运交约定地点,商品流通才能实现,合同才能履行。同时,装运期和交货期都是合同的主要条件,违反此项条件,即构成根本性违约,就有可能导致取消合同甚至被罚款的后果。因此,凡从事国际货物运输的有关部门和企业,都必须重合同、守信用,保证按时、按质、按量完成进出口运输任务。

3. 节省运输费用、降低运输成本

国际货物运输,由于其运程一般较长,环节较多,各项运杂费用的开支较大,故节省运杂费的途径较多,潜力比较大。因此,从事国际货物运输的部门和企业,应当把节省运杂费用、降低运输成本作为一项长期而重要的任务。

二、国际货物运输的要求

国际货物运输是直接为国际贸易服务的,为了有效地完成对外运输任务,在组织国际货物运输时必须要有全局观念,应按照"安全、迅速、准确、节省、方便"的要求来工作。

1. 安　全

由于国际货物运输风险较大,所以要特别注意运输工具和货物的安全,尽量避免发生运输事故,防止货物中途发生变质、毁损和丢失,以确保货物能安全运达目的地。

2. 迅　速

国际货物运输时间性强,按约定时间装运货物,是关系到重合同、守信用的问题。因此,在国际货物运输工作中,应当加快装卸和运输速度,尽量缩短商品在途时间,以满足国内外市场的需要。

3. 准　确

鉴于国际货物运输的环节多、情况复杂多变,运输过程中既要高质高效地完成货物运送,又要处理各种单据,因此对运输工作质量提出了较高的要求,要防止发生错交、错发、错运以及单货不符、单证不符等事故,力争准确无误地完成国际货物运输任务。

4. 节　省

降低国际贸易商品流通费用的主要途径之一是节省运杂费用。在国际货物运输工作中,要积极组织各种方式的合理运输,大力节约人力、物力和财力,以降低运输成本和节省运杂费用。

5. 方　便

为了提高服务质量，在对国际货物运输工作中，必须端正服务态度，改进经营作风，多为货主着想，如简化手续，给货主提供便利等。

上述"安全、迅速、准确、节省、方便"的要求是一个有机联系的整体，是国际货物运输工作的基本方针，必须结合市场供求的缓急、商品的特性以及运输线路与运力的不同情况，加以全面考虑和适当安排，必要时应当在以上5个方面中有所侧重，以适应情况的变化。

思考题

1. 国际货物运输的主要特点有哪些？
2. 国际货物运输的方式有哪些？
3. 国际货物运输的组织机构有哪些？
4. 阐述国际货物运输的任务和要求。

第二章 国际贸易相关知识

学习目标

掌握国际贸易的基本概念，了解国际商品进出口贸易的基本流程。
掌握国际贸易术语的基本概念，在常用国际贸易术语下，买卖双方的责任与义务划分。
熟悉汇票、本票、支票3种票据的基本内容。
掌握汇付、托收、信用证3种收付方式的内涵，信用证的特点、种类及流程。

第一节 国际贸易的基本概念与分类

一、国际贸易的基本概念

国际贸易是指一国或地区与其他国家或地区之间所进行的商品与劳务的交换活动。有一些海洋岛国或者国际贸易活动主要依靠海运的国家（地区），如英国、日本等，将国际贸易称为海外贸易。由于国际贸易由商品和劳务的进口和出口两部分组成，所以国际贸易又可以称为进出口贸易或输出入贸易。

国际贸易又称世界贸易，是指不同国家或地区之间进行的商品和劳务的交换活动。它既包括本国与他国之间的贸易，也包括其他国家之间的贸易。换言之，它是世界各国国际贸易的总和。国际贸易是世界各国相互间劳动分工的表现形式，是国际经济关系的基本形式，也是世界经济发展的重要因素，它反映了各国在经济上的相互依赖关系。

国际贸易和国内贸易是任何国家发展国民经济必不可少的重要手段。从本质上讲，两者都是商品和劳务的交换，商品都是从生产者向消费者转移。通过交换，商品的价值和使用价值得以体现，经营者获取经济利益和利润的目的得以实现。但是两者也存在明显的区别：

（1）从事国际贸易的难度大于国内贸易。由于各国在语言、风俗习惯、宗教信仰、法律法规等方面均存在着很大差异，使交易接洽、市场调研和履行合同都增加了难度。

（2）国际贸易业务程序多于国内贸易。由于各国在货币、度量衡制度、商业习惯、海关制度、外汇兑换等方面存在的差异，使国际贸易的程序比国内贸易要繁琐复杂很多。

（3）国际贸易风险大于国内贸易。由于买卖双方分属两个不同的国家或地区，货物一般要经过长途运送才能从生产国转移至消费国，贸易双方因此而要承受比国内贸易多得多的风险。这些风险可能产生于多方面，诸如资信、汇率、定价、运输、外贸政策与措施等。

二、国际贸易的分类

1. 按商品的形态不同划分

（1）有形贸易（Tangible Trade）。有形贸易是指贸易双方所交易的商品是有形的、看得见的，又称为有形商品贸易。

（2）无形贸易（Intangible Trade）。无形贸易也称无形商品贸易，是指非实物形态的劳务和技术的进出口。包括：由于商品的进出口而发生的一切从属费用的收支，如运输费、保险费、银行费用、商品加工费、装卸费、修理费等；与商品进出口无关的其他收支，如旅游、外汇、侨汇、金融、专利、技术等产生的收支。它们是在有形贸易的基础上形成与发展的，并对有形贸易的发展产生巨大影响。

2. 按货物移动的不同方向划分

（1）出口贸易。出口贸易又称输出贸易，是指将本国的商品和劳务向外国输出。

（2）进口贸易。进口贸易又称输入贸易，是指将外国的商品和劳务输入本国。外国商品进口以后未经加工制造又出口，称为复出口（Re-export）；若本国的商品输往国外，未经加工又输入国内则称为复进口（Re-import）。

（3）过境贸易。过境贸易又称通过贸易，是指商品由生产国运往消费国时，途经其他国家，对途经国家来说即为过境贸易。过境贸易分直接和间接两类，商品入境后不存放海关仓库就直接运出国境的称为直接过境贸易；商品入境后若存放海关仓库，后来经加工整理又运往另一国的称为间接过境贸易。过境贸易数额不列入过境国家的进出口统计内。

3. 按贸易是否有第三者参加划分

（1）直接贸易（Direct Trade）。直接贸易是指商品生产国与消费国不通过第三国而直接进行商品买卖的行为。其中商品生产国是直接出口，消费国是直接进口。

（2）间接贸易（Indirect Trade）。间接贸易是指商品生产国与消费国通过第三国进行商品买卖的行为。其中商品生产国是间接出口，消费国是间接进口。

（3）转口贸易（Entrepot Trade）。转口贸易又称中转贸易或中介贸易，是指在间接贸易情况下，第三国所进行的贸易。转口贸易大致又可分为两种：一是把商品从生产国输入进来，然后由该国商人销往商品的消费国；二是转口商仅参与商品的交易过程，商品还是从生产地直接运往消费地。从事转口贸易的大多是运输便利、贸易限制较少的国家和地区。如伦敦、鹿特丹、新加坡等港口，由于地理位置优越，便于货物集散，转口贸易很发达。

4. 按清偿工具不同划分

（1）自由结汇贸易（Free-Liquidation Trade）。自由结汇贸易又称现金结算贸易或现汇贸易，是以国际货币作为清偿手段的国际贸易。

（2）易货贸易（Barter Trade）。易货贸易又称换货贸易，是以经过计价的商品作为清偿手段的国际贸易。这种方式大多起因于某些国家外汇紧缺，无法以正常的自由结汇方式与他国进行贸易。它的特点是：进口与出口直接相联系，以货换货，进出基本平衡，可不用现汇支付。这就解决了那些缺乏外汇的国家开展国际贸易的问题。

5. 按贸易参加国的数量划分

（1）双边贸易（Bilateral Trade）。双边贸易是指两国（或地区）之间通过协议在双边结算的基础上进行的贸易。其基本特点是：双方保持贸易收支平衡，即各国以向对方的出口支付从对方的进口，不用向对方的出口来支付从其他国家的进口。这种方式多实行于外汇管制国家。

（2）多边贸易（Multilateral Trade）。多边贸易也称多角贸易，是指3个或3个以上国家（或地区）通过协议在多边结算的基础上进行的贸易。通过多边贸易可以相互间保持贸易收支平衡，即在贸易往来中，每个国家都可以用对某些国家的出超，支付对另一些国家的入超，以实现整体的平衡。

6. 按贸易方式不同划分

（1）包销。包销是指出口人通过签订包销协议给进口人在一定时期、一定地区内经营某一种或某一类商品的专营权利。这种专营权利是指出口人在某一时期和某一地区内销售某种商品，只能向包销人报盘成交，而包销人在此时期和此地区内不得向其他人购买此种包销商品。

（2）寄售。寄售是指寄售人即出口人先将货物运交国外约定的代售人，而由代售人根据寄售协议的条件代为出售货物。货款则由代售人将在货物出售后扣除佣金后的其他费用，通过银行寄交给寄售人。成交前货物所有权仍属寄售人。代售人除受寄售人的委托照料货物和凭寄售人的指示处置货物外，不承担货物在寄售过程中可能发生的任何货损和支付的一切费用。

（3）拍卖。拍卖是在一定的时间和地点，将货物向多个买主公开展示，买主看过货物后，相互出价竞买，最后由拍卖人将货物卖给出价最高的买主。

（4）加工贸易。加工贸易是国际贸易中以加工为特征的再加工业务，其方式多种多样。最常见的加工贸易有进料加工、来料加工、装配业务、协作生产等。

（5）易货贸易。易货贸易是以货换货，是以货物经过计价作为清偿工具的，也是一种古老的商品交换方式。这种贸易方式曾盛行于非洲及亚洲等国家和地区。

（6）补偿贸易。补偿贸易是指一方在信贷的基础上，从国外另一方买进机器、设备、技术、原材料或劳务，约定在一定期限内用其生产的产品、其他商品或劳务，分期清偿货款的一种贸易方式。由于偿还的方式不同，补偿贸易又分为用直接产品偿还、用间接产品偿还和用劳务偿还3种。

另外，还有租赁贸易、技术贸易等贸易形式。

第二节　进出口贸易一般程序

一、进口贸易程序

如果进口时按FOB价格条件成交，且支付条件为使用信用证方式，则进口贸易的程序大致分为以下3个阶段，如图2.1所示。

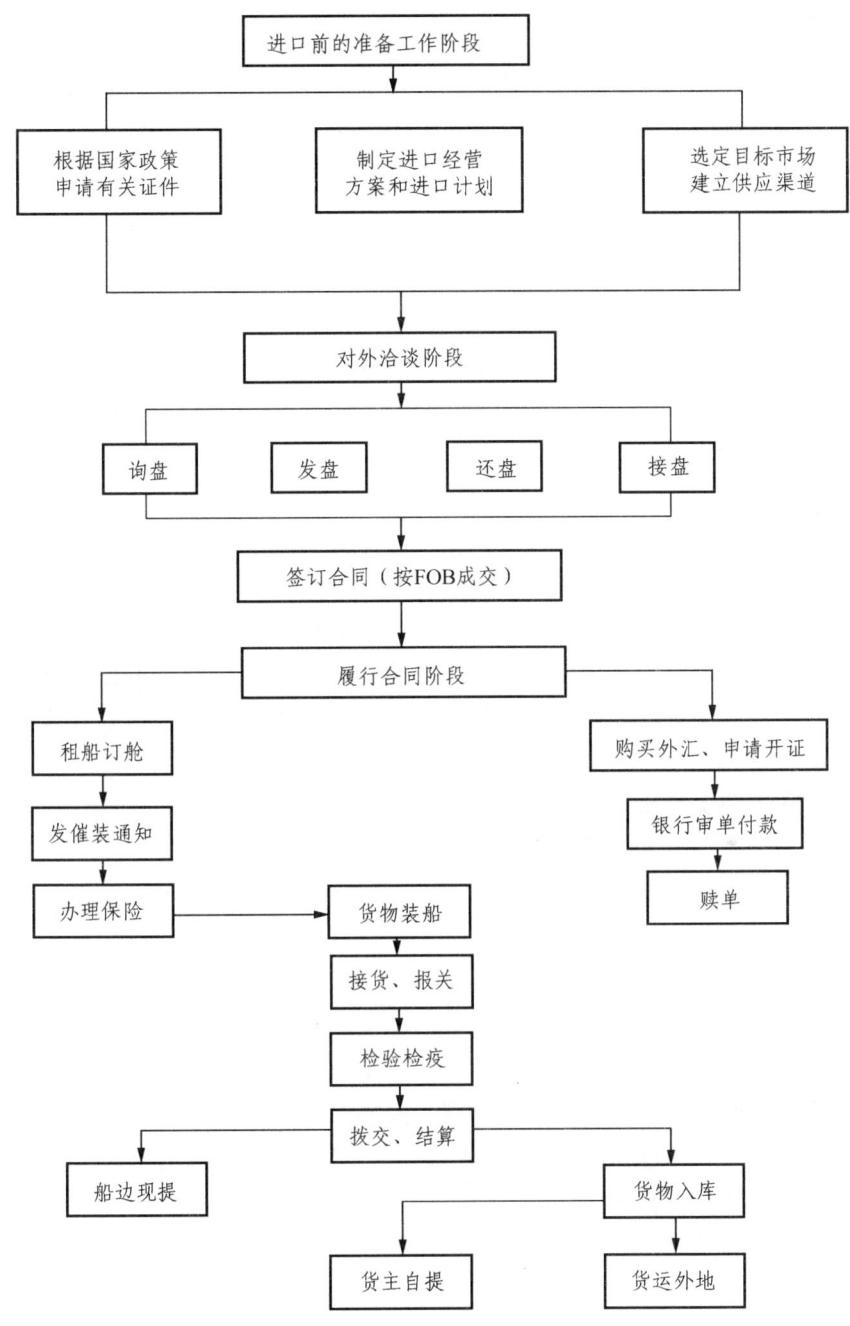

图 2.1 简单的进口贸易程序

1. 进口贸易前的准备阶段

此阶段的工作主要有：市场调查、进口成本估算、编制进口计划并向主管部门报批；申请进口许可证，落实用汇资金；用货部门根据国家批准的进口计划或地方批准的进口项目，选择进出口公司或安排其进口部门开展对外联系工作，制定具体进出口方案，安排订购市场、订购时间和选择交易对象等。

2. 进口贸易洽商和签订进口合同阶段

根据进口货物的不同种类，采用不同的洽商方式。进口一般货物，可采用函电洽商方式；重点进口货物，包括技术转让内容，则需要采用口头谈判方式进行洽商。洽商一般要经历询盘、发盘、还盘和接受几个环节。

买卖双方通过反复洽商达成交易后，需要订立书面合同。进口合同与出口合同的内容基本相同，合同的基本条款包括：商品的品质、数量、包装、价格、装运、保险、支付、检验检疫、索赔及仲裁等项由双方商妥的内容。进口合同的格式一般由我方备制，合同的形式主要有购货合同和购货确认书两种。两者具有同样的法律效力。一般进口交易多使用购货确认书，数量较大或交易条件复杂者，则使用正式购货合同。书面合同正本一式两份，经买卖双方签署后各保留一份，作为履约和处理争议的依据。

3. 履行进口合同阶段

进口方履行进口合同，需要做好以下各项工作：申请进口配额、进口许可证等资格证明。办理对外付款保证手续（一般为开立信用证）；与运输部门订立运输合同；办理保险、审单、付款和报关、接货和验收；经检验检疫机构发现货物质量、数量或其他方面有问题，须依据商检证书和其他单据对外进行索赔。同时还须与国内订货单位结算货款或其他费用。

二、出口贸易程序

如果出口贸易按 CIF 或 CFR 成交，且支付使用信用证方式，则出口贸易程序大致可分为以下 3 个阶段，如图 2.2 所示。

1. 出口交易前的准备阶段

出口贸易前要编制出口计划，报有关主管部门批准，根据下达的计划落实货源。同时，要做好国际市场的调查，调查内容包括：调查有关出口国（地区）政治、经济、对外贸易方面的情况和特点，以便正确地选择市场；调查有关商品在国际市场的生产、消耗、贸易、价格，以便正确掌握出口商品的价格及交易的其他条件；调查有关客户对我国的政治态度、资信度、经营范围和能力等。在调查的基础上，制定商品出口经营方案，确定收汇方式和营销策略，建立客户关系和营销网，开展广告宣传及办理商标注册等。

2. 出口贸易洽商与签订出口合同阶段

出口贸易洽商可采用函电磋商方式，或派人到国外洽谈交易，或邀请国外客商参加我国的交易会，由双方当面磋商。一般需经询盘、发盘、还盘和接受几个环节，有时需多次来往磋商才能达成交易。交易达成后，应签订买卖合同，成交金额不大的一般货物可签订简化格式的售货确认书，将交易洽谈达成一致的内容以书面形式固定下来，作为履约和处理争议的依据。

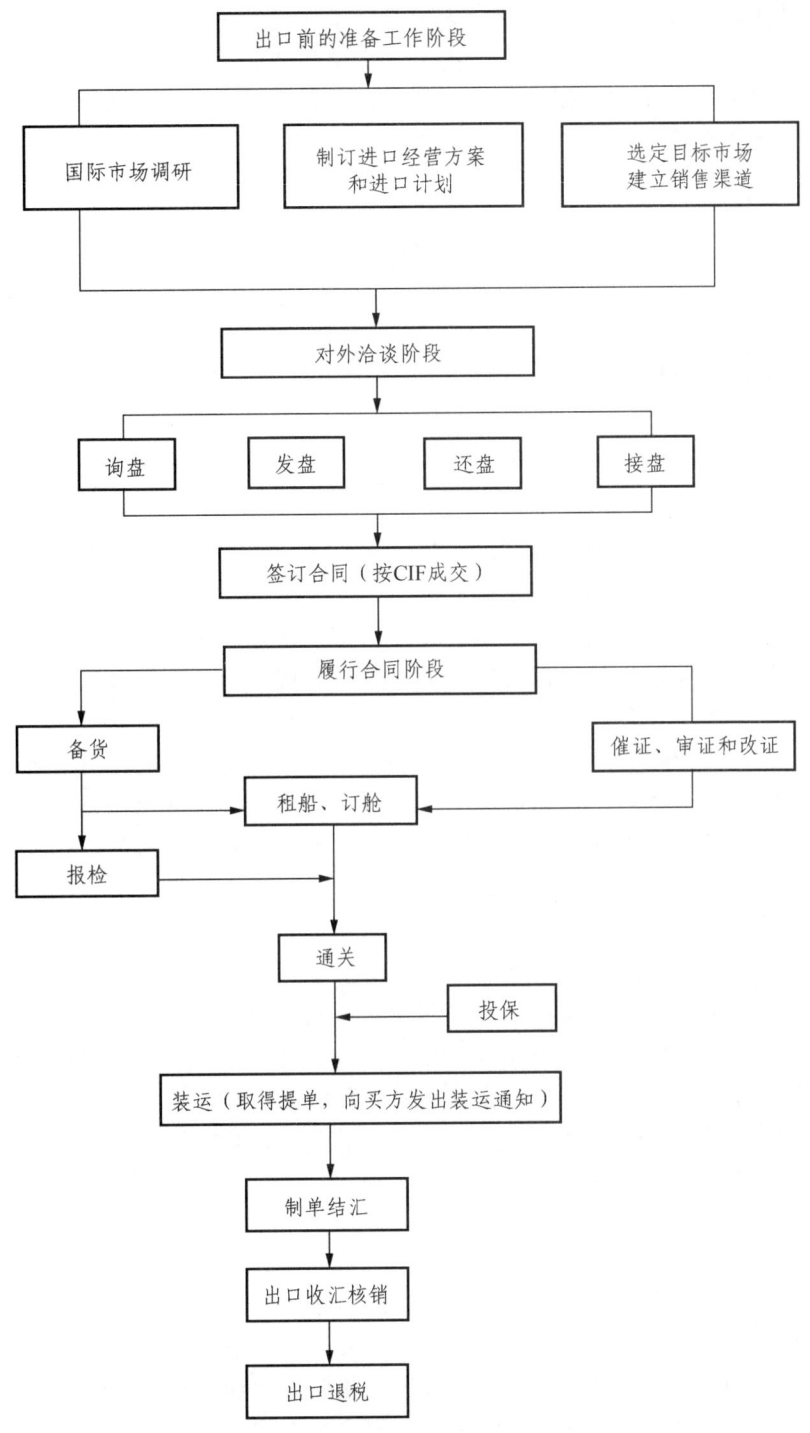

图 2.2 简单的出口贸易程序

3. 履行出口合同阶段

履行出口合同的主要工作是：根据合同备妥货物，如采用信用证方式收汇的贸易则需向买方催开信用证，在收到信用证后，根据合同条款规定及《跟单信用证统一惯例》的规定进行审查，确认无误后方可备货。如发现单证不符又不能接受时，应及时通知买方改证；办理商品检验、CIF（或 CFR）下办理保险、托运、报关和装运；货物装运后，应发装运通知并按信用证要求缮制单据，在信用证有效期内，交银行议付和结汇。如果在履约中出现问题，产生争议，可能需要索赔与理赔、仲裁与诉讼。

第三节　国际贸易术语

一、国际贸易术语概述

1. 国际贸易术语的含义与作用

国际贸易术语（Trade Terms）又称价格术语（Terms of Price）、价格条件。它是指用一个简短的概念或英文缩写字母来表明商品的价格构成以及买卖双方在货物交接过程中，有关办理手续、承担费用和风险划分的专门术语。

一般国际贸易货物从生产国运到消费者手中，都要经过长途运输，出进及过境不同国家海关，办理商品检验、运输、货运保险以及通过银行完成装运单据和各种商务文件的交付或转让等多项错综复杂的工作程序。因此交易双方在洽商交易、订立合同时都要将上述各项工作的手续、费用，以及货物风险划分等予以明确规定，以利履行合同，分清各方应承担的义务。于是在长期的贸易实践中，逐渐形成了一些具有特定涵义的概念和外文缩写字母，通过其说明交易双方各应承担的责任和义务，同时又可以表明交易商品的价格构成因素，这便是贸易术语。国际贸易术语的出现对于简化交易手续，缩短洽商时间，节省费用开支，促进国际贸易的发展，都发挥了积极作用。具体而言，国际贸易术语的作用表现为以下几个方面：

（1）有利于买卖双方洽商交易和订立合同。由于每一种贸易术语对买卖双方的义务都有统一的解释，有利于买卖双方明确各自的权利和义务，早日成交。

（2）有利于买卖双方核算价格和成本。各种贸易术语对于成本、运费和保险费等各项费用由谁负担都有明确的界定，买卖双方比较容易核算价格和成本。

（3）有利于解决履约当中的争议。由于贸易术语由相关的国际惯例解释，对买卖双方在交易中的争议，可通过国际贸易惯例解释。

2. 国际贸易术语的产生与发展

国际贸易术语是国际贸易发展到一定历史阶段的必然产物。它是伴随着国际贸易进程，在一定条件下才出现的，并且随着国际贸易的不断发展会不断向前发展。在中世纪的国际商品交易中，海上贸易的主要形式大都采用商人自己备船送货到国外出售的方式，或者采用商人到海外自行在当地采购货物然后自己负责运回国内的方式。也有的采用运货在国外售出，再购买商品运回的形式。但不论是以哪种方式，都是由货主自己承担货物运输途中的全部风险、责任和相应的费用开支。后来，随着科学技术的进步，通信、运输工具的发展，国际贸易条件发生了巨大变化，如出现了为国际贸易服务的轮船公司、保险公司，同时银行也参与国际贸易结算等业务。到 19 世纪中叶，国际贸易术语尤其以 CIF 为代表的凭单交货方式逐渐盛行，并成为国际贸易中较常用的贸易做法后，贸易术语也随之发展起来。贸易术语的发展极大地推动了国际贸易的进一步前进。国际贸易术语在长期的贸易实践中，无论在数量、名称及其内涵方面，都经历了很大的变化。随着贸易发展的需要，新的术语应运而生，过时的术语则逐渐被淘汰。

二、有关贸易术语的国际惯例

国际贸易术语是一种国际贸易惯例。所谓贸易惯例是经过长期反复的贸易实践而形成的惯常做法和解释。其开始仅局限于某些地区和一定行业，随着国际贸易的不断发展，其使用不断增加，影响不断扩大，有些惯例随之不断延伸，从而突破了某些地区或行业的范围而被广为采用，有的甚至在世界范围内流行，久而久之便产生了国际范围内普遍流行的一些国际贸易惯例，从而对贸易实践产生了制约、指导作用。所以，所谓的国际贸易惯例是指在长期的贸易实践中逐渐形成的，有确定内容并在一定区域、一定行业为人们承认和适用的惯常做法和特定方式。

1. 国际贸易惯例的性质与作用

国际贸易惯例是国际组织或权威机构为了减少贸易争端，规范贸易行为，在长期大量的贸易实践的基础上制定出来的。由此可见，贸易惯例与习惯做法是有区别的。《美国统一商法典》对惯例的解释是："贸易惯例是在某一地方、某一行业或贸易中所惯常奉行的某种做法或方法，并以之判定发生争议的交易中应予奉行的所期望的行为模式。"

国际贸易惯例的适用是以当事人的意思自治为基础的，因为惯例本身不是法律。它对贸易双方不具有强制性约束力，故买卖双方有权在合同中作出与某项惯例不符的规定。只要合同有效成立，双方均要履行合同规定的义务，一旦发生争议，法院和仲裁机构也要维护合同的有效性。但是，国际贸易惯例对贸易实践仍具有重要的指导作用。这体现在，一方面，如果双方都同意采用某种惯例来约束该项交易，并在合同中作出了明确规定，那么这项约定的惯例就具有了强制性。另一方面，如果双方在合同中既未排除，也未注明该合同适用某项惯例，在合同执行中发生争议时，受理该争议案的司法和仲裁机构也往往会引用某一国际贸易惯例进行判决或裁决，这是因为通过各国立法或国际公约赋予了它法律效力。例如我国法律规定，凡中国法律没有规定的，适用国际贸易惯例。《联合国国际货物销售合同公约》规定，合同没有排除的惯例，已经知道或应当知道的惯例，经常使用反复遵守的惯例适用于合同。由此可见，国际贸易惯例本身虽然不具有强制性，但它对国际贸易实践的指导作用却不容忽视。

2. 与贸易术语有关的国际贸易惯例

有关贸易术语的国际贸易惯例主要有3种，即《1932年华沙-牛津规则》《1941年美国对外贸易定义修订本》和《国际贸易术语解释通则》。其中，《国际贸易术语解释通则》主要是2000年、2010年两个版本。

1)《1932年华沙-牛津规则》(Warsaw-Oxford Rules 1932)

《1932年华沙-牛津规则》是国际法协会在1928年于华沙制定的CIF买卖合同统一规则(即《华沙规则》)的基础上几经修订而成的。因最后一次修改是1932年于牛津完成的，故称《1932年华沙-牛津规则》。其主要说明 CIF 买卖合同的性质，并具体规定了在 CIF 合同中买卖双方承担的费用、责任与风险。这个规则在国际贸易中有一定的影响。

2)《1941年美国对外贸易定义修正本》(Revised American Foreign Trade Definitions 1941)

1919年美国9个大商业团体，以美国贸易中习惯用的 FOB 契约条件为基础，制定了《美国出口报价及其缩写条例》(The U. S. Export Quotations & Abbreviations)，于1941年作出修订，改称《1941年美国对外贸易定义修订本》，它对下列6种贸易术语作了解释：

(1) "产地交货" (Ex——point of Origin)。

(2) "在运输工具上交货" (FOB) (分为6种)。

(3) "船边交货" (FAS——free along ship)。

(4) "成本加运费（指定目的地）" (C&F——named point of destination)。

(5) "成本保险费、运费（指定目的地）" (CIF——named point of destination)。

(6) "目的港码头交货" (Ex Dock——named port of importation)。

3)《2000年国际贸易术语解释通则》(INCOTERMS 2000)

《2000年国际贸易术语解释通则》原文为 International Rules for the Interpretation of Trade Terms 2000，缩写形式为 INCOTERMS 2000（以下简称《2000通则》），它是国际商会为了统一对各种贸易术语的解释而制定的。最早的《1936年国际贸易术语解释通则》产生于1936年，国际商会先后于1953年、1967年、1976年、1980年和1990年对《1936年国际贸易术语解释通则》进行了修改和补充。而《2000通则》是国际商会根据国际贸易发展的需要，在《1990通则》的基础上修订产生的，并于2000年1月1日起生效。

国际商会推出《2000通则》时，在其引言中指出，进行国际贸易时，除了订立买卖合同外，还要涉及运输合同、保险合同、融资合同等。这些合同相互关联，相互影响，但《2000通则》只限于对货物买卖合同中交易双方权利义务的规定，而且该货物是有形的，不包括计算机软件之类的东西。作为买卖合同的卖方，其基本义务可概括为交货、交单和转移货物的所有权，而《2000通则》也仅仅涉及前两项内容，它不涉及所有权和其他产权的转移问题，也不涉及违约及其后果等问题。

在内容和结构方面，《2000通则》包含了13种术语，并将这13种术语按不同类别分为 E、F、C、D 4个组。这13个贸易术语，按照卖方承担的责任和风险由小到大、交货地点与卖方所在地距离由近到远进行排列，使使用者能十分方便地对这13种术语加深理解记忆和掌握运用，也便于分清这些术语的性质。E 组只包括 EXW 一种贸易术语。这是在商品产地交货的贸易术语。F 组包含有 FCA、FAS 和 FOB 3种术语。按这些术语成交，卖方须将货物交给买方指定的承运人，从交货地至目的地的运费由买方负担。C 组包括 CFR、CIF、CPT、CIP 4种术语。采用这些术语时，卖方要订立运输合同，但不承担从装运地起运后所发生的货物损坏或灭失的风险及额外费用。D 组包括 DAF、DES、DEQ、DDU、DDP 5种术语。按照这些术语达成交易，卖方必须承担将货物运至指定的进口国交货地点的一切风险、责任和费用。

4)《2010年国际贸易术语解释通则》(INCOTERMS 2010)

《2010年国际贸易术语解释通则》（以下简称《2010通则》），是国际商会根据国际货物贸易的发展对《2000通则》的修订，于2010年9月27日公布，2011年1月1日开始全球实施。《2010 通则》较《2000 通则》更准确标明各方承担的货物运输风险和费用的责任条款，令船舶管理公司更易理解货物买卖双方支付各种收费时的角色，有助于避免现时经常出现的码头处理费纠纷。此外，《2010 通则》亦增加了大量的指导性贸易的解释和图示，以及电子交易程序的适用方式。

虽然《2010 通则》于 2011 年 1 月 1 日正式生效，但并非《2000 通则》就自动作废。因为国际贸易惯例本身不是法律，对国际贸易当事人不产生必然的强制性约束力。国际贸易惯例在适用的时间效力上并不存在"新法取代旧法"的说法，即《2010 通则》实施之后并非《2000 通则》就自动废止，当事人在订立贸易合同时仍然可以选择适用《2000 通则》甚至《1990 通则》。

《2010 通则》与《2000 通则》相比最主要的变化是：贸易术语的数量由原来的 13 种变为 11 种，删除《2000 通则》中 4 个 D 组贸易术语，即 DDU、DAF、DES、DEQ，只保留了 DDP，新增加两种 D 组贸易术语，即 DAT（Delivered At Terminal）与 DAP（Delivered At Place）。

三、常用国际贸易术语

1. FOB 术语

1）FOB 术语的含义

FOB 的全文是 Free on board（…named port of shipment），即船上交货（……指定装运港），习惯称为装运港船上交货。

采用 FOB 术语时，买卖双方各自承担的基本义务概括如下：

2）卖方义务

（1）在合同规定的时间和装运港口，将合同规定的货物交到买方指派的船上，并及时通知买方。

（2）承担货物在装运港装上指定船只之前的一切费用和风险。

（3）自负风险和费用，取得出口许可证或其他官方批准证件，并且办理货物出口所需的一切海关手续。

（4）提交商业发票和自费提供证明卖方已按规定交货的清洁单据，或具有同等作用的电子信息。

3）买方义务

（1）订立从指定装运港口运输货物的合同，支付运费，并将船名、装货地点和要求交货的时间及时通知卖方。

（2）根据买卖合同的规定受领货物并支付货款。

（3）承担货物在装运港装上指定船只之后的一切费用和风险。

（4）自负风险和费用，取得进口许可证或其他官方证件，并办理货物进口所需的海关手续。

4）使用 FOB 术语应注意的问题

（1）关于船货衔接问题。

按照 FOB 术语成交的合同中，卖方的一项基本义务是按照规定的时间和地点完成装运。

然而由于 FOB 条件下是由买方负责安排运输工具，即租船订舱，所以这就存在一个船货衔接的问题。根据有关法律和惯例，如果买方未能按时派船，这包括未经对方同意提前将船派到和延迟派到装运港，卖方都有权拒绝交货，而且由此产生的各种损失，如空舱费（Dead Freight）、滞期费（Demurrage）及卖方增加的仓储费等，均由买方负担。如果买方指派的船只按时到达装运港，而卖方却未能备妥货物，那么由此产生的上述费用则由卖方承担。所以按 FOB 术语成交，对于装运期和装运港要慎重规定，有关备货和派船事宜，也要加强联系，密切配合，保证船货衔接。

（2）个别国家对 FOB 的不同解释。

由于不同的国家和不同的惯例对 FOB 的解释是不完全一致的。这种差异体现在有关交货的地点、风险划分界限以及卖方承担的责任义务等方面。如在北美国家采用的《1941 年美国对外贸易定义修订本》中，将 FOB 概括为 6 种，其中前 3 种是在出口国内陆指定地点的内陆运输工具上交货，第 4 种是在出口地点的内陆运输工具上交货，第 5 种是在装运港船上交货，第 6 种是在进口国指定内陆地点交货。上述第 4 种和第 5 种在使用时应加以注意，因为这两种术语在交货地点上有可能相同。如都是在旧金山交货，如果买方要求在装运港口的船上交货，则应在 FOB 和港名之间加上"Vessel"字样，变成"FOB Vessel San Francisco"，否则，卖方有可能按第 4 种情况在旧金山市的内陆运输工具上交货。

即使都是在装运港船上交货，关于风险划分界限的规定也不完全一样。按照《1941 年美国对外贸易定义修订本》的解释，买卖双方划分风险的界限不是在船舷，而是在船上。

另外，关于办理出口手续问题上也存在分歧。按照《2010 通则》的解释，FOB 条件下，卖方应"自负风险及费用，取得出口许可证或其他官方批准证件，并办理货物出口所必需的一切海关手续"。但按照《1941 年美国对外贸易定义修订本》的解释，卖方只是"在买方请求并由其负担费用的情况下，协助买方取得由原产地及/或装运地国家签发的，为货物出口或在目的地进口所需的各种证件"。

（3）装船费用的负担。

按 FOB 定义，卖方应负责支付货物装上船前的一切费用，而买方应负责货物装上船以后的一切费用。但在大宗商品按 FOB 条件成交时，买方通常采用租船运输。由于船方通常多按不负担装卸条件出租船舶，故买卖双方易在装货费由谁负责的问题上引起争议。为此，买卖双方订立合同时，应在 FOB 后另列有关装船费用由谁负担的具体条件，以明责任，这就导致了 FOB 的变形。常见的有下列几种：

① FOB 班轮条件（FOB Liner Term）。

班轮运输的特点之一是运费中已包括装卸费用，货物由承运人负责配载装卸。这一变形是指装船费用按班轮运输的做法来办，即卖方不负担装船的有关费用。

② FOB 吊钩下交货（FOB Under Tackle）。

这一变形是指卖方将货物交到买方指定船只的吊钩所及之处，即吊装入舱以及其他各项费用概由买方负担。

③ FOB 包括理舱（FOB Stowed，FOBS）。

这一变形是指卖方负责将货物装入船舱并承担包括理舱费在内的装船费用。理舱费是指货物入舱后进行安置和整理的费用。

④ FOB 包括平舱（FOB Trimmed，FOBT）。

这一变形是指卖方负责将货物装入船舱并承担包括平舱费在内的装船费用。平舱费是指对装入船舱的散装货物进行平整所需要的费用。

需要注意的是，FOB 的上述变形只是为了表明装船费用由谁负担问题而产生的，它们并不改变 FOB 的交货地点以及风险划分的界限。

2. CIF 术语

1）CIF 术语的含义

CIF 的全文是"Cost, Insurance and Freight"（…named port of destination），即成本加保险费、运费（……指定目的港）。

采用 CIF 术语时，买卖双方各自承担的基本义务概括如下：

2）卖方义务

（1）签订从指定装运港承运货物的合同；在合同规定的时间和港口，将合同要求的货物装上船并支付至目的港的运费；装船后须及时通知买方。

（2）承担货物在装运港装上指定船只之前的一切费用和风险。

（3）按照买卖合同的约定，自负费用办理水上运输保险。

（4）自负风险和费用，取得出口许可证或其他官方批准证件，并办理货物出口所需的一切海关手续。

（5）提交商业发票和在目的港提货所用的通常的运输单据或具有同等作用的电子信息，并且自费向买方提供保险单据。

3）买方义务

（1）接受卖方提供的有关单据，受领货物，并按合同规定支付货款。

（2）承担货物在装运港装上指定船只之后的一切风险和费用。

（3）自负风险和费用，取得进口许可证或其他官方证件，并且办理货物进口所需的海关手续。

4）使用 CIF 术语应注意的问题

（1）保险险别问题。

在 CIF 术语中，卖方的责任之一是负责办理货运保险。办理保险须明确险别，不同险别，保险人承担的责任范围不同，收取的保险费率也不同。按 CIF 术语成交，一般在签订买卖合同时，在合同的保险条款中明确规定保险险别、保险金额等内容，此时卖方就应按照合同的规定办理投保。但如果合同中未能就保险险别等问题作出具体规定，那就要根据有关惯例来处理。

（2）租船订舱问题。

采用 CIF 术语成交，卖方的基本义务之一是租船订舱，办理从装运港至目的港的运输事宜。关于运输问题，各个惯例的规定也不尽相同。《2010 通则》的解释是，卖方"按照通常条件自行负担费用订立运输合同，将货物按惯常路线用通常类型可供装载该合同货物的海上航行船只（或适当的内河运输船只）装运至指定目的港"。即是说，如果没有相反的约定，卖方只是负责按通常条件和惯驶航线、租用适当船舶将货物运往目的港。因此，对于在业务中有时买方提出的关于限制船舶的国籍、船型、船龄、船级以及指定装载某班轮公司的船只等项要求，卖方均有权拒绝接受。当然对于买方提出的上述要求，如果卖方能办到而又不会增加额外开支，也是可以接受的。

（3）象征性交货问题。

从交货方式来看，CIF是一种典型的象征性交货（Symbolic Delivery）。所谓象征性交货是针对实际交货（Physical Delivery）而言。前者指卖方只要按期在约定地点完成装运，并向买方提交合同规定的包括物权凭证在内的有关单证，就算完成了交货义务，而无须保证到货。后者则是指卖方要在规定的时间和地点，将符合合同规定的货物提交给买方或其指定人，而不能以交单代替交货。

可见，在象征性交货方式下，卖方是凭单交货，买方是凭单付款。只要卖方如期向买方提交了合同规定的全套合格单据（名称、内容和份数相符的单据），即使货物在运输途中损坏或灭失，买方也必须履行付款义务。反之，如果卖方提交的单据不符合要求，即使货物完好无损地运达目的地，买方仍有权拒绝付款。

（4）卸船费用负担问题。

按照CIF条件成交，卖方负责将合同规定的货物运往合同规定的目的港，并支付正常的运费。至于货到目的港后的卸货费用由谁负担，由于各国、各港口惯例解释不一，所以常易引起争议。如果使用班轮运输，由于装卸费用已打入班轮运费之中，故在卸货费由谁负责上不会引起争议。而大宗商品一般采用租船运输，在装运港的装货费用应由卖方支付，那卸货费用应由谁负担呢？为了分清买卖双方的责任，往往在CIF价格术语后面加列某种附加条件，形成CIF术语的变形，例如：

① CIF班轮条件（CIF Liner terms），指卸货费用按班轮条件处理，由支付运费的一方，即卖方负担。

② CIF舱底交货（CIF Ex Ship's Hold），指货物运抵目的港后，买方应自行启舱并负担将货物从舱底起吊卸到码头的费用。

③ CIF吊钩交货（CIF Ex Tackle），指卖方负担将货物从舱底吊至船边卸离吊钩为止的费用。

④ CIF卸到岸上（CIF Landed），指卖方负担将货物卸到目的港岸上的费用，包括驳船费和码头费。

上述CIF的各种变形，只表明货物到达目的港后的卸货费用的划分，不涉及货物的风险和所有权的转移。

3. CFR术语

1）CFR术语的含义

CFR的全文是Cost and Freight（…named port of destination），即成本加运费（……指定目的港）。

采用CFR术语时，买卖双方各自承担的基本义务概括如下：

2）卖方义务

（1）签订从指定装运港将货物运住约定目的港的合同；在买卖合同规定的时间和港口，将合同要求的货物装上船并支付至目的港的运费；装船后及时通知买方。

（2）承担货物在装运港装上指定船只之前的一切费用和风险。

（3）自负风险和费用，取得出口许可证或其他官方证件，并且办理货物出口所需的一切海关手续。

（4）提交商业发票及自费向买方提供为买方在目的港提货所用的通常的运输单据，或具有同等作用的电子信息。

3）买方义务

（1）接受卖方提供的有关单据，受领货物，并按合同规定支付货款。

（2）承担货物在装运港装上指定船只以后的一切风险。

（3）自负风险和费用，取得进口许可证或其他官方证件，并且办理货物进口所需的海关手续，支付关税及其他有关费用。

4）使用CFR术语应注意的问题

（1）卖方的装运义务。

采用CFR贸易术语成交时，卖方为了保证能按时完成在装运港的交货义务，应根据货源和船源的实际情况合理地规定装运期。当装运期一经确定，卖方就应及时租船订舱和备货，并按规定的期限发运货物。按照规定，卖方延迟装运或者提前装运都是违反合同的行为，并要承担违约的责任。买方有权根据具体情况拒收货物或提出索赔。

（2）装船通知的重要作用。

按照CFR条件达成的交易，卖方需要特别注意的问题是：货物装船后必须及时向买方发出装船通知，以便买方办理投保手续。因为一般的国际贸易惯例以及有些国家的法律，如英国《1893年货物买卖法》(1979年修订)中规定："如果卖方未向买方发出装船通知，致使买方未能办理货物保险，那么货物在海运途中的风险被视为卖方负担。"这就是说，如果货物在运输途中遭受损失或灭失，由于卖方未发出通知而使买方漏保，那么卖方就不能以风险在船舷转移为由免除责任。由此可见，尽管在FOB和CIF条件下，卖方装船后也应向买方发出通知，但CFR条件下的装船通知，具有更为重要的意义。

4. FCA术语

1）FCA术语的含义

FCA的全文是Free Carrier（…named place），即货交承运人（……指定地点）。

采用FCA术语时，买卖双方各自承担的基本义务可概括如下：

2）卖方义务

（1）在合同规定的时间、地点，将合同规定的货物置于买方指定的承运人控制下，并及时通知买方。

（2）承担将货物交给承运人控制之前的一切费用和风险。

（3）自负风险和费用，取得出口许可证或其他官方批准证件，并办理货物出口所需的一切海关手续。

（4）提交商业发票或具有同等作用的电子信息，并自费提供通常的交货凭证。

3）买方义务

（1）签订从指定地点承运货物的合同，支付有关的运费，并将承运人名称及有关情况及时通知卖方。

（2）根据买卖合同的规定受领货物并支付货款。

（3）承担受领货物之后所发生的一切费用和风险。

（4）自负风险和费用，取得进口许可证或其他官方证件办理货物进口所需的海关手续。

4）使用FCA术语应注意的问题

（1）关于承运人和交货地点。

在FCA条件下，通常是由买方安排承运人，与其订立运输合同，并将承运人的情况通知卖方。该承运人可以是拥有运输工具的实际承运人，也可以是运输代理人或其他人。按照《2010通则》的解释，交货地点的选择直接影响到装卸货物的责任划分问题。如果双方约定的交货地点是在卖方所在地，卖方负责把货物装上买方安排的承运人所提供的运输工具即可；如果交货地点是在其他地方，卖方就要将货物运交给承运人，在自己所提供的运输工具上完成交货义务，而无须负责卸货。

如果在约定地点没有明确具体的交货点，或者有几个交货点可供选择，卖方可以从中选择为完成交货义务最适宜的交货点。

（2）FCA条件下风险转移的问题。

在采用FCA术语成交时，买卖双方的风险划分是以货交承运人为界。这在海洋运输以及陆运、空运等其他运输方式下，均是如此。但由于FCA与F组其他术语一样，通常情况下是由买方负责订立运输契约，并将承运人名称及有关事项及时通知卖方，卖方才能如约完成交货义务，并实现风险的转移。但是如果买方未能及时给予卖方上述通知，或者他所指定的承运人在约定的时间未能接受货物，其后的风险是否仍由卖方承担呢？《2010通则》的解释是，自决定的交付货物的约定日期或期限届满之日起，由买方承担货物灭失或损坏的一切风险，但以货物已被划归本合同项下为前提条件。可见对于FCA条件下，风险转移的界限问题不能简单片面地理解为均于交承运人处置货物时转移。因为在一般情况下，确是在货交承运人时，风险由卖方转移给买方，但如果由于买方的原因，使卖方无法按时完成交货义务，只要货物已被特定化，那么风险转移的时间可以前移。

（3）有关责任和费用的划分问题。

FCA适用于包括多式联运在内的各种运输方式，卖方交货的地点也因采用的运输方式不同而异。不论在何处交货，根据《2010通则》解释，卖方都要自负风险和费用，取得出口许可证或其他官方批准证件，并办理货物出口所需的一切海关手续。这一规定对一些在出口国的内地口岸就地交货和交单结汇的做法是十分适宜的。

在FCA条件下，买卖双方承担的费用一般也是以货交承运人为界进行划分，即卖方负担货物交给承运人控制之前的有关费用，买方负担货交承运人之后的各项费用。但是，在一些特殊情况下，买方委托卖方代办一些本属自己义务范围内的事项所产生的费用，以及由于买方的过失所引起的额外费用，均应由买方负担。

5. CPT 术语

1）CPT 术语的含义

CPT 的全文是 Carriage Paid to（…named place of destination），即运费付至（……指定目的地）。

采用 CPT 术语时，买卖双方各自承担的基本义务概括如下：

2）卖方义务

（1）订立将货物运往指定目的地的运输合同，并支付有关运费。

（2）在合同规定的时间、地点，将合同规定的货物置于承运人控制之下，并及时通知买方。

（3）承担将货物交给承运人控制之前的一切费用和风险。

（4）自负风险和费用，取得出口许可证或其他官方批准证件，并办理货物出口所需的一切海关手续，支付关税及其他有关费用。

（5）提交商业发票和自费向买方提供在约定目的地提货所需的通常的运输单据，或具有同等作用的电子信息。

3）买方义务

（1）接受卖方提供的有关单据，受领货物，并按合同规定支付货款。

（2）承担自货物在约定交货地点交给承运人控制之后的一切费用和风险。

（3）自负风险和费用，取得进口许可证或其他官方证件，并办理货物进口所需的海关手续，支付关税及其他有关费用。

4）使用 CPT 术语应注意的问题

（1）风险划分的界限问题。

按照 CPT 术语成交，虽然卖方要负责订立从起运地到指定目的地的运输契约，并支付运费，但是卖方承担的风险并没有延伸至目的地。按照《2010 通则》的解释，货物自交货地点至目的地的运输途中的风险由买方而不是卖方承担，卖方只承担货物交给承运人控制之前的风险。在多式联运情况下，卖方承担的风险自货物交给第一承运人控制时即转移给买方。

（2）责任和费用的划分问题。

采用 CPT 术语时，买卖双方要在合同中规定装运期和目的地，以便于卖方选定承运人，自费订立运输合同，将货物运往指定的目的地。卖方将货物交给承运人之后，应向买方发出货已交付的通知，以便于买方在目的地受领货物。如果双方未能确定目的地买方受领货物的具体地点，卖方可以在目的地选择最适合其要求的地点。

按 CPT 术语成交，卖方只是承担从交货地点到指定目的地的正常运费。正常运费之外的其他有关费用，一般由买方负担。货物的装卸费可以包括在运费中，统一由卖方负担，也可以由双方在合同中另行规定。

6. CIP 术语

1) CIP 术语的含义

CIP 的全文为 Carriage and Insurance Paid to（…named place of destination），即运费保险费付至（……指定目的地）。

采用 CIP 术语时，买卖双方各自承担的基本义务概括如下：

2) 卖方义务

（1）订立将货物运往指定目的地的运输合同并支付有关运费。

（2）在合同规定的时间、地点，将合同规定的货物置于承运人的控制之下，并及时通知买方。

（3）承担将货物交给承运人控制之前的风险。

（4）按照买卖合同的约定，自负费用投保货物运输险。

（5）自负风险和费用，取得出口许可证或其他官方批准证件，并办理货物出口所需的一切海关手续，支付关税及其他有关费用。

（6）提交商业发票和在约定目的地提货所需的通常的运输单据或具有同等作用的电子信息，并且自费向买方提供保险单据。

3) 买方义务

（1）接受卖方提供的有关单据，受领货物，并按合同规定支付货款。

（2）承担自货物在约定地点交给承运人控制之后的风险。

（3）自负风险和费用，取得进口许可证或其他官方证件，并且办理货物进口所需的海关手续，支付关税及其他有关费用。

4) 使用 CIP 术语应注意的问题

（1）正确理解风险和保险问题。

按 CIP 术语成交的合同，卖方要负责办理货运保险，并支付保险费，但货物从交货地运往目的地的运输途中的风险由买方承担。所以，卖方的投保仍属于代办性质。根据《2010 通则》的解释，一般情况下，卖方要按双方协商确定的险别投保，而如果双方未在合同中规定应投保的险别，则由卖方按惯例投保最低的险别，保险金额一般是在合同价格的基础上加成 10%。

（2）合理确定价格。

与 FCA 相比，CIP 条件下卖方要承担较多的责任和费用。他要负责办理从交货地至目的地的运输，承担有关运费；办理货运保险，并支付保险费。这些都应反映在货价之中。所以，卖方对外报价时，要认真核算成本和价格。在核算时，应考虑运输距离、保险险别、各种运输方式和各类保险的收费情况，并要预计运价和保险费的变动趋势等。从买方来讲，也要对卖方的报价进行认真分析，做好比价工作，以免接受不合理的报价。

上述 6 种贸易术语是国际贸易中较为常用的。FCA、CPT 和 CIP 3 种术语是分别从 FOB、CFR 和 CIF 3 种传统术语发展起来的，其责任划分的基本原则是相同的，但也有区别，除了适用的运输方式以及交货和风险转移的地点不同外，还主要表现在以下两个方面：

① 运输单据不同。按 FOB、CFR、CIF 术语成交，卖方一般应向买方提交已装船清洁提

单。而在 FCA、CPT 和 CIP 术语下，卖方提交的运输单据则视不同的运输方式而定。如在海运和内河运输方式下，卖方应提供可转让的提单，有时也可提供不可转让的海运单和内河运单；如在铁路、公路、航空运输或多式联运方式下，则应分别提供铁路运单、公路运单、航空运单或多式联运单据。

② 装卸费用负担不同。按 FOB、CFR、CIF 术语成交，卖方承担货物在装运港越过船舷为止的一切费用。但由于货物装船是一个连续的作业过程，各港口的习惯做法又不一致，所以在使用租船运输 FOB 合同中，为明确装船费用由谁负责而需要变形，在 CFR、CIF 合同中，为明确卸船费用由谁负担而需要变形，而在 FCA、CPT 和 CIP 术语下，如涉及海洋运输并使用租船装运，卖方将货物交给承运人时所支付的运费（CPT、CIP 术语），或由买方支付的运费（FCA 术语），已包含了承运人接管货物后在装运港的装船费用和目的港的卸船费用。这样，在 FCA 合同中的装船费用的负担和在 CPT、CIP 合同中的卸船费用的负担问题就不存在了。

第四节　支付工具与收付方式

一、支付工具

国际贸易买卖货款的结算可以使用现金或者票据。在采用现金结算时，以货币作为计价和支付的工具；在采用非现金结算时，则使用一定的票据作为支付工具。随着国际贸易的发展，现金结算货款越来越少，仅限于少量的交易，如购买样品、预付定金、少量赔款等，而越来越多地使用非现金结算，即通过票据进行结算。

票据即权力证书，是指某人对不在他实际占有下的金钱或商品所有权的占用证据，是由负责交付货币或商品的债务人和有权索取货币或商品的债权人之间所缔结的一项简单合约，构成对金钱或货物权利的书面凭证。在国际贸易中，票据多指以支付金钱为目的，由出票人签名于票据上，无条件约定由自己或另一人支付一定金额，可以流通转让的证券。

以支付金钱为目的的票据主要有汇票、本票和支票，在国际贸易中使用最广泛的是汇票。

1. 汇　票（draft）

根据《中华人民共和国票据法》（以下简称《票据法》）第 19 条定义，"汇票是出票人签发的，委托付款人在见票时或者在指定日期无条件支付确定的金额给收款人或者持票人的票据。"汇票的基本内容有 8 项：即汇票号码，汇票日期，汇票金额，汇票期限，受款人（payee），出票条款，付款人（Payer、drawee），出票人（drawer）。

2. 本　票（promissory note）

根据《票据法》第 73 条定义，"本票是出票人签发的，承诺自己在见票时无条件支付确定的金额给收款人或者持票人的票据。"与汇票不同的是它是承诺式票据，出票人本身即为付款人，而汇票是命令式的。

3. 支　票（check）

根据《票据法》第 82 条定义，"支票是出票人签发，委托办理支票存款业务的银行或者其他金融机构在见票时无条件支付确定的金额给收款人或者持票人的票据。"由于支票的出票人是银行客户，付款人是开立账户的银行，因此支票实际上是一份特定的授权书。另外支票是即期付款，没有承兑行为，且支票出票人可对所开支票在银行实际付款前向付款银行发出书面通知，对所开出的支票止付。

二、收付方式

目前，我国进出口业务中所使用的支付方式主要有汇付、托收和信用证 3 种。其中信用证使用最为广泛。以汇付方式支付货款是顺汇法，即买方主动将货款汇交给卖方；以托收和信用证方式收取货款是逆汇法，即卖方主动向买方收取货款。

1. 汇　付

汇付（remittance）又称汇款，是指付款人主动通过银行或其他途径将货款汇交收款人。它是买卖双方支付货款的一种最简便的方式，可分为信汇、电汇和票汇。

（1）信汇（Mail Transfer，M/T）是指买方将货款交给本地银行，请该行用信件委托卖方所在地的银行付款给卖方。

（2）电汇（Telegraphic Transfer，T/T），是指买方将货款交给本地银行，请该行发电报通知卖方所在地银行付款给卖方。

（3）票汇（Demand Draft，D/D），是指买方向其所在地银行购买银行汇票，自行寄给卖方，卖方持汇票向指定的付款银行取款。

汇付收付方式属于商业信用。按汇付的时间分为预付和后付，卖方在货物发运前收到货款为预付，在货物发运后卖方才收到货款为后付。预付买方存在风险，后付则卖方存在风险，买卖双方在签订合同时，均要考虑本身利益，所以不易达成协议。汇付在国际贸易中一般很少采用。

2. 托　收

托收（collection）方式是卖方装出货物后，开出汇票委托出口地银行通过其在进口地的分行或代理行向买方收取货款。托收也属于商业信用。

托收按汇票是否附有货运单据分为跟单托收和光票托收两种，前者主要适用于货款托收，后者主要适用于佣金、运费、合同金额尾数和其他费用的收取。

3. 信用证

信用证是现代国际贸易发展的产物，在国际贸易中得到广泛使用。

三、信用证

信用证（Letter of Credit，L/C）是指开证银行应申请人的请求并按其指示，向第三者开具的载有一定金额,在一定期限内凭符合规定的单据付款的书面保证文件。简而言之,信用证是一种银行开立的有条件的承诺付款的书面文件。

信用证收付方式中,银行承担了第一付款人的责任,属于银行信用,故信用证一经出现,得到迅速的推广,成为国际贸易中主要的收付方式。当前,国际贸易货款,特别是大宗交易的货款,通常都采用信用证的收付方式。使用信用证,在一定程度上解决了买卖双方互不信任的矛盾,而且给买卖双方提供了资金融通的便利,有效地促进了国际贸易的发展。

信用证迄今没有统一的格式,均由各国银行自行设计,所以种类繁多、格式各异。但因为信用证是以买卖合同内容为基础,加上需要的单据和银行的保证开出的,所以基本内容大同小异。

1. 信用证主要项目

(1)信用证的当事人,包括开证人、开证行、受益人、通知行、议付行、付款行和保兑行等。

信用证的有关当事人具体为:开证人,是指向银行申请开立信用证的人,一般为买方;开证行,指接受开证人委托,开立信用证的银行,一般是进口地银行;受益人,是指信用证上所指定的有权使用该证的人,一般为卖方;通知行,是指受开证行的委托,将信用证转交或通知受益人的银行,通常是开证行的代理行;议付银行,是指买入或贴现受益人按信用证规定开立的跟单汇票的银行,有的是由开证行在信用证中指定的,多数是非指定的出口地银行;付款银行,是指信用证上指定的付款银行,它一般是开证行,也可以是指定的另一家银行,由信用证条款决定;保兑行,是指根据开证行请求在所开立的信用证上加具保兑的银行。

(2)对信用证本身说明,如信用证的编号、种类、开证日期、交单日期、有效期限及有效期到期地点等。

(3)对货物的说明,如货物的名称、品种、规格、数量、包装及价格等。

(4)对运输有关事项的说明,包括运输方式、装运日期、起止港(站)、是否分批装运及可否转运等。

(5)单据条款,主要规定应提交哪些单据(例如发票、提单、运单、保险单、装箱单、产地证、商检证书等)以及各种单据的份数。

(6)特殊条款,是根据进口国的政治、经济和贸易情况,或每一笔具体交易的需要所做出的特殊规定。

2. 信用证业务特点

(1)开证行负第一付款责任。信用证支付方式是由开证行以自己的信用做出付款的保证,开证银行处于第一付款人的地位。不管进口商破产或拒付,只要单证相符,开证行必须付款。因此,它是一种银行信用,开证行的资信是能否安全收汇的重要因素。

(2)信用证是一项自足文件。信用证条款虽然是根据买卖合同开立的,但一经开立,它就成为独立于买卖合同以外的另一种契约,不受买卖合同的约束。因此,开证行和参与信用证业务的其他银行只按信用证所列条款办事。出口人提交的单据即使符合买卖合同的要求,但若与信用证条款不一致,仍会遭银行拒付。

（3）信用证方式是纯单据业务。信用证方式下，实行的是凭单付款的原则。银行处理信用证业务时，只凭单据，而不是与单据有关的货物、服务及其他行为。只审查受益人所交单据是否与信用证条款相符，以此决定付款与否，并且这种审查只是用以确定单据表面上是否符合信用证条款，不管单据真伪、不管合同、更不管货物。

概括起来，信用证支付方式的特点就是"一个原则""两个只凭"。"一个原则"是指"严格符合的原则"，即"单证一致，单单一致"。"两个只凭"就是只凭信用证办事，不管买卖合同约束；只凭有关单据办事，不问有关货物的真实情况。

3. 信用证的种类

（1）可撤销信用证和不可撤销信用证。前者是指开证行可不经过受益人同意随时修改信用证或撤销信用证，后者是指信用一经开证行开出在有效期内未经有关当事人同意，开证行不得撤销或修改信用证。我国的出口业务中原则上不接受可撤销信用证，在国际贸易中也极少采用这种信用证。一般信用证上未注明"可撤销"字样即为不可撤销信用证。

（2）保兑信用证与不保兑信用证。卖方为了保证安全收汇，要求开证行开出的信用证必须由另一家银行（保兑行）保证兑付，即构成保兑信用证。信用证经过保兑后，就由开证行和保兑行两家银行对信用证承担付款的责任，而且首先是由保兑行负责，只要单据正确，保兑行就必须付款。未经保兑的信用证，即为不保兑信用证。

（3）跟单信用证与光票信用证。当信用证规定卖方出具的汇票为跟单汇票时，即为跟单信用证；汇票为光票时即为光票信用证。所谓"跟单"，大多是指代表货物所有权和证明货物已交付运输的单据，主要有货物发票、提单或运单、商检证书、海关及产地证明等。国际贸易中主要使用跟单信用证。

（4）即期信用证与远期信用证。前者是指该信用证规定受益人开立即期汇票，开证行见票即付款的信用证，而后者是指该信用证规定受益人开立远期汇票，开证行见票承兑后在规定的期限到期付款的信用证。

（5）可转让信用证与不可转让信用证。前者是指受益人有权指示通知行或议付行，把开具汇票的权利全部或部分转让给另一个人使用。受让人通常称为第二受益人。信用证转让后，由第二受益人办理交货，但原受益人仍须负责合同买卖中卖方的责任。而在信用证上未明确规定"可转让"者都属不可转让信用证。

（6）循环信用证。它是指信用证在被受益人全部或部分利用后，其金额能重新恢复至原金额再被利用，直到规定的循环次数或总金额被用完为止。它适用于一些定期、分批、均衡供应和分批结汇的长期供货合同。

（7）备用信用证，又称担保信用证。它代表开证人对受益人承担一项义务的凭证，在此凭证中开证行承诺偿还开证人的借款或开证人未履约时，开证行代开证人支付给受益人货款或赔款。如果开证人按期履行合同义务，开证行就无需支付给受益人货款或赔款。

4. 信用证方式的流程

信用证方式的流程如图 2.3 所示。

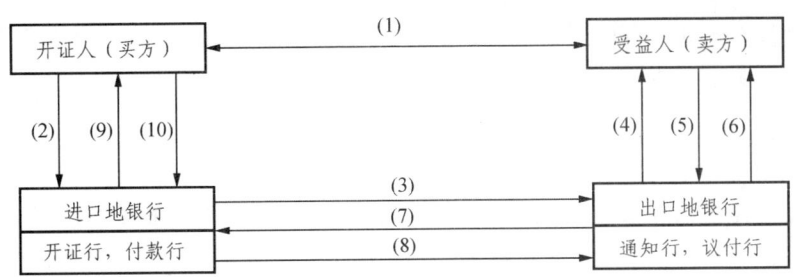

图 2.3　信用证方式的一般流程图

（1）买卖双方在合同中注明，采用信用证方式付款。

（2）开证人按照合同规定向当地银行提出申请，并按合同规定填写开证申请书，交纳押金或提供其他担保品，请示开证行向受益人开出信用证。

（3）开证行将开立好的信用证电传或寄往卖方所在地的代理行（通知行）。信用证的条款必须与开证申请书所列一致，信用证一般开立正本一份、副本若干份。如另指定付款行，还应将信用证副本传递给付款行以便据以付款。

（4）通知行核对印鉴或密码无误后，除留存一份副本备查外，及时将信用证转交给受益人。

（5）受益人审核信用证与合同相符后，按信用证规定装运货物，并备齐信用证规定的各项单据，开出汇票，在信用证有效期内送当地议付行（可以是原通知行，也可以是其他银行）议付。所谓"议付"就是由议付行向受益人购进由他开立的汇票及所附单据。如受益人审查信用证，发现有不能接受的内容，应及时要求开证人通知开证行按《跟单信用证统一惯例》规定要求进行修改，直到受益人能接受，方可装运货物。

（6）议付行核对信用证，确认汇票与单据符合信用证的规定后，将汇票所开金额，扣除若干利息或手续费，将垫款付给受益人。

（7）议付行将汇票、货运单据等寄给开证行或其指定的付款行要求付款。

（8）开证行或其指定的付款行经审核单据无误后，付款给议付行。

（9）开证行通知开证人付款赎单。

（10）开证人到开证行核验单据，如认为无误，在扣除开证时交付的押金后，向开证行交纳票款及有关费用，并赎取单据。如开证时递交过担保抵押品，开证行应予发还。至此信用证业务即告结束。

开证人赎单后，即可凭运输单据向承运人提货。如货物丢失或货物与买卖合同不符，只能向受益人、承运人或保险公司等有关责任方索赔。

案例分析一

我国 A 公司与澳大利亚 B 公司订立 FCA 合同，购买某商品 500 t，合同约定提货地为 B 公司所在地。7月3日，A 公司派代理人到 B 公司所在地提货，B 公司已将货物装箱完毕并放置在临时敞篷中，A 公司代理人由于人手不够，要求 B 公司帮助装货，B 公司认为依国际惯例，货物已交 A 公司代理人照管，自己已履行完应尽的合同项下的义务，故拒绝帮助装货。A 公司代理人无奈返回，3 日后 A 公司再次组织人手到 B 公司所在地提走货物。但是，在货物堆放的 3 天里，因遇湿热台风天气，货物部分受损，造成 10% 的脏包。问：该损失应由哪一方承担？

分析：该损失应由 B 公司承担，因为交货地点在卖方所在地，则卖方需负责装货，否则就算未完成交货义务，风险不转移。

案例分析二

某进出口公司与巴西某公司签订一份出口油籽的合同。合同采用 FOB 价格术语，买方需于 2 月份派船到厦门港接货。合同还规定："如果在此期间内不能派船接货，卖方同意保留 28 天，但仓储、利息、保险等费用皆由买方承担。"3 月 1 日，卖方在货物备妥后电告买方应尽快派船接货。但是，一直到 3 月 28 日，买方仍未派船接货。于是卖方向买方提出警告，声称将撤销合同并保留索赔权。买方在没有与卖方进行任何联系的情况下，直到 5 月 5 日才将船只派到厦门港。这时卖方拒绝交货并提出损失赔偿，买方则以未订到船只为由拒绝赔偿损失，双方争议不能和解，卖方起诉到法院。买方做法是否合理？

分析：法院经取证调查，认为买方确实未按合同规定的时间派船接货，因此法院判决：卖方有权拒绝交货，并提出赔偿要求。后经双方协商，卖方交货，但由买方赔偿仓储、利息、保险等费用。本案例是涉及 FOB 价格术语下船货衔接的问题。根据有关法律和惯例，如果买方未能按时派船，卖方有权拒绝交货，而且由此产生的各种损失均由买方负担，因此，在 FOB 术语下成交的合同，对于装运期和装运港要慎重规定，订约之后，有关备货和派船事宜，双方要加强联系，密切配合，保证船货衔接。在此案例中，我方作为卖方尽到了自己的责任。在装运期临近时，卖方电告催促买方派船接货，但买方仍没有及时派船接货。根据《联合国国际货物销售合同公约》的规定，我方有解除合同之权利，并要求买方赔偿损失。

思考题

1. 说明国际贸易与国内贸易的异同。
2. 以 CIF 条件为例，简述出口贸易的基本流程。
3. 什么是国际贸易术语？常用的术语有哪些？分别对买卖双方的基本义务规定是什么？
4. 比较 FOB、CFR、CIF 3 种贸易术语的相同点和不同点。
5. 阐述信用证的特点及流程。

第三章 国际货运代理

学习目标

了解国际、国内的国际货运代理行业历史与现状。
掌握国际货运代理的定义、性质、作用及类型。
了解我国货运代理业发展趋势和国际货运代理的发展方向。

第一节 国际货物运输代理概述

一、国际货运代理基本概念

国际货运代理是服务性行业中的一种类型，1926年5月31日在维也纳成立的国际货运代理协会联合会（FIATA）作为联合国的常设顾问机构和一个在世界范围内最大的非政府和非营利机构，其对国际货运代理的定义是："根据客户的指示，并为客户的利益而揽取货物运输的人，其本人并不是承运人，货运代理也可以依这些条件，从事与运输合同有关的活动，如集货、报关、报验、收款。"我国1995年颁布的《中华人民共和国国际货物运输代理业管理规定》对其定义为："国际货物运输代理企业可以作为进出口货物收货人、发货人的代理人，也可作为独立经营人从事国际货代业务。"

国际货运代理企业作为独立经营人从事国际货运代理业务，是指国际货运代理企业接受进出货物收货人、发货人或其代理人的委托，签发运输单证，履行运输合同并收取运费和服务费的行为。可见，传统的国际货运代理业务是指国际货运代理企业为当事人办理国际货物运输及相关业务并收取服务报酬的行业。国际货运代理利用自身的有利条件，精通业务，熟悉国际货运市场的供求变化，航线运价的季节变化，熟悉各种运输手段及相关法律规定，与承运企业、贸易方，以及保险、银行、海关、商检、港口等有着广泛的联系和密切的关系，从而在较大范围内为委托人办理国际货物运输业务提供较好的服务，并在国际贸易运输发展过程中起着非常重要的作用。

二、国际货运代理的发展概况

国际交易活动不仅涉及面广、环节多，而且情况复杂多变，任何一个贸易商或承运人都不可能亲自到世界各地办理每一项业务，很多业务需要委托代理人代为办理。为了适应这种需要，在国际贸易和国际货物运输领域就产生了很多从事代理业务的代理行或代理人，他们接受委托人的委托，代办各种运输业务，并按提供的劳务收取一定的报酬。随着国际贸易和国际货物运输的发展,这种运输代理行业也迅速而广泛地发展起来。当前,代理行业已渗透到运输领域的各个角落,成为国际贸易和国际货物运输业乃至国际服务贸易不可缺少的重要组成部分。

从公元 10 世纪起,国际货运代理开始出现。随着公共仓库在港口及城市的建立,海上贸易的扩大,国际货运代理业逐步得到发展。起初,国际货运代理作为厂家、商人或进出口商的佣金代理,依附于货方,进行各种经营管理,如装卸、结关、储存、运输、销售和收取货款等。

到了 16 世纪,已有相当数量的国际货运代理公司签发自己的提单、运单及仓储收据等。这些公司有的现在还存在。

18 世纪,当时的国际货运代理开始把几家托运人运往同一目的地的货物集中起来托运,同时开始办理投保,逐步发展成现在我们所熟悉的中间性质的独立的行业,并渐渐地停止了收取货款和其他财务管理,而把这些业务转由商业银行办理。

蒸汽机时代的到来,引起了一场运输上的大革命,国际货运代理在此期间获得长足进步。1850 年以后,铁路运输以其速度快、运费低廉的优势,几乎完全垄断了陆运货物,并且与沿海、内河航运展开竞争。而海上运输也发生了较大的革命,终于使建造用于装卸笨重货物的大船成为可能。这时,国际货运代理在本国经济中占据了一定的地位。他们不仅是运输的专家,而且能为其客户找到最快捷且经济的运输路线。

当欧洲成为世界大部分地区消费品的加工厂时,国际货运代理的活动变得专业化了,并且在世界各地各具特色。欧洲建立了国际货运代理协会,要求国际货运代理更多地面向东方和其他大陆。第一次国家级国际货运代理协会代表大会于 1880 年 1 月 19 日在莱比锡召开。在美洲和欧洲的国际货运代理组成了行业组织,而对其他大陆来说,多数是进口国,国际货运代理作为本地区或本国在港口或在首府的收货代理及报关行发挥着作用。他们还专门从事仓储和向内地目的地发运的工作。

进入 20 世纪 20 年代,国际货运代理的国际合作有了较大的发展。1926 年 5 月 31 日,16 个国家的国家级货运代理协会在奥地利首都维也纳成立了国际货运代理协会联合会,即 FIATA。第二次世界大战以后,开始了定期的航班空运业务,并逐渐发展为世界航空运输网。各国出现了专门从事空运的代理,并开展了集运业务,现在大约 80%的空运货物由空运代理掌握。

20 世纪 50 年代以来,随着世界各国经济贸易往来的日益频繁,跨国经济活动的增加,世界经济一体化进程的加快,国际货运代理行业在世界范围内迅速发展,国际货运代理人队伍不断壮大,并已成为促进国际经济贸易发展,繁荣运输经济,满足货物运输关系人服务需求的一支重要力量。经过几十年的发展,世界各国已有国际货运代理公司 40 000 多个,从业人员达 800 万~1 000 万人之众。在经济比较发达的西欧主要国家,平均每个国家都有 300~500 家的国际货运代理公司,其中,德国有 4 500 多家,法国也有 2 000 多家。在美洲,仅 20 世纪 90 年代的美国,就有货运代理公司 6 000 多家。在亚洲,日本拥有国际货运代理公司 400 多家,新加坡拥有国际货运代理公司 300 多家,韩国、印度分别拥有 200 多家。我国香港地区拥有国际货运代理公司 1 000 多家,台湾地区拥有近 260 家。据有关资料显示,世界上 80% 左右的空运货物,70% 以上的集装箱运输货物以及 75% 的杂货运输业务,都控制在国际货运代理人手中。

总体而言，当前世界的国际货运代理业务为市场经济发达国家的公司所控制。发展中国家的国际货运代理在国际市场中是很不显眼的，多数只限于从事本国的货运活动。但随着发展中国家工业化的进展和产品出口贸易的增加，发展这种辅助性服务的货运业务，组织出口贸易的运输体系，对发展中国家来说已越来越重要。

三、国际货物运输代理的作用

国际货运代理在货主和承运人之间建立起联系，具有独特的功能，在国际货物运输中起着不可替代的作用。这些作用大致可以归纳为以下几个主要方面：

1. 组织协调作用

国际货运代理人凭借其拥有的运输知识和其他相关知识，组织运输活动，设计运输路线，选择运输方式和承运人（或货主），协调货主、承运人及其他相关人员和部门的关系，可以节省委托人的时间和精力，节省费用，降低成本。

2. 服务作用

国际货运代理人利用自身专业知识和经验，为委托人提供货物的承揽、交运、拼装、集运、接卸等服务，以及为委托人办理报关报验、保险等手续。国际货运代理人通过向委托人提供各种专业服务，可以使委托人不必在自己不熟悉的业务领域花费更多的精力和心思，有助于提高委托人的工作效率。

3. 沟通控制作用

国际货运代理人拥有广泛的业务关系、发达的服务网络和先进的信息技术手段，可以随时保持货物运输关系人之间、货物运输关系人与其他有关企业、部门的有效沟通，对货物运输的全过程进行准确跟踪和控制，保证货物安全、及时运抵目的地，顺利办理相关手续，并应委托人的要求提供全过程的信息服务及其他相关服务。

4. 咨询顾问作用

国际货运代理人可以就货物的包装、储存、装卸和照管，货物的运输方式、运输路线和运输费用，货物的保险、进出口单证和价款的结算，领事、海关、商检、卫检、动植检、进出口管制等有关当局的要求等向委托人提出明确、具体的咨询意见，协助委托人设计、选择适当处理方案，避免、减少不必要的风险、周折和浪费。

5. 降低成本作用

国际货运代理人凭借自身优势，为委托人选择货物的最佳运输路线、运输方式，最佳仓储保管人、装卸作业人和保险人，争取公平、合理的费率，甚至可以通过集运效应使所有相关各方受益，从而降低货物运输关系人的业务成本，提高业务效益。

6. 资金融通作用

国际货运代理人可以代替收、发货人支付有关费用、税金，提前与承运人、仓储保管人、装卸作业人结算有关费用，凭借自己的实力和信誉向承运人、仓储保管人、装卸作业人及银行、海关当局提供费用、税金担保或风险担保。

四、国际货物运输代理种类

根据代理业务的范围和性质不同，有各种不同类型的代理行业（代理人），但归纳起来主要有以下四大类：租船代理，船务代理，货运代理和咨询代理。

1. 租船代理（Ship Broker）

租船代理人通常称为租船经纪人，他们是以中间人身份，为委托人与第三方促成交易，签订合同。它是在国际贸易活动中以船舶为贸易活动对象而对船舶进行租赁业务的人。其主要业务是为货主（租船人）寻找合适的运输船舶或为船东寻找货运对象（货主），它仅以中间人身份使租船双方达成租赁协议，从中赚取佣金和劳务费。因此根据租船经纪人所代表的委托人身份不同，其有时扮演船东代理人角色，有时又扮演租船代理人角色。同时租船代理人还可以兼办船舶代理、船舶买卖业务等。

租船代理人的主要职责：

（1）按照委托人（船东或租船人）的要求为委托人提供最佳条件和最有利的对象，促成船舶租赁交易的成交。这是租船代理最主要的业务。

（2）根据双方洽谈确认的条件制成租船合同，并按委托方的授权代签合同。

（3）如实地向委托人提供国际货运动态、航运市场行情和其他信息资料，以促使双方迅速成交。

（4）如双方发生纠纷，可为当事人进行调解，求得公正合理解决。

租船经纪人主要以租船代理佣金的形式取得收入，它的结算一般按照国际惯例由运费或租船金收入方支付，即由船东支付。一般代理佣金均按租金的1%~2.5%收取，具体数额经双方协商同意后在租船合同中，加以规定。

2. 船务代理（Shipping Agent）

船务代理人是指接受承运人的委托，代办与船舶有关业务的人。

船务代理人的主要职责是：

（1）在船舶进出港业务方面：办理船舶进出港口各项手续，包括引水、靠泊、报关等工作；办理船舶检修，卫生及其他海事处理等。

（2）在货运业务方面：安排组织货物装船、检验、交接、转运、储存等；办理订舱，揽货和代收运费；填写有关货物运输单据。

（3）在船舶供给业务方面：代办船用油料、淡水，物料及食品供应等；代办绳索、垫料等。

（4）船舶其他附属服务性业务方面：办理船员登岸或出境手续；安排船员住宿、交通、医疗，参观游览等服务项目。

（5）其他船务代理业务方面：船务代理除规定完成的业务外，其他临时发生的事情也可代为办理，同时按规定的收费标准向委托人收取代理费。

3. 货运代理（Freight Forwarder）

货运代理是指接受货方的委托后能代表货主，办理有关货物报关、交接、仓储、检验、装运、订舱等具体业务的人。它与货主是委托与被委托关系，它能以货主代理人的身份对货主负责并按代理业务项目和提供的劳务向货主收取有关代理费用。

货运代理的业务很多，其业务范围大小不定，项目也有多有少，大的业务能兼办多项业务（如办理海陆空货运代理业务），小的业务只专办一项或两项业务。常见的货运代理业务范围主要有以下几类：① 货物装卸代理；② 订舱揽货代理；③ 货物报关代理；④ 货物转运、理货、储存代理；⑤ 集装箱代理，包括装箱、拆箱、分拨、转运以及集装箱租赁、维修等业务。

4. 咨询代理（Consulting Agent）

咨询代理人是指专门从事咨询工作，满足委托人的需求，提供情报、资料、信息、数据等服务而按规定收取一定报酬的人。咨询代理设有机构和研究人员，他们信息十分灵通，长期与世界各个货物运输市场、研究中心都有密切的联系，他们可以咨询有关国际货运法规，提供专题报告，资料情报和最佳货运方案，作好委托人的智囊团。

以上所述代理人的类型，仅仅是从他们各自的业务侧重面的不同加以区别。实际上，代理业务是允许兼营的。也就是说，他们之间的业务范围划分并不十分严格和清楚。例如不少船务代理兼营货运代理，有的货运代理兼营租船代理、船务代理和咨询代理。各类代理的具体业务范围，一般由不同国家的政策法规具体来规定。

第二节　国际货运代理关系和责权

一、国际货运代理关系

国际货运代理属于法律意义上的代理范畴。所谓代理即是代理人在代理权范围内，以被代理人的名义独立与第三人发生法律行为，由此产生的法律效果直接归属于被代理人的法律制度。按一般法律概念，货运代理关系是由委托人和货运代理人两方组成的。因为代理关系必须是由一方提出委托，经另一方接受同意后才算是正式成立。这种关系一经确定后，委托人和货运代理人之间的关系则成为委托与被委托的关系，有关双方的责任、义务则根据双方订立的代理协议或代理合同的规定来办理。在办理代理业务的过程中，代理人作为委托人的代表对委托人负责，但代理人必须在委托人授权的范围内行事，否则由此所产生的一切后果委托人不予负责，而由代理人自己负责。

但在实际货运代理业务中，货运代理人有的业务由自己办理，有的时候自己不办理实际业务而是委托其他有关方面办理，还有的以中间人的身份为委托人与第三方促成交易，事实上这种代理人已成为经纪人。因此，代理关系可能会产生以下3种情况：

（1）委托人和货运代理人的关系。这种关系由代理协议（合同）来确定，是代理协议（合同）的主体。

（2）委托人和第三方的关系。这种关系由委托人与第三方订立的合同来确定。如通过租船代理，由委托人与船东签订租船合同。

（3）货运代理人和第三方的关系。这种关系由代理人与第三方订立的合同来确定。

在货运代理人和第三方的关系上，根据有关法律和习惯做法，货运代理人在与第三方发生业务关系时，可以不向第三方说明其代理身份。因此，从第三方的角度来看，货运代理人的性质和地位又有3种情况：

① 代理人不公开委托人，而以自己的名义与第三方签订合同。在这种情况下，代理人代理的是未公开的委托人。在这种情况下，如果发生有关法律纠纷，第三方只能对代理人起诉。如证据确凿，并能说明代理人所代表的委托人，在这种情况下可以选择对委托人起诉。

② 代理人公开自己的身份是代表，但不公开其委托人的姓名。在与第三方签订合同上他在自己的签字后面加注"仅作为代表"字样。这样，它代表的是隐名的委托人。在这种情况下，第三方只能对委托人起诉，对代理人而言，他不负个人责任，但如果代理人不愿意公开委托人是谁，则第三方也可以对代理人起诉。

③ 代理人既公开他是代表委托人，也公开其委托人的姓名，在与第三方签订合同上他在自己的签字前加注"经×××授权"，并在签字后加注"仅作为代表"字样，它代表的是显名委托人。此时，有关责任纠纷处理后果由委托人承担。

二、国际货运代理的责任与权利

1. 国际货运代理人的基本责权

1）货运代理人的责任

（1）货运代理人应按照代理协议（合同）中的规定和委托人的指示，在委托人授权范围内办理有关的委托事项。

（2）货运代理人应本着诚信的原则向委托人及时、如实地汇报一切重要事宜。

（3）货运代理人不得收受贿赂、图谋私利或与第三方串通损害委托人的利益。

（3）货运代理人负有保密义务，即在代理期间或在代理协议（合同）结束后，代理人都不得将所获得的委托人的商业情报或重要资料向第三方泄露。

（5）货运代理人不得将委托人所授予的代理权委托他人行使，即不能将代理权转让他人。如在客观上确有此需要应事先征得委托人的同意。

（6）货运代理人应对其本人及其雇员所造成的错误或疏漏承担责任。比如，未按指示交付货物；办理保险时发生错误；报关有误或延迟；错发错运等。

2）货运代理人的权利

（1）收取因完成委托人交办事项而产生的费用。

（2）收取因办理委托事项的相关事宜及其他服务而产生的费用。

(3) 收取因不能控制的原因致使代理合同难以履行而产生的有关费用。

(4) 收取委托人支付的佣金和第三人支付的佣金。

(5) 如委托人无理拒付或拖延支付其应付的费用,代理人有权行使留置权并有权以某种合适的方式出售货物以补偿其应收取的费用,或以委托人留在代理人手中的其他款项抵偿。

2. 委托人的责权

1) 委托人的责任

(1) 及时给予货运代理人明确的指示。委托人除应按协议(合同)中规定的条款办事外,如对代理人另有要求时,必须及时发出明确具体的指示,以便代理人凭以执行。

(2) 对货运代理人提出的征询意见应及时回答。如由于回答不及时或回答不当而造成某种损失时,委托人应承担责任。

(3) 应按规定支付代理佣金和其他有关费用。

(4) 应预付业务备用金给货运代理人。

2) 委托人的权利

(1) 对于货运代理人所提供的情况或资料不实,或代理人故意隐瞒某一事实真相致使委托人遭受损失时,委托人有权向代理人索赔并撤销协议(合同)。

(2) 如由于货运代理人图谋私利、与第三方串通、接受贿赂或出卖委托人的机密而使委托人的利益遭受损失时,委托人有权向货运代理人提出赔偿要求,拒绝支付佣金或进行起诉。即使上述行为未使委托人遭受损失,委托人亦可行使上述权利。

第三节　我国国际货运代理

一、我国国际货运代理的产生与发展

1. 新中国成立前我国国际货运代理的情况

我国的国际货运代理业自 1840 年鸦片战争后开始出现,较世界上一些发达国家要晚好几百年。从那时起至 1949 年,这一行业几乎全部被帝国主义和资本主义国家的洋行所控制和垄断。鸦片战争后,随着帝国主义的入侵,资本主义国际货运代理制度伴随着资本主义的贸易、航运、保险、海关等行业在我国出现并发展。新中国成立前半殖民地、半封建社会制度使我国民族资本主义的发展受到了严重的限制,也使我国国际货运代理行业无法形成有影响的独立行业。从新中国成立前总的情况看,沿海港口(东北除外)官办的招商局和中央信托局的机构是比较统一的。其次是英商太古、怡和洋行,它们深入我国内河的武汉、九江、重庆等长江港口,其航运及运输代理形成一个统一体,也比较有基础。其余的代理业、报关行,都是进行分散的、各自为阵的运输代理、报关、仓储等经营活动。其特点是资财微薄,活动能力有限。那时,沿海港口的报关业和运输业的业务属国际货运代理性质。

2. 新中国成立后至改革开放前我国国际货运代理的情况

新中国成立后,国家组建了中国对外贸易运输总公司,并规定有关国际货运代理业务一律由中外运总公司及其分公司经营,中外运公司是我国各进出口贸易公司的货运总代理。

新中国成立初期的国际货运代理业务比较简单和单一,主要是服务于铁路运输。随着我国外贸进出口业务的发展,国际货运代理业开始有了较大发展。20世纪60～70年代,我国远洋船队的迅速发展,使国际货运代理的业务水平又有了新的提高,国际货运代理的业务范围也有了进一步的扩大,中外运公司受当事人的委托可承办各种进出口货物、援外物资、对外承包工程和各种非贸易物资的海、陆、空、大陆桥、小陆桥、多式联运的运输;办理进出口货物的订舱、配载、接交、报关、报验、签单、代储、代运和过境运输业务。中外运公司是外贸各专业公司名副其实的货运总代理,在完成我国外贸任务中,起到了极其重要的作用,是整个外贸业务中不可缺少的一个重要环节。它不仅全面完成了历年的外贸进出口运输任务,支持了国轮的发展,而且引进了国际运输中最新的组织技术,如货物运输的成组化、集装箱化、滚装化等。

这一时期,一方面我国的国际货运代理为中外运公司独家经营,另一方面随着其不断发展与国外的业务往来,西方国家的国际货运代理制度及法律对我国的影响也开始逐渐渗透。

3. 改革开放以来我国国际货运代理的发展情况

改革开放后,我国由计划经济逐步转变为市场经济,国际货运代理市场逐渐开放,一家垄断的局面被打破。为了使国际货运代理业能更好地为外贸服务,国家允许成立多家国际货运代理,并且提倡公平竞争。于是国内各单位和外商纷纷申请成立国际货运代理公司,至今依法成立了逾千家,其中有中外运系统的,中远系统的,各外贸专业公司的,各工贸公司的,各技贸公司的,各大厂矿企业的,还有相当一部分属中外合资、合作或外商独资的,一个中外国际货运代理企业并存、多家国际货运代理企业竞争的市场格局已初步形成。

1984年后,中国远洋运输总公司(简称中远)开始经营国际货运代理业务,从而打破了由中外运一家经营的局面。1988年起,我国的国际货运代理业得到较快的发展,目前,经正式批准成立的国际货运代理企业已遍及全国各地,分布于30多个部门和领域,分设于海、陆、空口岸及内地省市,这对于增加出口渠道、方便货主、促进企业之间的竞争、提高服务水平起到了积极的作用。

1988年3月,国务院22号文件规定:船舶运输、港口装卸和航运、货运代理网点的设置,要适应运输和方便用户的需要。在加强管理、统一对外的前提下,允许多家经营和互相兼营。

1988年7月,国务院口岸领导小组18号文件《关于改革我国国际海洋运输管理工作的补充通知》更加明确规定:船舶代理(简称船代)、货运代理(简称货代)业务,实行多家经营和互相兼营。船代、货代的使用,分别由船公司、货主自主选择,任何部门不得进行行政干预与限制。

根据原外经贸部1990年7月13日发布的《对外经济贸易部关于国际货物运输代理行业管理的若干规定》的精神,凡具备条件的单位均可申请从事国际货运代理业务。

1992年，对我国的国际货运代理是否是一个多余的中间环节进行过一次辩论。通过辩论，得出的结论是：国际货运代理在我国的外贸业务发展中不是一种可要可不要的中间环节，而是一个不可分割、不可缺少的中间环节；目前，我国国际货运代理不是多了，而是少了；不是要减少，而是要发展。所以，我国的国际货运代理业不但不能削弱，相反必须加强。辩论后，我国的国际货运代理数量的确有了一个较大的发展，这对我国国际货运代理公平竞争市场的形成起了很大的促进作用。

1995年6月，经国务院批准，原外经贸部发布实施了《中华人民共和国国际货运运输代理业管理规定》，对于包括国际多式联运在内的国际货代业务管理做了明确规定。1997年经过重新修订，原外经贸部又公布了《外商投资国际货物运输业代理企业审批规定》。从1996年起，全国的国际货运代理企业实行了年度审核制度，2009年2月，原外经贸部又公布了《中华人民共和国国际货物代理业管理规定实施细则》进一步改善了主管部门实行行业管理的法律环境，上述法律和法规的实施，标志着我国政府部门在本行业的管理上，已从过去的行政管理为主，转变到市场经济条件下的宏观调控和依法管理的轨道上来。

目前，我国国际货运代理业取得了长足的进步，货代行业已经从过去的中外运公司独家代理到现在的上千家国际货运代理；从只承办传统的国际货运代理业务到承揽国际多式联运在内的业务；从只允许国内企业从事我国的国际货运代理业务到允许外商在我国境内从事国际货运代理业务；从按计划经济经营国际货运代理业务到按市场经济经营国际货运代理业务，这一切无疑给我国的国际货运代理业带来了巨大的变化，也必将引起我国国际货运代理业的深刻变化。

二、我国国际货运代理的类型和特点

根据货运代理的业务性质、经营优势与成立背景，目前我国货运代理企业可以划分为以下几大类：

1. 中国外运（集团）及其控股或合营的企业

其特点是：① 一业为主，多种经营；② 拥有一个四通八达的运输网络，为参与国际分工创造了条件；③ 资产雄厚，有实力参加市场竞争；④ 人力资源丰厚，有一大批精通业务的专门人才。

2. 船公司、航空公司、铁路运输部门等设立的货运代理

即运输业主代理，如中远国际货运有限公司。它的特点是：① 在销售运价、方便货主方面有竞争力；② 在捕捉与反馈航运信息上有优势。

3. 由原专业、工技贸总公司组建的国际货运有限公司

这类公司的前身一般是各总公司履行发货、订舱、仓储等职能的储运部（处）。它的特点是：① 在处理货、单据方面有优势；② 经营规模小，管理水平低；③ 专业人才缺乏，市场开拓能力差。

4. 专业化类型的货代公司

这类公司原本是以办理仓储等运输相关业务见长，基于增加利润来源，更好为货主服务的目的，经审核批准，取得了国际货运代理企业《批准证书》。它的特点是多年的业务经营使其积累了丰富的承运特种货物、办理专项业务的经验。

5. 中外合资货代公司

这类公司由国外一些船公司，货代行、实业公司与国内的大外贸、运输公司联手合资创办，目前已有 400 余家，占我国货代总数的 1/3。它的特点是：① 资本雄厚，规模化经营显著；② 网络化经营具有一定水平；③ 人员素质和管理水平较高，服务具有竞争力。

三、我国国际货运代理的经营范围

根据《中华人民共和国国际货运代理业管理规定实施细则》的规定，我国国际货运代理企业可以接受委托，作为代理人或独立经营人从事全部或部分以下经营活动：
（1）揽货、订舱、托运、仓储、包装。
（2）货物监装监卸、集装箱装箱拆箱、中转及相关的短途运输服务。
（3）代为填写、缮制、签发有关单证、交付运费、结算及交付杂物。
（4）办理货物的报告、报验、报检、保险等手续。
（5）国际展品、私人物品及过境货物运输代理。
（6）国际多式联运、集运。
（7）国际快递（不含私人信函）。
（8）咨询及其他国际货运代理业务。

但是，这些并不是每个国际货运代理企业都具有的经营范围。由于各个国际货运代理企业的具体情况不同，商务主管部门批准的国际货运代理业务经营范围也有所不同。

四、目前我国国际货代业存在的主要问题

从世界范围观察，国际货运代理行业的发展并不平衡。发达国家的国际货运代理行业发展水平较高，制度比较完善，国际货运代理公司多数规模较大，网络比较健全，人员素质较高，控制了世界国际货运代理服务市场。发展中国家的国际货运代理行业发展比较缓慢，制度不够完善，国际货运代理公司多数规模较小，服务网点较少，人员缺乏培训，以本国业务为主，市场竞争能力较差。就我国国际货运代理行业的现状分析，可以发现存在以下一些问题。

1. 战略定位不清，缺乏发展规划

当前，全球的货代业都在向现代物流业转变。要实现这种转型，必须根据自身条件，把握市场变化，不断挖掘潜力，开发不同层次的物流增值服务。在这种形势下，我国大多数中小货代企业管理理念仍然落后，提供的服务简单且范围小，服务方式单一，没有主动

细分市场，没有研究市场变化，更没有依据客户需求心理进行市场定位并制定企业发展战略，一直处于低层次的经营状态，无法为客户提供个性化的物流方案，更不用说供应链的组织能力。

2. 缺乏核心竞争力，盈利方式不合理

从货源结构看，国内货代企业尤其是中小企业主要以承揽出口预付货为主，营销手段主要是靠比拼低运价和社会关系，而对已超过我国对外贸易比重80%的FOB指定货（这些货物运输主要由具全球网络优势的跨国货代公司所控制），由于缺乏海外代理网络因素，往往力不能及。目前中小货代企业在运价、舱位等方面对承运人的过分依赖，以赚取差价和订舱佣金为主要收入来源。企业忽视了对市场需求的细分，造成中小货代业务的可替代性强，客户稳定性差，专业化服务程度低，市场竞争力低下。

3. 配套基础设施差，专业人才缺乏

由于货运代理属于服务业，基本上不存在行业壁垒，市场进入门槛低。我国很多货代公司规模不大，企业的所谓信息化往往只是使用电子邮件、即时通讯软件以及利用办公室软件制作简单的表单文档，而利用计算机进行信息的收集、存储、管理和利用方面的能力较弱，未能形成自己的核心优势。

另外，制约货代公司发展缓慢的一个重要因素是缺乏专业人才。尽管货运代理资格证书的培训在不断发展，然而从业人员仍然不能满足实际需求。据统计，我国现有货运代理从业人员大约30万，但其中经过正式培训的人员寥寥无几，这严重影响了中国国际货代业的竞争力。

4. 市场秩序不规范，合法货代受挫

严格地讲，未具主管部门颁发的国际货运代理资格批准证书的货代都属于非法货代，而我国仍有众多非法货代，这些非法货代常常为了争夺货源，对于大客户不惜降低运价，给予回扣，进行不正当竞争，而对于一些零星小客户，则利用它们对航运市场的不了解，巧立名目乱收费，也恰恰如此，它们能迎合一些货主的需要而能长期存在下来，使得货代市场不正当竞争日益激烈，合法货代企业生存空间因此越来越小。

五、我国国际货代的发展趋势

随着经济全球化及我国货运市场的进一步开放，在这种大背景下，我国国际货代将出现新的发展特点和方向。具体来说，其发展趋势有以下几点：

1. 经营的规模化

我国的货代企业存在着"小、少、散、弱"的缺陷。入世后，随着货代市场的进一步开发，实力强的外资货代将进入我国，一大批势力单薄的货代将被淘汰。进行规模化经营是货代行业的必然趋势。

2. 服务的专业化

第三方物流的核心竞争能力来自信息优势和专业优势，应该说专业优势实际上是其他优势的综合表现。服务专业能力是指在物流方面具有最高水平的运作技能。专业化运作是降低成本、提高物流水平的运作方式。货代的专业化就是要在空运、集装箱运输、租船、快递、仓储等业务中选择其中一两项作为主业，在市场开发、战略策划、人才选用、业务管理等方面采用密集型的战略，拓展核心专长，是企业具备竞争能力的根本保证。随着市场竞争的加剧和客户需求的提高，货代企业应当完成向第三方物流的角色转换。

3. 系统的网络化

网络化有三层递进的含义：第一层含义是指货代企业首先建立国内外物流服务网络，扩大物流服务的范围、规模，建立全球化服务网络战略，这是企业未来参与竞争的根本保证；第二层含义是指货代企业对物流网点的资源能统一调配，通过网络运作追求规模效益，以形成和实现"一个利润中心，多个成本中心"的组织运作模式，形成真正意义上的网络资源；第三层含义是通过全球商务信息交换网络，如 Internet、EDI 等信息传输方式，解决货代企业网点间的连接问题，通过电子商务实现内部资源网络化运作。

4. 物流的信息化

在国际货代企业活动中，信息是控制生产和销售系统相结合的物流作业系统的重要组成部分，信息化发展的最高境界是价值信息有条件地高度共享。企业内部的各个子系统、功能模块之间的有效集成便构成了一个企业的神经中枢。物流信息系统是现代物流系统化提高物流效率必不可少的条件，是国际物流正常运转的基础和保障。

案例分析

原告中国人民保险公司浙江省分公司（以下简称原告），第一被告中外运空运发展股份有限公司华东分公司（以下简称第一被告），第二被告中国对外贸易运输总公司（以下简称第二被告）。浙江省丝绸进出口公司（下称浙江丝绸）以国际货物买卖运输合同中的 10 箱丝绸为标的向原告投保。某年 8 月 24 日，为将浙江丝绸的 10 箱丝绸从上海空运至意大利的某地，第一被告向浙江丝绸出具两份分运单（由于第一被告是第二被告的子公司，故这两份分运单利用了第二被告的格式运单，其中载明主运单号码为 085-74179825），并提供给浙江丝绸由瑞士空运有限公司（SWISS CARGO）签发的号码为 085-74179825 的主运单一份，载明第一被告是瑞士空运的代理人。其后，原告向浙江丝绸出具了货物运输保险单。运输途中，货物灭失。9 月 15 日，原告收到该批货物收货人意大利 JET LINE 公司出具的授权委托书，授权浙江丝绸对原告进行索赔并收取赔款。10 月 12 日，SWISS CARGO 向第一被告出具函件确认该批货物在运输途中遗失。10 月 17 日，JET LINE 公司向原告出具权益转让书，说明其已收到赔款，并表示将索赔权转让给原告。后原告因向两被告要求索赔未果，故诉至法院。

法院认为，第一被告只是 SWISS CARGO 的代理人，运输合同理应直接约束原告和瑞士空运，换言之，诉讼的"主体不当"，故判决：（1）驳回原告中国人民保险公司浙江分公司的诉讼请求；（2）本案诉讼费用由原告承担。

纵观本案的脉络，要正确理解其中的法律关系，有这样几个问题需要解决：（1）主体地位的认定；（2）在民用航空领域，对代理关系的理解以及相应的法律规定；（3）具体问题的法律适用。

思考题

1. 简述国际货物运输代理的概念。
2. 简述国际货运代理的作用。
3. 国际货物运输代理的种类有哪些？
4. 简述代理人和委托人的关系的类型。
5. 我国国际货运代理的业务范围包括哪些方面？
6. 简述我国国际货代的发展趋势。

第四章　海洋货物运输基础知识

> **学习目标**
>
> 掌握海洋货物运输的特点和作用。
> 了解商船的性质和种类，熟悉船舶吨位、载重线、船旗、船籍等。
> 熟悉海洋运输货物的分类和包装标志。
> 了解世界海洋运输航线及主要港口。

第一节　海洋货物运输概述

一、海洋货物运输发展概况

海洋货物运输是使用船舶通过海上航道在不同国家和地区的港口之间运送货物的一种运输方式。海上航行与海洋货物运输历史悠久，它是随着人类文明和生产力的发展而向前发展的。人类最先利用人力操桨前进，以后又以兽皮为帆利用风力行驶，因而帆船曾是海上运输的主要工具。指南针的发明和使用，能使船舶在海上辨别方向，按着人类的意志航行，进而能到达更远的地方，并能返回起航地。我国明代郑和下西洋就充分利用了风帆和指南针。现代海洋运输是在 19 世纪资本主义发展，运输工具不断改进的基础上发展起来的。

18 世纪末，以蒸汽机的出现为标志的第一次技术革命，有力地推动了社会生产力的发展。作为海上运载工具的船舶，同样受到技术革命的影响。1801 年英国的薛明敦以蒸汽机为动力，建造了世界上第一艘轮船"卡洛登斯"号。蒸汽机的发明使海洋运输进入了一个全新的时代。1807 年美国人罗伯特·富尔顿制造了第一艘蒸汽船"克莱蒙特"号在哈德逊河上航行，历时 32 h 完成了纽约城至阿尔巴尼之间 241 km 的试航，证明了将蒸汽机用作船舶动力的可能性。1819 年美国的帆船"萨凡那"号装置 90 马力*蒸汽机，自纽约经英国到达俄国圣彼得堡，成为轮船航行远洋的先驱。1836 年改明轮为暗轮即螺旋推进器，提高了航速。从此，海洋运输进入了蒸汽机时代。1840 年蒸汽机船首次成功地横渡大西洋，揭开了国际航运的新篇章。1962 年美国建造第一艘核动力商船"萨凡那"号，轮船由此进入核动力时代。目前，世界上已建造了 60 万 t 级的大型船舶，海上船舶正在向大型化方向发展。

二、海洋货物运输的特点

由于国际贸易和国际货物运输是在全世界范围内进行产品交换，地理位置和地理条件

---

* 马力，非法定计量单位，1 马力约为 735 W。

决定了海洋运输是最主要的手段。目前,国际贸易总运量的 75% 以上是利用海洋运输来完成的,在某些国家的对外贸易运输中,90% 以上的货物运输是通过海洋运输实现的,这是由于海洋的性质和海洋运输本身的特点所决定的。与其他运输相比,海洋货物运输具有以下特点:

1. 运输量大

随着世界新技术革命的发展,造船也广泛采用新技术,船舶日趋大型化。目前的超巨型油轮已达 60 万吨。最新一代集装箱船的载箱能力已达到 18 000 TEU。就目前而言,船舶的承载能力远远大于火车、汽车和飞机,是运输能力最大的运输工具。

2. 通过能力强

海洋占地球表面积约 70% 以上,海上运输是利用四通八达的天然航道来完成的。它不像汽车和火车受道路和轨道的限制。在遇到政治、经济及自然条件发生变化的时候,可随时改选最有利的航线来完成运输任务。

3. 投资小,运费低廉

海上运输利用天然航道,不需大量投资修建航路。加之船舶运载量大,航程远,单位运输成本低,因而运费低。据统计海运运费一般为铁路运费的 1/5,公路运费的 1/10,航空运费的 1/30。这就为低值大宗货物的运输提供了有利的运输条件。

4. 对货物的适应性强

海上货物运输船舶可适应多种货物运输的需要。它可以根据各种不同的货运需要而设计多用途船舶,也可根据某种特殊货运需要而设计专业化船舶,以适应货物对运输的需求。

5. 运输速度慢

由于船舶体积大,水流阻力大,因此速度较慢。目前,班轮的航行速度通常只有 20 节左右,如要提高航行速度,燃料消耗又会大大增加,极不经济。因此不宜用来运输时效性较强的货物。

6. 风险较大

船舶在海上航行,难免受气候和自然条件影响,遇险的可能性较大,船舶航行日期也不易准确预计。同时,海洋运输还存在着社会风险,如战争、罢工、贸易禁运等。因此,海洋货物运输需要投保各类保险,以转移风险和分摊损失。

尽管海上运输存在着速度慢、风险大等不利因素,但由于其运输量大、运费低廉等优越性,它在国际贸易中所占的地位和所起的作用,以及由此而形成的重要性仍然大大超过其他几种运输方式。

三、海洋货物运输的作用

1. 海洋货物运输是国际贸易运输的主要方式

国际海洋货物运输虽然存在速度较低、风险较大的不足,但是由于它的通过能力大、运量大、运费低,以及对货物适应性强等长处,加上全球特有的地理条件,使它成为国际贸易中主要的运输方式。我国进出口货物运输总量的 80%~90% 是通过海洋运输进行的,由于集装箱运输的兴起和发展,不仅使货物运输向集合化、合理化方向发展,而且节省了货物包装用料和运杂费,减少了货损货差,保证了运输质量,缩短了运输时间,从而降低了运输成本。

2. 海洋货物运输是国家节省外汇支付,增加外汇收入的重要渠道之一

在我国运费支出一般占外贸进出口总额 10% 左右,尤其大宗货物的运费占的比重更大,贸易中若充分利用国际贸易术语,争取我方多派船,不但节省了外汇的支付,而且还可以争取更多的外汇收入。特别是把我国的运力投入到国际航运市场,积极开展第三国的运输,为国家创造外汇收入。目前,世界各国,特别是沿海的发展中国家都十分重视建立自己的远洋船队,注重发展海洋货物运输。一些航运发达国家,外汇运费的收入已成为它们国民经济的重要支柱。

3. 发展海洋运输业有利于改善国家的产业结构和国际贸易出口商品的结构

海洋运输是依靠航海活动的实践来实现的,航海活动的基础是造船业、航海技术和掌握技术的海员。造船工业是一项综合性的产业,它的发展又可带动钢铁工业、船舶设备工业、电子仪器仪表工业的发展,促进整个国家的产业结构的改善。我国由原来的船舶进口国,近几年逐渐变成了船舶出口国,而且正在迈向船舶出口大国的行列。由于我国航海技术的不断发展,船员外派劳务已引起了世界各国的重视。海洋运输业的发展,还可以带动与运输业相关的其他产业的发展,比如为港口服务的相应产业,金融业等。由此可见,由于海洋运输业的发展,不仅能改善国家产业结构,而且会改善国际贸易中的商品结构。

4. 海洋运输船队是国防的重要后备力量

海上远洋运输船队历来在战时都被用作后勤运输工具。美、英等国把商船队称为"除陆、海、空之外的第四军种",原苏联的商船队也被西方国家称之为"影子舰队"。由此可见它对战争的胜负所起的作用。正因为海洋运输占有如此重要的地位,世界各国都很重视海上航运事业,通过立法加以保护,从资金上加以扶植和补助,在货载方面给予优惠。

四、我国海洋货物运输的基本情况

我国海洋运输历史悠久,早在春秋战国时期,我们的祖先已利用指南针在海上辨别方向进行航行,后来通过阿拉伯人传到西方,并在海上广泛应用,对世界航海技术的发展起了重大作用。据考证,唐代政府就设置"司舶司",管理对外贸易并向来往船舶收税;宋代设有"船舶司"专管制造船舶,南宋偏安江南,海上是对外贸易的唯一途径,当时的泉州港已成为世

界上最大的外贸港口之一；1405—1433 年，明朝的郑和率领庞大船队下西洋，先后 28 年，到达 30 多个国家，远涉重洋，遍及南洋各国和非洲，最远到达非洲东海岸。郑和下西洋是世界航海史上的壮举，时间长，规模大，比欧洲航海史要早几个世纪。

清代时期，政府沿袭明代"海禁"政策。康熙年间，广州、漳州（今福建漳浦）、宁波、云台（今江苏连云港）为对外贸易港口，允许对外通商。后来政府重申"海禁"政策，在 1757 年关闭了除广州以外的所有港口，禁止与外国通商。1840 年的鸦片战争打开了中国闭关自守的大门，帝国主义列强长期垄断了中国的海上运输，英国的怡和洋行、太古洋行和日本的三井等公司在我国沿海和长江大小港口均有分支机构，悬挂外国国旗的船舶成为我国水上运输的主要运输力量，与此同时，中国港口也成了殖民者和帝国主义者将掠夺的中国财富偷运出境的出海口。

新中国成立前，我国的海洋运输被帝国主义控制，无海洋运输可言。新中国成立初期，帝国主义对我国实行封锁政策，企图扼杀新生的社会主义中国。1949 年全国解放时，我国的海上运输特别是远洋运输几乎是一片空白，港口淤浅，码头失修，更不用说拥有自己的船队，因此新中国成立初期我国的海上运输是在十分艰难的条件下展开的。当时中国的对外贸易对象是前苏联、东欧等社会主义国家，进出口货物主要依靠铁路运输。后来由于国际形势的变化，我国的贸易对象逐步转移到西方资本主义国家，对外贸易进出口货物的运输方式也随之转为以海运为主。我国的远洋船队当时处于初创时期，主要以租船的方式来满足海运进出口货运量不断增长的需要。随着国民经济和对外贸易的发展，我国海洋运输的性质发生了根本的变化，运输体制也在不断地发生相应的变革。1955 年 8 月，中国对外贸易运输总公司（China National Foreign Trade Transportation Corporation）成立，作为经营国际贸易运输的专业公司，同时仍然保留中国租船公司（China National Chartering Corporation），以适应对外开展租船业务的需要。为了发展我国的远洋运输事业，1961 年成立了中国远洋运输公司（China Ocean Shipping Company，COSCO），并建立了我国自己的远洋船队，担负了一部分进出口货物运输任务。改革开放以后，为了适应形势的发展，1993 年又成立了中国远洋运输集团总公司。

随着中国经济的快速发展，中国已经成为世界上最重要的海运大国之一。据统计，全球目前有 19% 的大宗海运货物运往中国，有 20% 的集装箱运输来自中国；而新增的大宗货物海洋运输之中，有 60%～70% 是运往中国的。中国的港口货物吞吐量和集装箱吞吐量均已居世界第一位；世界集装箱吞吐量前 5 大港口中，中国占了 3 个。随着中国经济影响力的不断扩大，世界航运中心正在逐步从西方转移到东方，中国海运业已经进入世界海运竞争舞台的前列。

第二节　商船与货物基础知识

一、商　船

海上航行的船舶种类很多，与国际货物运输有关的主要是商船（Merchant Ship）。因此，本节主要介绍商船的基本知识。

1. 商船种类

所谓商船，是以商业行为为目的，供海上及在与海相通的水域或水中航行使用的船舶。商船种类繁多，此处主要关注海上货物运输船舶。货物运输船舶按照其用途不同，可分为干货船、液体船和特种船等几大类。

1）干货船

根据所装货物及船舶结构、设备不同，干货船可分为：

（1）杂货船（General Cargo Ship），一般是指定期航行于货运繁忙的航线，以装运零星杂货为主的船舶。这种船航行速度较快（一般为20节以上），船上配有足够的起吊设备，船舶构造中有多层甲板把船舱分隔成多层货柜，以适应装载不同货物的需要。

（2）干散船（Bulk Cargo Ship），是用以装载无包装的大宗货物的船舶。依所装货物的种类不同，又可分为粮谷船（Grain ship）、煤船（Collier）和矿砂船（Ore Ship）。这种船大都为单甲板，舱容较大，舱内不设支柱。为防止货物在舱内移动而设有隔板，以保持船身平衡。

2）液体船

液体船是主要用来装运液体货物的船舶，根据所装货物种类不同，又可分为以下几种。

（1）油轮（Oil Tanker），主要装运液态石油类货物。它的特点是机舱都设在船尾，船壳本身被分隔成数个贮油舱，有油管贯通各油舱。油舱大多采用纵向式结构，并设有纵向舱壁，在未装满货时也能保持船舶的平稳性。

（2）液化天然气船（Liquefied Natural Gas Carrier，LNGC），这种船专门用来装运经过液化的天然气。一般船上配备有先进的设备，货舱都是密封的气罐，外部大多隆起，采用管道装卸。

（3）液化石油气船（Liquefied Petroleum Gas Carrier，LPGC），一般用于装载液化石油气，其性能、设备、结构等与液化天然气船相似。

（4）化工船（Chemical Ship），主要是指用于装载化学工业品的专用船舶。

3）特种船

（1）集装箱船（Container Ship）。

集装箱船可分为部分集装箱船、全集装箱船和可变换集装箱船3种。

① 部分集装箱船（Partial Container Ship）。仅以船的中央部位作为集装箱的专用舱位，其他舱位仍装普通杂货。

② 全集装箱船（Full Container Ship）。指专门用以装运集装箱的船舶。它与一般杂货船不同，其货舱内有格栅式货架，装有垂直导轨，便于集装箱沿导轨放下，四角有格栅制约，可防倾倒。集装箱船的舱内可堆放2～9层集装箱，甲板上还可堆放3～4层。

③ 可变换集装箱船（Convertible Container Ship）。其货舱内装载集装箱的结构为可拆装式的。因此，它既可装运集装箱，必要时也可装运普通杂货。

（2）滚装船，又称滚装滚卸船（Roll on/Roll off Ship）。

滚装船主要用来运送汽车和集装箱。这种船本身没有装卸设备，一般在船侧或船的首、尾有开口，用大的桥板连接码头，装卸货物时，或者是汽车，或者是集装箱（装在拖车上的）直接开进或开出船舱。这种船的优点是不依赖码头上的装卸设备，装卸速度快，可加速船舶周转。但缺点是亏舱较大。

（3）载驳船（Barge Carrier）。

载驳船又称子母船，是指在大船上搭载驳船，驳船内装载货物的船舶。载驳船设有巨型门吊或船尾升降平台，船到港口后利用这些设施，把所载驳船降入水中，驳船即可自行开抵或被拖至指定地点。载驳船的主要优点是不受港口水深限制，不需要占用码头泊位，装卸货物均在锚地进行，装卸效率高。但这种船利用率相对较低，使用范围比较狭窄。

（4）专用船（Special Cargo Ship）。

这种船是为专门载运一种或两种特殊货物而建造的，主要有冷藏船、水果船和木材船等。冷藏船是专门用于装载冷冻易腐货物的船舶，船上设有冷藏系统，能调节多种温度以适应各舱不同货物对不同温度的需要；木材船是专门用以装载木材或原木的船舶，这种船舱口大，舱内无梁柱及其他妨碍装卸的设备，船舱及甲板上均可装载木材；水果船是为满足水果运输而设计的，船上安装有保鲜设备以防止水果腐烂。

2. 船舶的吨位（Vessel Tonnage）

船舶吨位是船舶大小和载重的计量单位。由于用途和计算方法不同，船舶有下列几种吨位：

1）重量吨位（Weight Tonnage）

船舶的重量吨位是表示船舶重量的一种计量单位，以 1 000 kg 为 1 公吨*，或以 2 240 磅*为 1 长吨*，或以 2 000 磅为 1 短吨*。目前国际上多采用公制作为计量单位。船舶的重量吨位，又可分为排水量吨位和载重吨位两种。

（1）排水量吨位（Displacement Tonnage，DT）。

排水量吨位是指船舶在水中所排开水的吨数，也就是船舶自身重量的吨数。排水量吨位主要用于：计算船舶载重吨位；设计建造船舶时计算船舶重量；船舶吨位统计。排水量吨位又可分为：

① 空船排水量（Light Displacement）又称轻排水量，是船舶本身重量加上船员、行李和必要的给应品的重量之和，是船舶最小限度的重量。

② 满载排水量（Full Loaded Displacement）又称重排水量，是指船舶载货达到最高载重线（一般指夏季载重线）的重量，它包括空船重量与货物、燃料、淡水、供应品和常数等重量的总和，也是船舶最大限度的重量。

③ 实际排水量（Actual Displacement）是指船舶各个航次实际装载后的排水量。

（2）载重吨位（Dead Weight Tonnage，DWT）。

载重吨位是船舶在营运上的载重能力，载重吨位分为总载重吨位和净载重吨位两种：

① 总载重吨位，是指船舶在具体航次中所能载运的货物、航次所需的燃料、物料、淡水和供应品等重量的总和，也就是船舶重排水量与轻排水量之差，它是船舶最大载重能力。用公式表示为

---

* 公吨，非法定单位，1 公吨 = 1 t；

* 磅（1b），非法定单位：1 磅（1b）= 0.453 6 kg；

* 长吨（英吨），非法定单位，1 长吨（英吨）= 1 016.047 kg；

* 短吨（美吨），非法定单位，1 短吨（美吨）= 907.186 kg。

总载重吨＝满载排水量－空船排水量＝货物＋燃料＋淡水＋供应品＋常数

② 净载重吨位（Dead Weight Cargo Tonnage，DWCT），是指船舶在具体航次中所能装载货物的最大载重能力，又称载货重吨。用公式表示为：

净载重吨＝总载重吨－燃料－淡水－供应品－常数＝货物重量

船舶载重吨位主要用于：计算船舶营运能力的大小；租船运价和租金的计算单位；新船造价和旧船售价的计算单位；货运量分配的计算单位。

2）容积吨位（Registered Tonnage）

船舶容积吨位是标志船舶的容积单位，又称注册吨，是各海运国为船舶注册规定的一种以吨为计算和丈量的单位。以 100 立方英尺（ft^3）*或 2.83 m^3 为 1 注册吨。容积吨位分为注册总吨和注册净吨两种。

（1）注册总吨（Gross Registered Tonnage，GRT）又称总吨，是指船上所有封闭场所的内部空间容积的总和，除以 100 ft^3 或 2.83 m^3 所得的商数。

注册总吨的用途广泛，可用于：国家对商船的统计单位（有时也用载重吨统计）；船舶登记；政府对航运补助或造船津贴的计算依据；船舶大小的比较；计算造船和船舶保险等费用以及船舶赔偿等。

（2）注册净吨（Net registered Tonnage，NRT）又称净吨，是指船上可供载货的所有空间的总容积，按规定折算的吨数。

注册净吨的主要作用是：作为报关、结关、征收船舶吨税、港口费用和运河通过费用的计算依据。

3. 船舶载重线（Ship's Load Line）

船舶载重线是满载时最大的吃水线，它是绘制在船舷左右两侧船舶中央的标志，指明船舶入水部分的限度，由船舶检验机构根据船舶结构，结合航行的不同水域和季节性的变化而确定的。每艘船在左右两侧船舷中央部位均刻有载重量标志，规定船体入水部分的限度。目的是限制船舶超载以保证船舶、人命和财产的安全。这种制度在国际上得到各国承认，如违反规定，船长和船主负责赔偿一切损失，并受法律制裁。

船舶载重线标志包括甲板线、载重线圆盘和与圆盘有关的各条载重线，如图 4.1 所示。图中的各条载重线含义如下：

（1）甲板线（Deck Line），表明船舶主甲板线的高度。从该线垂直到船舶吃水线的距离称为干舷，它绘于左右船舷的中部，以表示干舷甲板的确定位置。

（2）夏季载重线（Summer Load Line），以"S"为标志，是指在夏季时所允许船舶载重的最大吃水线限制。

（3）冬季载重线（Winter Load Line），以"W"为标志，是指冬季时允许船舶载重的最大吃水线限制。

（4）冬季北大西洋载重线（Winter North Atlantic Load Line），以"WNA"为标志，凡船长 380 英尺以下，在冬季航行于北纬 36°以北地区的船舶，其最大载重时受此线限制。

---

* 英尺（ft），非国际单位，1 ft＝0.304 8 m。

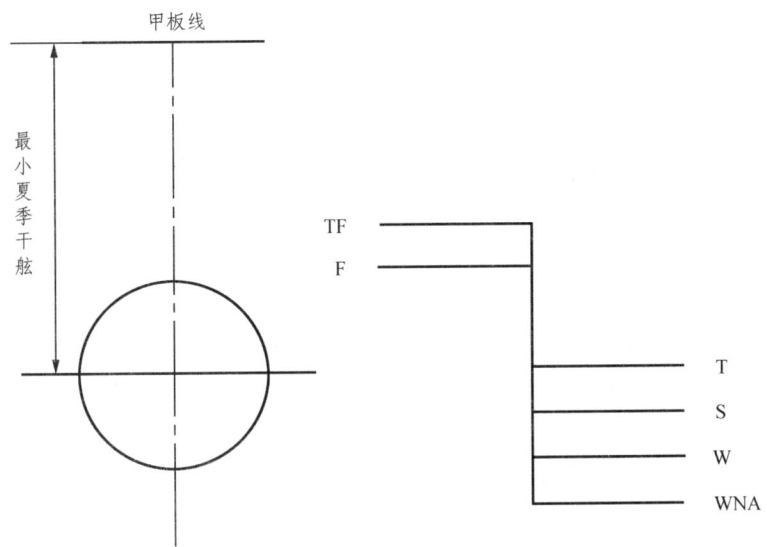

图 4.1 船舶载重线标志示意图

（5）热带地区载重线（Tropical Zone Load Line），以"T"为标志，指船舶在热带地区航行时所允许装载的最大吃水线。

（6）淡水地区载重线（Fresh Water Zone Load Line），以"F"为标志，是船舶在淡水地区航行时所允许装载的最大载重吃水线，此线位于热带载重线之上。

（7）热带地区淡水载重线（Tropical Fresh Water Zone Load Line），以"TF"为标志，是指船舶在热带淡水地区航行时所允许装载的最大载重吃水限制。

了解和熟悉船舶载重和吃水标志很重要，这不仅关系到船货安全，而且与充分利用船舶载重能力、降低运输成本、增加运费收入有直接影响。

4. 船籍和船旗（Ship's Nationality and Flag）

船籍指船舶的国籍。商船的所有人向本国或外国有关管理船舶的行政部门办理所有权登记，取得本国或登记国国籍证书后才能取得船舶的国籍。

船旗是指商船在航行中悬挂其所属国的国旗。船旗是船舶国籍的标志。按国际法规定，商船是船旗国浮动的领土，无论在公海或在他国海域航行，均需悬挂船籍国国旗。船舶有义务遵守船籍国法律的规定并享受船籍国法律的保护。

方便旗船（Flag of Convenience）是指在外国登记、悬挂外国国旗并在国际市场上进行营运的船舶。第二次世界大战以后，方便旗船迅速增加，挂方便旗的船舶主要属于一些海运较发达的国家和地区，如美国、希腊、日本、韩国和中国香港的船东。他们将船舶转移到外国去进行登记，以图逃避本国较高税务和军事征用，自由制订运价不受政府管制，自由处理船舶与运用外汇，自由雇佣外国船员以支付较低工资，降低船舶标准以节省修理费用，降低营运成本以增强竞争力等。而公开允许外国船舶在本国或地区登记的所谓"开放登记"（Open Register）国家或地区，主要有利比里亚、巴拿马、塞浦路斯、新加坡、巴哈马及百慕大群岛等。

5. 船级（Ship Classification）

船级是船舶质量的技术、性能指标，用以表示船舶航行安全和适于装货的程度，因而是船舶具有适航性的重要条件。船级是由专门的船级检验机构对船舶的结构设备和技术性能按照规定的标准,经检验鉴定后所给予的一定等级(即船舶入级)并发给船舶所有人船级证书,其有效期一般为4年,期满后须重新鉴定。

船级在国际海洋货物运输中具有重要意义,首先,船舶入级后可保证航行安全。在船舶的技术状态完全符合船级的社各种规定要求时,可防止船舶因技术状态不良而发生事故,以保证船舶航行安全。其次,在租船业务中,船级的高低,对租船运价有直接影响,租船人和托运人可根据需要选择不同级别的船舶,以满足进出口货物运输的需要。再次,船舶的级别是保险人决定保险费率的依据。此外,船级是国家对船舶进行技术监督的方法之一。要保证船级,所有人必须对船舶进行良好的保养和管理,使之保持良好的技术状态,可促进船舶技术管理水平的提高。

船级检验机构在西方国家称船级社,它是专门核定船级的组织。其中比较著名的有:英国的劳合氏船级社、法国船级社、美国船级社、德意志路易船级社和挪威船级社等。

我国船级由交通运输部船舶检验局(中国船级社)根据船舶入级规范进行监造检验确定。

二、货 物

1. 货物的分类

为了方便运输,可以从不同的角度对货物进行分类。

1)按货物含水量划分

(1)干货(Dry Cargo),指基本上不含水分或含水很少的货物。有包装的件杂货物大都属于此类。

(2)湿货(Wet Cargo),指散装液体货(Liquid Cargo),如石油及其制品、植物油、化学品等。金属桶或塑料桶装运的流质货物以及半流质如肠衣等也都属于此类。

这种划分也是为了租船订舱的方便,因为不同类型的货物所需的船舶也不同。

2)按包装形式和有无包装划分

(1)包装货(Packed Cargo),如件杂货物(General Cargo)。

(2)裸装货(No Packed Cargo),如钢板、钢材等。

(3)散装货(Bulk Cargo),如粮食、矿石、煤炭等。

3)按货物是否能分件划分

(1)件杂货(General Cargo),指有包装的、可分件的、数量较小的货物。

(2)大宗货(Bulk Cargo),一般指数量较大、规格较统一的初级产品。在运输时,它们大多是散装,故又称散装货。

4)按货物的理化性质划分

(1)普通货(Ordinary Cargo),一般指除危险品等以外的对运输无特殊要求的货物。

(2)特殊货(Special Cargo),除普通货以外的货物都可归为特殊货。

5）按货物价值划分

（1）高值货物（High-Valued Cargo），指高价、贵重货物。如金、银、古董、艺术品、精密仪器等。

（2）低值货物（Low-Valued Cargo），指价值较低的货物。大宗货物多数属于此类。

区分高值货物和低值货物并无严格界限，主要是根据货物运费率的高低决定，一般以班轮费率8级为标准，1～8级为低值货物，9～20级为高值货物。

6）按货物的重量和体积比率划分

（1）重量货物（Weight Cargo），指重量1公（长）吨的货物，其体积小于 1.1328 m³（40 ft³）。

（2）轻泡货物（Measurement Cargo），或称体积货物、尺码货物或轻货，指重量1公（长）吨的货物，其体积大于 1.1328 m³（40 ft³）。

现行远洋运费制度是以 1 m³ 为计算标准，凡1 t 货物体积大于 1 m³ 时，按货物体积计收运费，如小于 1 m³ 时，按货物重量计收运费。

7）按货物长度和重量划分

（1）超长货物（Lengthy Cargo）。

（2）超重货物（Heavy Lift）。

（3）超重超长货物（Heavy lift and lengthy cargo）。

超长、超重货物并无严格界限，一般超过 9 m 的货物为超长货物，超过 2 t 为超重货物。货物超长、超重则要加收附加费。

8）按集装箱划分

（1）整箱货（Full Container Load，FCL），指托运人的货物能够装满一个整箱。

（2）拼箱货（Less than Container Load，LCL），指托运人的货物不能装满一个集装箱，须由承运人与其他货主的货物拼装于一个集装箱。

9）危险货物（Dangerous Cargo）

危险货物是指具有燃烧、爆炸、腐蚀、毒害、放射性、感染性等性质，在运输过程中可能会引起人身伤害和财产损失的货物。凡运输危险货物，必须严格遵照《国际海运危险货物规则》（以下简称《国际危规》）办理运输。

2. 货物包装及其标志

为了方便装运、积载和交付等工作，确保运输质量和数量，件杂货物必须具有良好的包装和运输标志。

1）货物包装

货物包装（指外包装）的目的是保护货物本身质量和数量上的完整无损；便于装卸、搬运、堆放、运输和理货；对危险品货物包装还有防止其危害性的作用。

货物包装的种类很多，常见的包装形式有：

（1）箱。主要有木箱（Wood Case Box）、纸箱（Carton）、纸板箱（Card Board）、框箱

（Crate）、爽板箱（Plywood Box）、柳条箱（Willow Case）、胶合板箱（Veneer）、明格箱（Skeleton Case）等。

（2）捆包。主要有麻布包（Jute Bale）、布包（Cloth Bale）、压缩包（Pressed Bale）等。

（3）袋。主要有麻袋（Jute Bag）、草袋（Straw Bag）、布袋（Cloth Bag）、聚乙烯袋（Polyethylene Bag）、牛皮纸袋（Kraft Bag）等。

（4）桶。主要有琵琶桶（Barrel）、一般桶（Keg，Cask）、铁桶（Drum）、大木桶（Hogshead）等。

此外还有听（Tin）、罐（Can）、瓶（Bottle）、坛（Jar）、笼（Cage）、篓（Basket）、钢瓶（Cylinder）、盘（Coil）、卷（Roll）、扎（Bundle）、块（Ingot，Slab，Cartwheel）、棒（Bar）、张（Sheet）等。

海洋运输的货物包装除保护货物防止变质外，还必须坚固结实，能承受一定的压力、碰撞和震动的能力。但在不影响货物质量保护的情况下，应力求减少包装的重量和体积，以减少运费支出。

2）货物标志

货物标志（Marks）是在货物或其包装上，用印刷或烙印的方法，书写一定的图案和文字，如图 4.2 所示。其目的是便于辨认识别，以利货物交接、装卸、分票、清点、核查，避免错装、错卸、错收和错交。货物标志一般包装下列内容：

图 4.2　货物标志

（1）主标志（Main Marks）。货主的代号，一般以图案或文字表示，其内容是收货人名称的缩写、贸易合同的编号等。标志通常印刷在箱装货物的端面，俗称"唛头"。

（2）副标志（Counter Mark）。主标志的补充，内容有目的港、发货港、货物品名、规格、编号、货物尺码和重量等。

（3）注意标志（Care Mark）。以图形或文字表示在储运过程中应注意的事项。如图 4.3 所示。

（4）危险货物标志（Dangerous Cargo Mark）。是表明货物的危险性质。国际上对危险品统一规定的图案和文字表示，这种标志要求醒目，以便工作人员正确操作，以保证人身、货物和船舶的安全。如图 4.4 所示。

图 4.3 注意标志

图 4.4 危险货物标志

如果由于包装不良、标志不清或不当而引起的货物损坏或灭失，按有关规定承运人对此不负赔偿责任，由货主自担责任。

3. 货物的计量和积载因数

1）货物的计量

货物的体积和重量不仅直接影响船舶的载重量和载货容积的利用程度，还关系到有关库场堆放货物时如何充分利用场地面积和仓库空间等问题，而且还可能是确定运价和计算运费的基础，同时与货物的装卸、交接也有直接的关系。货物的计量包括货物丈量和衡重。

（1）货物的丈量。

货物的丈量又称量尺，是指测量货物的外形尺度和计算体积。货件丈量的原则是：按货件的最大方形进行丈量和计算，在特殊情况下可酌情予以适当的扣除，某些奇形货件可按实际体积酌情考虑其计费体积。货物的量尺体积是指货物外形最大处的长、宽、高之乘积，即

$$V = L \times W \times H$$

式中　V——货物的量尺体积，m^3；
　　　L——货物的最大长度，m；
　　　W——货物的最大宽度，m；
　　　H——货物的最大高度，m。

(2)货物的衡重。

货物的衡重,是指衡定货物的重量。货物的重量可分为净重、皮重和毛重(总重),货物衡重应以毛重计算。在海洋货物运输中,一般货物重量的计重单位为吨。货物的重量原则上应逐件衡重,但因条件或时间限制,不具备逐件衡重时,可采用整批或分批衡重,抽件衡重并求平均值等方法测得重量。货物衡重可使用轨道衡、汽车衡、吊钩秤、皮带秤、定量秤,对于散装运输的大宗货物还可以用水尺来计重。

2)货物的积载因数

货物积载因数,是指每 1 t 货物在正常堆装时实际所占的容积(包括货件之间正常空隙及必要的衬隔和铺垫所占的空间),单位为 m^3/t。货物积载因数的大小说明货物的轻重程度,反映一定重量的货物须占据船舶多少舱容或占多少箱容,甚至仓储时须占多少库存。货物积载因数的实测方法为:将 1 t 货物堆积成近似正方体的形状,丈量该货堆最大外形尺度,以此计得体积(其中包含货件之间的空隙及必要的衬垫)。如货件较重,仅几件成批无法反映出件与件之间的装载空隙,则应采用 9 个货件打底,堆向 3 层(共 27 件)的方法成堆,丈量货堆最大外形尺度及 27 个货件的总重量,通过计算即可得到 1 t 货物正常堆装的实际体积数值。散装货物的积载因数可用测量单位容量的方法求得。

第三节 海运航线与主要贸易港口

一、海洋运输航线的分类

海洋运输航线(Shipping Route)是指船舶根据不同水域、潮流、港湾、风向、水深等自然条件以及社会、政治和经济因素,为达到最大的经济效益所选定的营运通路。

1. 按航行范围划分

(1)远洋航线(Cross Ocean-going Shipping Line),指船舶航行跨越大洋的运输航线。如远东各港至欧洲、美洲和大洋洲的航线。

(2)近洋航线(Near-sea Shipping Line),指本国各港口至邻近国家港口间的海上运输航线。如中国各港口至日本海、马六甲海峡、印度尼西亚沿海、鄂霍次克海的各港口间的运输航线。

(3)沿海航线(Coastal Shipping Line),指本国沿海各港口间的海上运输航线。如上海至广州、青岛至大连等。

2. 按港口大小和货运量多少划分

(1)干线(Trunk Line),指货运量大而集中的主干航线。如欧洲、地中海、澳大利亚及北美等航线为国际上的海运干线。

(2)支线(Feeder Line),又称补给线,指小港与大港之间的集散航线。

3. 按船舶营运方式划分

1）定期航线（Liner）

定期航线是指使用固定船舶，按固定船期和固定港口航行并以相对固定的运价经营客货运输业务的航线。定期航线又称班轮航线，其经营以航线上各港口保有持续、稳定的往返客货为先决条件。

定期航线具有下列特点：

（1）定期航线所选用的船舶，一般性能较好、速度较快、设备比较齐全，并在同一条航线上配置多艘同型船舶以利调配，保证按期航行。

（2）定期航线上的船公司具有公共承运人的性质，面向全社会服务，并以运输杂货为主，由船公司负责装卸货物。

（3）定期航线的船期，均事先公布于众，并印有船期表、分送船公司代理和货主，以供选择。为保证船期，港口有专用码头和仓库以便托运人将货物先行入库，船到即可开始装运。

（4）定期航线的运费按运价表规定收取，在一定时期内固定不变。运费中包括装卸费用，即货物的装卸和理货等工作由承运人负责。

（5）定期航线上的船公司与托运人之间的权利义务和豁免，以提单为依据。

（6）定期航线上的船公司一般为股份有限公司。因管理船舶、控制船期及承揽客货需要，一般在各港口设立分支机构或委托航运代理，长期办理营运业务。

2）不定期航线（Tramp Shipping Line）

不定期航线与定期航线相对而言，是指使用不定船舶、不定船期、行驶不定港口和不定航线，并使用租船市场运价，经营大宗、低值货物运输业务为主的航线。

不定期航线具有下列特点：

（1）不定期航线的船舶多数以租船方式经营，承托双方以签订租船合同来确定双方的权利与义务和有关费用的负担。

（2）不定期航线的船公司可根据托运人的需要结合航线实际情况和法律规定，航行任何航线和港口。

（3）不定期航线的船公司承运的货物主要是大宗低值的散装货物，如矿砂、粮食、煤炭等，而且运量较大，比较适合租船运输。

（4）不定期航线的船公司与托运人之间的联系多数由经纪人来进行的。由于经纪人熟悉业务，通晓法律，与双方都有密切联系，有利于承托双方达成交易。

（5）不定期航线的运价受国际航运市场船货供求关系的影响而波动，货多船少运价就会上涨，货少船多则运价下跌。因此，其运价属竞争性运价。

二、世界主要海洋运输航线

目前世界上主要的海洋运输航线，一般公认的有以下几条：

1. 北大西洋航线（North-Atlantic Shipping Line）

该航线为北美与西欧间的运输大动脉，因横跨大西洋北部而得名。该航线西起北美的东海岸，北经纽芬兰横跨大西洋，入英吉利海峡至西欧、北欧，其支线分布于欧美两岸。该航线两岸拥有世界 2/5 的重要港口，承担 70%～80% 的海洋货运量，成为世界上最繁忙的航线。不足之处在于冬季风浪险恶，并有浓雾与冰山的威胁，影响航运的安全。

2. 北太平洋航线（North-Pacific Shipping Line）

该航线是美国、加拿在西海岸与远东之间的主要航线，因横跨太平洋北部而得名。该航线东端为北美西海岸港口，南自美国的圣地亚哥，北至加拿大的鲁伯特太子港，西端为亚洲各国港口，北起日本横滨和俄罗斯的海参崴，中经我国上海，西至印度、新加坡，南至菲律宾的马尼拉。第二次世界大战后，亚洲一些新兴国家经济蓬勃发展，进出口货运量成倍增长。该航线经由巴拿马运河，可与美国东海岸各大港口及西欧的北大西洋航线相连，在世界航运中的地位与作用与日俱增。

3. 苏伊士运河航线（Via Suez Canal Shipping Line）

该航线因通过苏伊士运河而得名。西起北欧、西欧、北非经地中海，通过苏伊士运河，穿过红海进入印度洋后分为两路，东至远东各港口，为欧亚间的主要航线；南至澳、新各港口，为欧、澳、新之间的主要航线。苏伊士运河于 1869 年通航，全长 161.6 km，航道水深 12 m，是世界上少有的无闸运河。运河的开通使用，改变了过去绕道南非的好望角的航线，使欧亚航程缩短了 7 500 km，成为欧亚非海上交通要道。该航线的不足之处是常受政局影响而被关闭。

4. 巴拿马运河航线（Via Panama Canal Shipping Line）

该航线是连接大西洋与太平洋沿岸各港口的重要捷径，因通过巴拿马运河而得名。该航线北起大西洋加勒比海，经里蒙湾入巴拿马运河，南经巴拿马湾进入太平洋。巴拿马运河开通于 1914 年，全长 81.1 km，航道水深 14 m，有 5 个船闸，通过时间平均为 8 h。巴拿马运河的开通与使用，避免了绕道南美合恩角，缩短了航程，成为美洲东西岸之间和美洲东岸至远东之间的重要运输纽带。

5. 南非航线（South—Africa Shipping Line）

该航线是西北欧与南部非洲之间的重要航线，西端向南行，经南大西洋，绕南非开普敦和好望角，再向东行至澳大利亚、新西兰。该航线为世界上最古老航线之一，自苏伊士运河通航后，该航线的运量大为减少，但第二次世界大战后，非洲各国纷纷独立，开发腹地，该航线又趋重要。

6. 南美航线（South—America Shipping Line）

该航线是南美横跨大西洋连接欧洲和北美的航线。西起北大西洋西岸，止于太平洋东岸。在南美西岸，有支线通往欧洲、北美东岸及中美洲；在南美东岸，有支线通往亚洲、北美西岸和澳大利亚、新西兰。

7. 南太平洋航线（South-Pacific Shipping Line）

该航线自北美西岸的旧金山和温哥华，跨越太平洋，西至大洋洲澳大利亚、新西兰。

8. 加勒比海航线（Caribbean Sea Shipping Line）

该航线是环行于墨西哥湾与加勒比海沿岸的航线。

三、国际集装箱海运航线

目前，世界主要集装箱贸易区是北美、西欧、远东和澳大利亚，这些地区和国家经济发达程度较高，适箱货物丰富，连接这4个贸易区的航线，集装箱货运量很高。集装箱船的运营一般是在主要贸易港口间进行，其他港口到主要港口的运输，则以支线运输方式进行。国际定期班轮航线的集装箱运输，就是以这些地区的航线为中心发展起来的。现在，世界主要的集装箱航线是：远东—北美航线，北美—欧洲、地中海航线，远东—欧洲、地中海航线。

1. 远东—北美航线

远东—北美航线又称为北太平洋航线，由远东—北美东岸航线和远东—北美西岸航线组成。

远东（包括东南亚地区）—北美西岸航线上的主要干线由日本—加利福尼亚航线和日本—西雅图、温哥华航线组成。该航线是世界集装箱运输的主干线之一。它除了承担太平洋沿岸附近地区的货物运输外，还连接北美东岸、墨西哥湾各港口以及通往美国中西部的内陆联合运输。该线连接的主要港口有北美太平洋沿岸的洛杉矶、长滩、温哥华、西雅图和西太平洋沿岸的东京、名古屋、横滨、釜山、仁川、香港、基隆、高雄等港口。

远东—北美东岸航线上的主要干线是以日本—纽约航线为主。该航线使东京、名古屋、横滨、大阪、香港、基隆、高雄和澳大利亚各港口，同北美东海岸的纽约、波士顿、费城、诺福克、萨凡纳、杰克森维尔、圣约翰各港口相连。

2. 北美—欧洲、地中海航线

北美—欧洲、地中海航线又被称为北大西洋航线。该航线由欧洲、英国—北美东海岸航线；地中海—北美东海岸航线；五大湖—欧洲航线等3条主要干线组成。该航线以美国东岸为中心，开展了对西北欧、地中海及澳大利亚地区的集装箱运输。

3. 远东—欧洲、地中海航线

远东—欧洲、地中海航线也被称为欧洲航线。该航线由远东—欧洲航线和远东—地中海航线组成。

随着北美大西洋沿岸—欧洲和欧洲—澳大利亚航线集装箱运输的开展，远东—欧洲航线也实现了集装箱化，从而把北美大西洋沿岸、加勒比海地区、地中海、南非、中东和远东地区各港口连接起来。同时，促进了发达国家和发展中国家的相互联系。这一航线距离长、货源充足，而且适于采用大型、高速的集装箱船只。行驶在远东、地中海、欧洲地区的船只，在欧洲挂靠的港口主要是汉堡、不来梅、鹿特丹、安特卫普、勒阿费尔、南安普顿。北欧的一些港口，则是通过支线集装箱运输同远东和欧洲航线连接。

除上述 3 大集装箱航线外，还有远东—澳新航线；澳新—北美航线以及欧洲、地中海—西非、南非航线。以上 6 条集装箱干线连接着世界主要贸易区，构成了世界海上集装箱运输网络，它们和分布于全球各地的集装箱运输支线一起构成覆盖全球的集装箱运输网。

四、世界主要港口简介

1. 鹿特丹（Rotterdam）

荷兰的鹿特丹港位于莱茵河和马斯河入海的三角洲，是荷兰和欧盟的货物集散中心，运入西欧各国的原油、石油制品、谷物、煤炭、矿石等都经过这里，有"欧洲门户"之称。

该港是国际间水陆空交通的重要枢纽，现在约有 300 多条远洋航线连接世界各地，每年约有 3.5 万艘次远洋货轮在这里挂靠，是世界上最大的商品集散中心。

进口货物主要有石油、矿产品、谷物、煤炭、木材与杂货。出口主要为煤炭、化工产品、钢铁制品、石油和化肥等。

2. 纽 约（New York）

纽约是美国第一大城市，位于纽约州东南部哈得逊河口东岸，是美国及世界重要国际贸易港口与经济、金融中心。18 世纪 20 年代伊利运河的开凿及铁路的兴建，沟通了纽约与美国中西部的联系，促使其迅速发展，成为世界最大港口之一。

纽约港包括哈得逊河下游 48 km 长的水线，长岛海峡沿岸 30 km 的海岸线，以及斯塔腾岛西边 32 km 的水面。这里海岸曲折，港宽水深，潮差仅 1.2～1.5 m。由于有墨西哥湾暖流的影响，港口全年不冻，是大西洋沿岸一个天然良港。

纽约港共有深水泊位 400 余个，其中杂货、油轮泊位各近百个。有集装箱泊位 37 个，是世界上最大的集装箱码头，港中各种设施齐备，有起重 500 t 的大型浮吊及各式吊车。有各种仓库 170 多个，面积约 70 万 m^2，另有冷藏库 10 万 m^3，有各种港口作业船 300 多艘。港内有干船坞 67 座。

纽约港进口货物主要有杂货、石油、木材、汽车、蔬菜、金属、纺织品等，出口货物有散装货、机械、纺织品、石油制品和化工产品等。

3. 神 户（Kobe）

神户位于本州岛西南部，临大阪湾。神户港北有六甲山横贯东西，为其天然屏障，阻挡来自西北的强风，港湾平静，便于船舶航泊。

神户港是日本第一大港。该港一年内浓雾时间只有 10 天左右，锚地深度约 40 ft。有 36 个浮筒可以系带 29 条远洋船。港口共分 6 个区域，第一、二区域和其他区域之间被 5 个防波堤隔开。

主要出口货物为机械产品、钢铁、运输机械、日用品、化工产品和纤维制品等。进口主要是粮食、日用品、原油、铁矿石、蔬菜及水果等。

4. 汉 堡（Hamburg）

汉堡位于德国西北部下易北河盆地的最北部，易北河、阿尔斯特河和比勒河交汇处。汉堡是欧洲历史最悠久的港口之一，内外贸易海运业均十分发达，它也是世界上最大的港口之一。

汉堡港距易北河流入北海的入海口 110 km，航道水深 11 m 以上，大型海轮通行无阻。它有 300 多条国际海运航线与世界各主要港口联系，素有"德国通向世界的门户"之称。在全长 320 km 的河岸上，所建码头长达 65 km。每年约有 18 500 多船只停靠，其中定期航线船只 1870 艘，平均每天 24 艘，每小时 1 艘。

经汉堡出口的商品有机器、电气与电子产品、加工后的石油燃料与润滑油、钢材、药品等。主要进口商品为植物油和油脂、茶叶、咖啡、石油、热带水果与烟草等。

5. 安特卫普（Antwerp）

安特卫普是比利时第二大工业中心，北欧北部的贸易中心，也是世界著名大港之一，年吞吐量在 9 000 万 t~1 亿 t 之间。

安特卫普港，由于斯海尔德河和海口航道的改善，可容纳 10 万 t 级的船舶泊靠装卸货物，吃水 47 ft 的船可自由进出。

进口货物主要有石油、煤、矿砂、粮食、木材、棉花和羊毛等，出口货物有钢铁、机械、铁路设备、水泥、石油、化工产品和纺织品等。

6. 新奥尔良（New Orleans）

新奥尔良港是美国南部路易斯安那州大商埠。在密西西比河畔，离该河在墨西哥湾的入海处 110 英里。

新奥尔良既是深水远洋港口，又是内河航运集散地。港口南通墨西哥湾，内与密西西比、密苏里、俄亥俄等河相连，腹地广阔，是美国河、海、陆联运中心。

主要出口货物有机械设备、纸张、粮食、煤炭、硫黄等，进口主要是石油、矿石、钢铁、香蕉、甘蔗等。

7. 新加坡（Singapore）

新加坡位于马来半岛南端的新加坡岛南岸，市区面积 97.4 km^2，是东南亚重要工商业城市，世界第四大金融中心。20 世纪 60 年代即成为世界第四大港。由于地理位置优越，新加坡已成为 250 多条国际海运航线的中心，是东南亚与欧洲、北美和日本之间的货物转运枢纽。

东礁湖是目前东南亚唯一的集装箱码头。自 1968 年起，新加坡港即实行三班工作制，一向以装卸速度快著称于世，每天有 200 多艘海轮进出港。

进口货物主要有石油，约占 70%，另外有粮食、蔬菜、橡胶、纺织品和杂货等。出口货物有橡胶、石油制品、纺织品与杂货。

8. 马　赛（Marseilles）

马赛港是法国最大海港。港口位于法国南部地中海翁湾东岸，背山面海、港深水阔，既无泥沙淤塞，又不为潮汐涨落所限，是地中海沿岸的天然良港。

马赛港有优良的导航设备，进港船在 320 km 处即可通过无线电导航设备安全航行。港内设有灯塔，夜间航行亦甚便利。

出口主要是工业制成品，进口以石油、液化天然气为主，其中石油占 80% 以上。此外还进口粮食、油料、咖啡、棉花、化肥、糖、皮革、香料等。

9. 伦　敦（London）

伦敦是英国首都，政治、文化、经济、交通中心，世界大城市之一。伦敦位于英格兰东南部，泰晤士河下流延伸达 69 km，进口货物的一半是由驳船运至沿岸码头和工厂。伦敦港也是西北欧最大的集装箱港，经由伦敦进口的货物占英国进口额的 80%。伦敦港有 3 个码头区：① 皇家码头区，面积 4.1 km^2。这是世界上最大的水域码头之一，水域面积约 23 万 m^2，深达 12 m。② 印度与米勒沃尔码头区，面积 18 km^2，水域面积 51 万 m^2，码头长 10 km。③ 提尔伯里码头区，该码头从老城内著名的伦敦桥一直延伸到泰晤士河口附近，长 40 km，面积 4.3 km^2，水域面积 6.3 万 m^2，伦敦的集装箱码头就位于此地。这里的粮食码头，建有储存能力 10 万 t 的地下粮库。

经伦敦进口的货物有原料、粮食、食品、水果、蔬菜、糖、茶叶、酒类、木材、纸浆、橡胶、皮革等，出口主要是工业制造品、汽车、机械、钢材等。

10. 巴尔的摩（Baltimore）

巴尔的摩位于美国东北沿海马里兰州中部的帕拉普斯克河口，濒临切萨皮可湾的西北侧，是美国大西洋海岸的主要港口之一。它始建于 1729 年，是美国兴建铁路的起点。该港工商业发达，主要工业有钢铁、造船、飞机制造、石油加工、军火、化学工业、食品加工及服装等，并拥有大西洋沿岸最大的钢铁厂。港口距国际机场约 16 km，每日定期航班达 580 多航次。

该港主要码头泊位有 62 个，岸线总长度达 14 km，平均水深 10 m 以上。港口装卸设备齐全，场地开阔，可通铁路及公路，调车场可停火车车厢 8 000 多个，仓库面积为 150 万 m^2。该港自 20 世纪 80 年代以来就已成为美国最现代化的码头之一，拥有高科技货物装卸系统和设备、高速起重机及码头多式联运集装箱转运设备。

11. 不来梅

不来梅港是德国最重要的港口之一，位于德国北部威悉河下游及河口。不来梅港紧靠市区，北距河口约 80 km，入港河道水深低潮时 8 m 以上，吃水超过 8 m 的船只需候潮进港。港区分布在河道两侧敞开的和封闭的港池内，主要港池有新城港池、欧洲港池、乌贝尔西港池、谷物港池、威尔夫特港池、工业港池等。新城港池最大可供吃水 11.5 m 船只入港，是该港区的集装箱码头，备有 45 t 装卸桥。谷物港池有深水泊位 3 个，码头总长 595 m，码头上有 3 台吸扬机，每小时 400 t，粮库可装 15 万 t。工业港池码头线总长约 3 000 m，是该港的主要散货作业区，装卸煤、焦、矿石、钢和钢铁制品、木材、油、糖浆等。此外，沿河岸还有一些石油、杂货港区。

思考题

1. 简述海洋货物运输的特点及其作用。
2. 比较排水量吨位、载重吨位、容积吨位的区别。
3. 船舶吨位包括什么类型？各种船舶吨位的作用有什么不同？
4. 海运货物如何分类？货物标志有哪些？
5. 概述世界主要海洋运输航线。

第五章　国际海洋货物运输

> **学习目标**
>
> 掌握班轮运输的含义、特点及作用，班轮运费的计算标准，了解班轮货运流程。
> 掌握租船运输的特点与作用，熟悉不同的租船方式，了解租船合同的类型与内容。
> 掌握海运提单的定义、作用和分类，了解电子提单。
> 掌握海运进出口货物运输程序以及索赔的程序与手续。

第一节　班轮运输

国际海洋货物运输按照经营方式分主要有：班轮运输（定期船运输）和租船运输（不定期船运输）两种。本节介绍班轮运输相关知识。

一、班轮运输的特点与作用

班轮运输（Liner Transport）又称定期船运输，是指船舶在固定的航线上和港口间，按照公布的船期表进行有规律反复的航行和提供运输服务，并按事先公布的费率收取运费的一种营运方式。它的服务对象是非特定的、分散的众多货主，因此，班轮公司具有公共承运人的性质。

1. 班轮运输的特点

（1）"四固定"的特点。即固定航线、固定港口、固定船期和相对固定的费率。这是班轮运输的基本特点。

（2）运价内已包括装卸费用。货物由承运人负责配载装卸，承、托双方不计算滞期费和速遣费。

（3）承运人对货物负责的期限是从货物装上船起，到货物卸下船为止。

（4）一般没有正式的书面运输合同，承托双方的权利、义务、责任豁免以班轮公司签发的提单条款为依据，提单受统一的国际公约或国内法的制约。

2. 班轮运输的作用

（1）有利于一般杂货和小额贸易货物运输。在国际贸易中，除大宗商品利用租船运输外，零星成交、批次多、到港分散的货物，只要班轮有航班和舱位，不论数量多少，也不论直达或转船，班轮公司一般均愿意接受承运。

（2）有利于国际贸易的发展。班轮运输的"四固定"特点，为买卖双方洽谈运输条件提供必要依据，使买卖双方有可能事先根据班轮船期表，商定交货期、装运期及装运港口，并且根据班轮费率表事先核算运费和附加费用，从而能比较准确地进行比价和核算货物价格。

（3）能提供较好的运输质量。参加班轮运输的船公司所追求的目标是，保证船期，提高竞争能力，吸引货载。班轮公司派出的船舶一般技术性能好，设备较全，质量较好，船员技术水平也较高。此外，在班轮停靠的港口，一般都有自己专用的码头、仓库和装卸设备，有良好的管理制度，所以货运质量较有保证。

（4）手续简便，货主方便。班轮承运人一般采取码头仓库交接货物的做法，并负责办理货物的装卸作业和全部费用。通常班轮承运人还负责货物的转口工作，并定期公布船期表，为货主提供方便。

二、班轮运价

班轮运输会产生各种成本费用开支，班轮公司为了补偿成本并获取合理利润，需向托运人收取一定的费用，这种费用称为运费，其单位价格即为运价。

1. 班轮运价的特点

（1）班轮运价是按班轮公司事先公布的运价表和规定计收运费，且具有相对稳定性。

（2）班轮运价包括货物从装货港船边（舷）或吊钩至目的港的船边（舷）或吊钩的全部运输费用。习惯上叫"船边至船边"（Side to Side）或"船舷至船舷"（Rail to Rail）或"吊钩至吊钩"（Tackle to Tackle）费用。

（3）班轮运价中包括装卸费用，即货物由承运人负责装卸及配载。

（4）班轮公会或班轮公司一般都有自己的运价表，托运人采用班轮运输货物均需按运价表支付运费。因此，班轮运价是一种垄断性运价。

2. 班轮运价的构成

班轮运价由基本费率（Basic Freight Rate）和多种附加费（Additional or Surcharges）所构成。

1) 基本费率

基本费率即班轮航线内基本港之间对每种货物规定的必须收取的费率，包括各航线等级费率、从价费率、冷藏费率、活牲畜费率及议价费率等。基本运费是构成班轮运费的主要部分，是根据普通货物在航线上各基本港之间运输的平均水平制定的。

2) 附加费

附加费是对一些需要特殊处理的货物或由于客观情况的变化等使运输费用大幅度增加，班轮公司为弥补损失而额外加收的费用。附加费的种类很多，而且随着客观情况的变化而变化。以下为几种常见的附加费。

（1）超重附加费（Over Weight Surcharges）。

一件货物的重量（毛重）达到或超过一定重量时，该货物即为超重货物。各船公司对一件货物重量规定的限量不一致。超重货物在装卸、配载等方面会增加额外劳动和费用，故船公司要加收超重附加费。

（2）超长附加费（Over Length Surcharges）。

一件货物的长度达到或超过规定的长度，该货物即为超长货物。对超长货物的长度限制各船公司也不一样。超长货物同超重货物一样，在装卸、配载时会增加额外劳动和费用，因此船公司要加收超长附加费。

（3）燃油附加费（Bunker Adjustment Factor or Bunker Surcharges，缩写为 BAF or BS）。

这是因燃油价格上涨而加收的费用。

（4）港口附加费（Port Surcharges）。

指针对一些港口设备差、装卸效率低、费用高等原因而加收的附加费。

（5）港口拥挤附加费（Port Congestion Surcharges）。

指由于港口拥挤，船舶需长时间等泊，为弥补船期损失而收取的附加费。该项附加费随港口拥挤程度的变化而调整。如港口恢复正常，该项附加费即可取消，所以变动性很大。

（6）货币贬值附加费（Currency Adjustment Surcharges，缩写为 CAF）。

指为弥补因收取运费的货币贬值造成的经济损失而收取的费用。一般随着货币贬值的幅度按基本费率的百分之几收取。

（7）绕航附加费（Deviation Surcharges）。

由于某种原因，船舶不能按正常航线而必须绕道航行，从而增加航运开支，为此加收的附加费称绕航附加费。这是一种临时性的附加费，一般说来，如正常航道恢复通行，该项附加费即被取消。

（8）转船附加费（Transshipment Surcharges）。

对运往非基本港的货物，需在中途港转运至目的港，为此而加收的附加费称转船附加费。

（9）直航附加费（Direct Additional）。

对运往非基本港的货物，一次货量达到一定数量时，船方可以安排直航卸货，为此需加收直航附加费。直航附加费一般比转船附加费低。

（10）选卸港附加费（Additional for Optional Destination）。

由于贸易上的原因，在办理货物托运时尚不能确定具体卸货港，需要在预先选定的两个或两个以上的卸货港中进行选择，为此而加收的费用称选卸港附加费。在这种情况下，货方必须在该航次中船舶抵达第一卸货港 48 h 前向船方宣布。选择卸货港只限于船舶航次规定的挂靠港或航区内，并按所列的可供选择的港口中计费高的费率计算。如实际选择了费率低的港口卸货，多收部分运费不予退回。

班轮附加费名目繁多。除上述各项附加费外，还有变更卸货港附加费（Additional for Alteration of Destination）、洗舱费（Cleaning Charge）、熏蒸费（Fumigation Charge）、冰冻附加费（Ice Additional）等。各种附加费的计算方法主要有两种：一种是以百分比表示，即在基本费率的基础上增加一个百分比；另一种是用绝对数表示，即每运费吨增加若干金额，可以与基本费率直接相加计算。

3. 班轮运价表的种类及内容

1）运价表的种类

（1）根据运价制订者不同分类。

① 班轮公会运价表。它是由班轮公会制订的运价表，为参加公会的班轮公司所使用。它规定的运价比较高，是一种垄断性的运价表。各会员无权单独自行调整和修改，其承运条件对船方有利。

② 班轮公司运价表。由班轮公司自己制订的运价表，并可自行调整修改，货方可以提出意见和要求，但解释权和决定权仍在班轮公司。各班轮公司之间运价表的费率和规定不统一，但一般低于班轮公会运价表水平。

③ 双边运价表。由船、货双方共同制订，共同遵守，对运价的调整、变更，则须经过双方的协商，任何一方无权擅自改变。

④ 协议运价表。这是一种类似班轮公会运价表的一种运价。20世纪70年代以来，由于国际航运的竞争，行驶美国航线上的一些班轮公司签订了运价协议，并向美国联邦海事委员会（FMC）申请登记，根据协议制订了统一的运价，但签订协议的每一船公司对统一运价都保留有单独行动的权利，可以修改已同意的费率、附加费、商品等级以及有关的运价条款等。但这种修改须于生效前若干天通知其他成员。

（2）根据费率结构分类。

班轮运价表从费率结构上可以分为等级费率运价表和单项商品费率运价表两种。

等级运价表是指按航线将货物分成若干等级（一般分为1～20个等级），每个等级代表一个费率并说明计算标准，然后参照航线等级表，即可查出基本费率。因此，等级运价表是由"货物等级表"和"航线费率表"两部分组成。参见表5.1和表5.2。

单项商品费率运价表是按每项商品逐个列出计算标准和费率，计费较为合理，参见表5.3。

表 5.1 货物等级分类表（节选）

货　名	COMMODITY	等级 Class
草　鞋	Footwear, Straw	8
干　果	Fruit Dried	5
水　果	Fruit, Fresh	7
蜜饯、果脯	Fruits, Preserved	9
盐渍水果	Fruits, Salted	8
未列名毛皮	Furs, N.O.E.	16
竹、藤家具	Furnitures, Bamboo Rattan	8
红木、漆家具	Furnitures, Black Wood, Lacquer	12
未列名家具	Furnitures, N.O.E.	10
良　姜	Galangal	6
明　胶	Gelatine	10

续表 5.1

货　名	COMMODITY	等级 Class
小礼品	Gift	8
人　参	Ginseng	Ad.Val.
眼　镜	Classes	13
玻璃瓶（袋、箱）	Glass Bottles（Bags & in Cartons）	6
玻璃弹子	Glass Marbles	8
玻璃微珠	Class Granules	7
有机玻璃	Glass, Organic	10
未列名玻璃器皿	Glassware, N.O.E.	8
平板及窗玻璃	Glass Window, Plain Sheet	7
茶色及浮法玻璃	Glass, Float, Brown Colour	10
未列名手套	Gloves, N.O.E.	10
棉布、劳动手套	Gloves, Cotton, Working	9
皮手套	Gloves, Leather	12

表 5.2　中国—日本航线等级费率表（节选）

等级费率表 Scale of Rates		IN USD（F/T）
等级	营口、秦皇岛、烟台、天津新港、大连、连云港、宁波、上海	福州、厦门、汕头、湛江、广州
1	45.50	50.00
2	46.00	51.00
3	47.00	51.50
4	47.50	52.50
5	48.50	53.00
6	49.00	54.00
7	50.00	54.50
8	50.50	55.00
9	51.50	56.00
10	52.00	57.00
11	53.00	57.50
12	54.00	58.00
13	54.50	59.00
14	55.50	60.00
15	56.00	60.50
16	57.00	61.50
17	57.50	62.00
18	58.50	63.00
19	59.00	64.00
20	60.00	64.50
Ad.Val.	1%	1%

表 5.3 单项商品费率运价表（节选）

COMMODITY DESCRIPTION AND PACKAGING	RATE BASIS	RATE	ITEN NO.
CORK PADS	M	91.00	0710
COTTON EMBROIDERIES, DRAWNWORK, LACE	M	93.00	0720
COTTON MANUFACTUREED GOODS, Cotton Gloves; Cotton Fish Vests; Cotton Jackets; Cotton Hutting Suits; Cotton Piece Goods&Grey Sheeting	M	78.00	0730
Per 20 Ft. Container	Each	#1790.00	
Per 40 Ft. Container	Each	#3580.00	
COTTON LINTERS	M	78.00	0740
COTTON TOWELS, WIPING CLOTHS AND RUGS All Kinds	W	93.00	0750
	M	76.00	
COTTON WASTE MANUFACTURED GOODS, Cotton Waste&Rags	W	89.00	0760
	M	76.00	
COTTON YARNS	M	78.00	0770
CRYOLITE（Synthetic）	W	138.00	0780

2）运价表的内容

班轮运价表一般包括以下内容：

（1）说明及有关规定。这部分内容主要是该运价表的适用范围、计价货币、计价单位及其他的有关规定。

（2）港口规定及条款。主要是将一些国家或地区的港口的规定列入运价表内。

（3）货物分级表。列明各种货物所属的运价等级和计费标准。

（4）航线费率表。列明不同的航线及不同等级货物的基本运费率。

（5）附加费率表。列明各种附加费及其计收的标准。

（6）冷藏货物费率表及活牲畜费率表。列明各种冷藏货物和活牲畜的计费标准及费率。

三、班轮运费的计算标准和方法

1. 班轮运价的计算标准

在班轮运价中，有些商品按重量，有些按体积，有些按商品价值计收运费，还有些按件数计收运费，这些就称作运价计算标准。班轮运价表中对运价的计算标准一般有以下几种规定：

（1）按货物的毛重计收。在运价表中，以"W"字母（英文 Weight 的缩写）表示。一般以 1 t 为计算单位，但也有按长吨或短吨计算的。

（2）按货物的体积计收。在运价表中，以"M"字母（英文 Measurement 的缩写）表示。一般以 $1\ m^3$ 为计算单位。但也有按 $40\ ft^3$ 为一尺码吨计算的。

（3）按货物的毛重或体积计收运费，计收时取其数量较高者。在运价表中以"W/M"字母表示。按惯例凡一重量吨货物的体积超过 $1\ m^3$ 或 $40\ ft^3$ 者，按体积收费；1 重量吨货物其体积不足 $1\ m^3$ 或 $40\ ft^3$ 者，按毛重计收。

（4）按货物的价格计收运费，又称从价运费。在运价表中以"Ad.Val."表示（拉丁文 ad valorem 的缩写）。一般按商品 FOB 货价的百分之几计算运费。按从价计算运费的，一般都属高值货物。

（5）按货物重量或体积或价值三者中最高的一种计收，在运价表中以"W/M or Ad.Val."表示。也有按货物重量或体积计收，然后再加收一定百分比的从价运费。在运价表中以"W/M plus Ad.Val."表示。

（6）按货物的件数计收。如汽车、机车按辆（Per Unit）；活牲畜如牛、羊等按头（Per Head）计费。

（7）按议价计收运费（Open Rate）。如粮食、豆类、煤炭、矿砂等大宗低值货物一般在班轮费率表内未被规定具体费率。在订舱时，由托运人和船公司临时洽商议订。议价运费比按等级运价计算运费为低。

（8）起码费率（Minimum Rate）。指按每一提单上所列的重量或体积所计算出的运费，尚未达到运价表中规定的最低运费额时，则按最低运费计收。

应当注意的是，如果不同商品混装在同一包装内，则全部运费按其中较高者计收。同一票商品如包装不同，其计费标准及等级也不同。托运人应按不同包装分列毛重及体积，才能分别计收运费，否则全部货物均按较高者收取运费。同一提单内如有两种或两种以上不同货名，托运人应分别列出不同货名的毛重或体积，否则全部将按较高者收取运费。

2. 班轮运费的计算方法

（1）班轮运费的计算公式为

$$F = F_b + \sum S$$

式中　F——运费总额；

　　　F_b——基本运费；

　　　S——某一项附加费。

基本运费是所运货物的数量（重量或体积）与规定的基本费率的乘积。即

$$F_b = f \cdot Q$$

式中　f——基本费率；

　　　Q——货运量（运费吨）。

附加费是指各项附加费的总和。在多数情况下，附加费按基本运费的一定百分比计算，其公式为

$$\sum S = (S_1 + S_2 + \cdots + S_n) \cdot F_b = (S_1 + S_2 + \cdots + S_n) \cdot f \cdot Q$$

其中 $S_1, S_2, \cdots, S_n$ 为各项附加费率。

代入运费计算公式，可得

$$F = F_b + \sum S = f \cdot Q + (S_1 + S_2 + \cdots + S_n) \cdot f \cdot Q = (1 + S_1 + S_2 + \cdots + S_n) \cdot f \cdot Q$$

如附加费以绝对数表示，则附加费总额为

$$\sum S = (S_1 + S_2 + \cdots + S_n)Q$$

代入运费计算公式为

$$F = F_b + \sum S = f \cdot Q + (S_1 + S_2 + \cdots + S_n)Q$$

（2）班轮运费的计算步骤。

① 审查托运人提供的货物名称、重量、尺码（是否超重、超长）、装卸港口、是否需要转船以及卸货港的选择等。
② 根据货物名称，从有关运价表中查出该货物的计费标准及运价等级。
③ 查找所属航线的等级费率表，找出该等级货物的基本费率。
④ 查出各附加费的费率及计算标准。
⑤ 根据上述各种内容，将各项数据代入班轮运费计算公式予以计算。

（3）运费计算实例。

例 以 CFR 价格条件出口加拿大温哥华罐头水果汁一批，重量为 8 t，体积为 10 m³，求该批货物总运价。

解 ① 先确认水果汁的英文为"Fruit Juice"；
② 从有关运价本的"货物分级表"中查找相应的货名，再从相应运价本中查到该货运价等级为 8 级，计算标准为 M，即按尺码吨计算运费；
③ 再查中国—加拿大航线等级费率表，得 8 级货物相应之基本费率为每吨 219.00 元；
④ 另查得燃油附加费 20%；
⑤ 计算：

$$F = F_b + \sum S = (219.00 + 219.00 \times 20\%) \times 10 = 262.8 \times 10 = 2\,628.00 \text{（元）}$$

四、班轮货运单证

在班轮运输中需要办理各种货运单据，以划分承托双方、买卖双方的风险责任和交接货物，同时也是贸易商办理货款结算的依据，其作用是非常重要的。下面介绍几种常用的班轮货运单据。

1. 托运单（Booking Note）

托运单也称订舱委托书，由托运人根据贸易合同条款及信用证条款的内容填制，并凭此单向承运人或其代理人办理货物托运。其内容包括托运人、起运港、目的港、货名、标记及号码、件数、重量、体积、装船日期、运费支付方式、结汇日期、可否转船、分批装运等项，为承运人配载提供参考，如有特殊条款，也需列出。

2. 装货单（Shipping Order）

装货单是远洋运输中的主要货运单证之一。装货单是船公司或其代理人在接受托运人提出的托运申请后，签发给托运人或货运代理人的用以命令船长将承运的货物装船的单据。

按照国际运输习惯，装货单一般一式 3 联。第一联为承运人留底，作为船方凭以缮制装货清单和画积载图，缮制出口载货清单、运费清单、结算运费等，最后存档备查。第二联是装货单正本，该联记载装货细节记录、收货件数和所装货物质量情况，并由理货员签字。第三联是收货单，又称"大副收据"，是承运人收妥货物并已装船的凭证，也是托运人换取正本已装船提单的依据。装货单的主要作用表现为：

（1）装货单是承运人确认承运货物的证明。承运人签发装货单，即表示接受托运人提出的托运申请，同意承运单上所列货物。装货单一经签订，运输合同即告成立，船、货双方都应受到一定的约束。如发生退关情况，责任方应承担责任。

（2）装货单是海关对出口货物进行监管的单证。托运人可凭装货单及其他有关单证，向海关办理出口货物报关手续。海关在装货单上一旦加盖放行章，即表示准予出口，船方才能收货装船。所以装货单又称关单。

（3）装货单是承运人通知码头仓库或装运船舶接货装船的命令。托运人将装货单连同货物送交承运人指定的仓库或船舶。理货人员按积载计划由装卸工人分票装船后，即将实装数量、装舱部位及装船日期填在装货单上，交船方留存备查。

3. 收货单（Mate's Receipt）

收货单是货物装船后，承运船舶的大副签发给托运人的货物收据。它表示该船已收到货物并已经将其装船。收货单又被称为大副收据。同装货单一样，收货单也是远洋运输中的主要货运单证之一，其作用主要有：

（1）收货单是划分承托双方责任的重要依据。根据《统一提单的若干法律规定的国际公约》（即《海牙规则》）规定，承运人对货物承担的责任期间是从货物装上船时开始至卸下船时为止。对于货物装船前所发生的损失，承运人是不承担责任的。所以货物在装船过程中，承运船舶的大副必须仔细核对货物的实际情况与装货单的记载是否相符。如有不符，大副需将货物的不符情况以及货物的外表状况及其他不良情况记载在收货单上，这就是大副批注。

有大副批注的收货单，表明所批注的货物的不良状况发生在装船以前，承运人对此不承担责任。所以在日后处理索赔案件时，收货单是承运人据以免责的重要依据。它又是制作提单的重要依据。

（2）收货单是据以换取已装船提单的单证。货物装船后，经大副签字的收货单由承运船舶退还给托运人。如系预付运费，托运人在付清须预付的运费后，即可持收货单向承运人换取已装船提单。如果收货单上有大副批注，承运人应如实地将大副批注转注在提单上，这种提单即为不清洁提单。

4. 提单（Bill of Loading）

有关内容参见本章第三节。

5. 装货清单（Loading List）

装货清单是承运人根据装货单留底，将全船所装货物按目的港和货物性质加以归类，依航次靠港顺序排列而制成的全船装运货物的汇总清单。装货清单是承运船舶的大副编制积载计划的重要依据，其内容包括装货单编号、货名、件数、包装种类、毛重、尺码以及对装运的要求（如装在水线下、不可靠近锅炉）等，其内容正确与否，对编制积载计划有重要影响。

装货清单除用来编制积载计划外，还是现场理货人员进行理货、港口安排驳运、货物进出仓库、货场以及承运人掌握托运人备货情况的业务单证。

6. 载货清单（Manifest）

载货清单又称舱单，是根据收货单或提单，按目的港分票编制的全船出口货物的汇总清单。其内容包括船名、航次、船长、起运港和目的港、开航日期、发货人、收货人、货名、包装、标记及号码、件数、毛重、尺码等项。载货清单是海关对载货船舶进出国境进行监管的单证，它被用作：

（1）办理船舶出（进）口报关手续的单证。经船长签字的载货清单送海关，作为办理船舶出（进）口报关手续的依据。海关凭此验货放行。船舶离港时，还需随带若干份清单，以备船舶中途挂港或驶抵卸货港时办理进口报关手续之用。

（2）船舶载运所列货物的证明。载货清单所列货物必须与船舶实际载运货物一致。如果船舶未装货出口，也需填报无货出口的载货清单。

（3）业务联系的单证。载货清单的留底，常用作承运人在装货港的代理人拍发开航货载电报的依据；也是向船长和船公司或卸货港的代理发出更正通知的依据。当承运人在卸货港的代理人尚未收到邮寄的货运资料时，也可复制随船携带的载货清单，用以作为安排泊位、卸货和货物进出库场的依据。

7. 货物积载图（Stowage Plan）

货物积载图是大副在装货前根据装货清单按货物装运要求和船舶性能绘制的一个计划受载图。图中列明各批货物应装入船舶的具体舱位，用以指导有关方面安排泊位、出仓、下驳、搬运等。货物装船后再按实际装船情况进行订正。这是船方进行货物运输、保管、卸船等项工作必要的查阅资料，也是卸货港的港方、卸货部门用来安排泊位、货物进仓、派驳调车、理货人员进行理货的原始资料。

8. 危险品清单（Dangerous Cargo List）

装运危险品，承运人往往要求托运人提供危险品清单。其内容包括货物名称、性能、件数、包装、重量、危规等项。

危险品装运时，应按港口规定，申请有关部门监督装货，货物装船完毕后监督部门发给船方一份"危险品安全装载证明书"。

9. 货物短溢单和货物残损单（Overloaded Shortlanded Cargo List, Broken & Damaged List）

该单是我国港口的理货人员，在卸货过程中发现某票货物与载货清单上所记载的数量不符或货物破损、水湿、油渍、污染等情况，由理货长编制的表明货物溢短或残损情况的一种证明文件。经船长或大副签认后的货物溢短单和货物残损单是船公司日后理赔的原始资料和依据之一。

10. 提货单（Delivery Order，简称 D/O）

提货单亦称"小提单"。在目的港，并不是直接以提单作为船方支付货物的交换条件，而是收货人或其代理人在获得船舶到港的信息后，凭正本提单向承运人换取提货单，并凭提货单到海关办理货物进口手续后，方可凭盖有海关放行章的提货单到港口作业区提货。此外，提货单还可作为港口作业区计收各类费用的依据。

提货单内容包括船名、货名、件数、数量、包装式样、标志、提单号、收货人等。

五、班轮货运流程

（1）托运人根据贸易合同或信用证编制出口货运代理委托书，委托货运代理公司（简称货代）办理货物出口事宜。

（2）货代向船务代理公司（简称船代）递交托运单，提出货物装运申请。船代根据托运单的内容，考虑船舶航线、挂靠港、船期和舱位等条件，认为合适后，将装货联单交货代填制。船代审核无误，在装货联单上注明船名、目的港及顺次编号，签章后将留底联留下，其余各联退还货代。

（3）船代根据装货单留底联，编制装货清单和出口载货清单送交载货船舶。船方根据装货清单和出口载货清单编绘货物积载图送交船代。

（4）船代将出口载货清单送交海关办理船舶出口报关手续。

（5）船代将货物积载图、装货清单和出口载货清单送交理货公司。

（6）船代同时将货物积载图送交港口作业区。

（7）港口作业区根据货物积载图做出货物进仓计划并通知货代。

（8）对于法定检验检疫的商品，货代应在规定的时限和地点向检验检疫机构报检，经检验检疫合格后，由检验检疫机构签发出境货物通关单凭以报关。

（9）货代根据港方通知安排货物进仓，并从港区得到缴纳出口货物港杂费申请书后，连同装货单、收货单及出口货物报关单、发票、装箱单、出口收汇核销单、出口货物退税单、出境货物通关单等有关单证一并送交海关办理报关手续。海关验关后，在装货单上加盖海关放行章，并将装货单、收货单和缴纳出口货物港杂费申请书退还。

（10）货代将装货单、收货单和缴纳出口货物港杂费申请书送交理货公司，便于理货人员在装船现场开展理货工作。

（11）理货公司根据货代送交的上述 3 种单证以及船代送交的货物积载图、装货清单和出口货物载货清单编制装船计划，并凭缴纳出口货物港杂费申请书，向仓库要求放货。

（12）仓库管理员根据理货公司提交的缴纳出口货物港杂费申请书发货后，将该申请书交港口作业区作为向托运人收取出口货物港杂费的依据。

（13）理货人员在装船时船边理货，货物装船后，理货人员将装货单和收货单一并送交船方。

传统班轮货运流程示意图如图 5.1 所示。

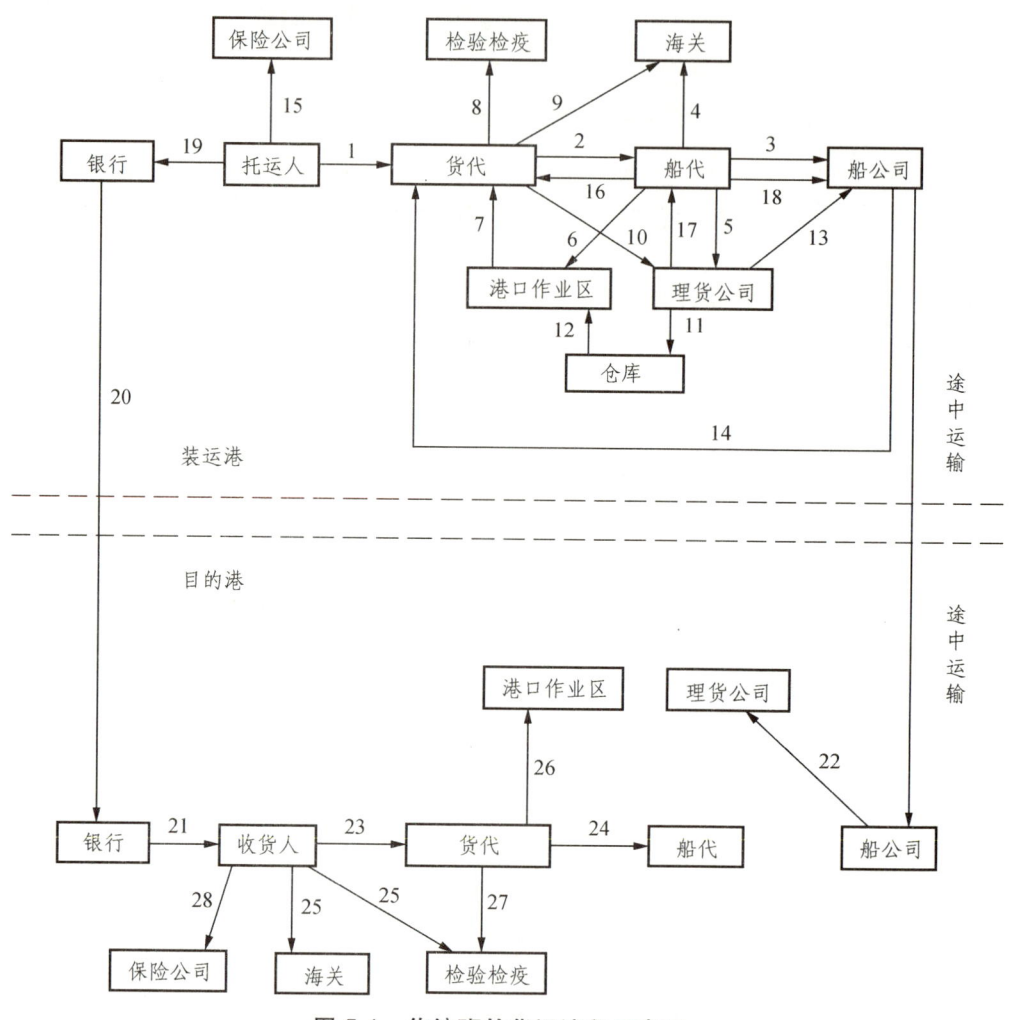

图 5.1　传统班轮货运流程示意图

（14）船方将装货单收存作为随船货运资料，并根据装船时货物的实际情况签发收货单退还货代。

（15）对于以 CIF 贸易条件成交的商品，托运人应及时向保险公司办理货物保险。而对于以 CFR、FOB 贸易条件成交的商品，托运人也应及时通知进口方货已装船，以使其尽快办理货物保险。

（16）货代凭船方签发的收货单，向船代换取已装船正本提单交托运人。

（17）理货公司在装船完毕后，根据货物的实际装载情况制作实际出口载货清单送交船代。

（18）船代将实际出口载货清单和所签发的提单核对无误后，留存出口载货清单，并根据提单副本打印出口载货运费清单送船方作为随船货运资料，送沿途各港及目的港代理凭以收取到付运费或办理船舶进口报关手续。

（19）托运人凭船代签发的已装船正本提单，连同信用证规定的其他有关单证，到议付银行办理结汇。

（20）议付银行审核无误后，将贸易货款垫付给托运人，同时将提单及有关单证寄付款银行。

（21）付款银行收到单证，经审核无误后，付款给议付银行，并通知收货人付款赎单。

（22）船舶到港后，理货人员在卸船时船边理货，若发现货损货差，应编制货物残损单或货物溢短单，并取得船长或大副的签认。

（23）收货人从卸港船代处获得有关船舶到港信息后，编制进口货运代理委托书，并将正本提单及报关单证交货代，委托货代办理货物进口事宜。

（24）货代凭正本提单到船代换取提货单。

（25）收货人对于法定检验检疫的商品，应在规定的时限和地点，向检验检疫机构报检。凭检验检疫机构签发的入境货物通关单和提货单等报关单证到海关办理货物进口报关手续，经海关查验征税后放行。

（26）货代凭加盖海关放行章的提货单到港口作业区提货交收货人。

（27）提货时，若发现货损货差等情况，可向检验检疫机构申请公证检验，作为日后提起索赔的一项依据。

（28）对于货损货差，收货人既可以直接向承运人提出索赔，也可以凭保险单等有关单证向保险人索取保险赔款。

第二节 租船运输

租船运输（Shipping by Charterer）又称不定期船运输。它与班轮运输不同，租船运输没有固定的航线、港口、船期和运价。租船运输是根据双方协商的条件，船舶所有人船东（Shipowner）将船舶的全部或一部分出租给租船人（Charterer）使用，以完成特定的货物运输任务，租船人按约定的运价或租金支付运费的商业行为。

一、租船运输的特点与作用

1. 租船运输的特点

（1）租船运输没有固定的航线、固定的装卸港口和固定的船期。它根据租船人的需要和船东的可能，由双方洽商租船运输条件，并以租船合同形式加以肯定，作为双方权利与义务的依据。

（2）没有固定的运价。租船运价受租船市场供求关系的制约，船多货少时运价低，反之则高。

（3）租船运输一般是整船洽租，并以装运货值较低、成交数量较多的大宗货物为主。

（4）使用的船舶大多为专用船舶。

（5）以运送裸装或散装的大宗货物为主。

（6）承运人与租船人或托运人需要订立正式的运输合同，双方权利义务关系以运输合同为依据，租船业务一般通过代理来完成。

2. 租船运输的作用

（1）租船一般是通过租船市场，由船、租双方根据自己的需要选择适当的船舶，满足不同的需要，为开展国际贸易提供便利。

（2）国际间的大宗货物主要是以租船运输，由于运量大，单位运输成本较低。

（3）租船运价是竞争价格，所以租船运价一般比班轮运价低，有利于低值大宗货物的运输。

（4）租船运输限制较少，只要是船舶能安全出入的港口，租船都可以进行直达运输。

（5）当贸易增加、船位不足时，而造船、买船又难以应急，租船运输可起到弥补需要的作用。另一方面，如一时舱位有余，为避免停船损失，可借租船揽货或转租。

二、租船方式

国际上使用较为广泛的租船方式主要有 4 种：定程租船、定期租船、包运租船和光船租船。

1. 定程租船

定程租船，简称程租，又称航次租船，是指以航次为基础的租船方式。在这种租船方式下，船方必须按时把船舶驶到装货港口装货，再驶到卸货港口卸货，完成合同规定的运输任务并负责船舶的经营管理以及航行中的一切开支费用，租船人则按约定支付运费。对租船人来说，这种租船方式简单易行，不必操心船舶的调度和管理，也容易根据运费估算每吨货物的运输费用。在租船市场上大宗货物占主要地位，因此程租被广泛采用，成为租船的基本形式。租船市场行情的涨落也主要是以程租运价来表现的。

1）定程租船的特点

（1）以航次为基础，规定一定的航线或装卸港口以及装运的货物种类、名称、数量等。

（2）船舶的调度、经营管理由船方负责，并负担船舶的燃料、物料、修理、港口使用费、淡水以及船员工资等的营运费用。

（3）在多数情况下，运价按货物装运数量计算或采用包干运费。

（4）规定一定的装卸期限或装卸率，并计算滞期、速遣费。

（5）船方除对航行、驾驶、管理负责外，还应对货物运输负责。

（6）船、租双方的权利义务和责任豁免，以定程租船合同为依据。

2）定程租船的形式

定程租船的基本形式是单程租船，同时也包括其他形式的租船，因此，定程租船形式可分为以下几种：

（1）单航次租船（Single Trip or Voyage Charter）。单航次租船是指租赁一艘船舶只装运一个航次，船舶所有人负责提供船舶，将指定的货物由一个港口运往另一个港口，货物运到目的港卸货完毕后，租船合同即告终止。运价按租船市场行情由双方议定，其计算方法一般是按运费率乘以装货量或卸货量计算，或按整船包干运价。船东应保证船舶的载货重量和容积，否则，包干运价将按比例减少。

（2）来回程租船（Round Trip or Voyage Charter）。这种租船方式是指租船合同规定在完成一个航次任务后，接着再装运一个回程货载，租船合同才结束。有时按来回程货物的不同分别计算运费。

（3）连续航次租船（Consecutive Trip or Voyage Charter）。这种租船方式是指在同一去向的航线上连续运几个航次或来回连续装运几个航次。前者往往装运同一货物，其运费率相同，后者则按不同货物分别计算运费。这种方式一般航程较短。

2. 定期租船

定期租船（Time Charter），简称期租，是指以租赁期限为基础的租船方式。在租期内，租船人按约定支付租金以取得船舶的使用权，同时负责船舶的调度和经营管理。期租租金（Charter Hire）一般规定以船舶的每载重吨每月若干金额计算。租期可长可短，短则几个月，长则可达5年以上，直至船舶报废为止。与程租船比较，期租船具有下列特点：

（1）期租是租用整船，而程租可租用整船，也可租用船舶部分舱位。

（2）期租不规定船舶航线和装卸港口，只规定航行区域范围。因此租船人可以根据货运需要选择航线，挂靠港口，便于船舶的使用和营运；而程租均规定航线和装卸港口。

（3）期租对船舶装运的货物不作具体规定，可以选装任何合法货物，而程租则都对装运货物加以具体规定。

（4）期租的租船人有船舶调度权并负责船舶的营运，支付船用燃料、各项港口费用、捐税、货物装卸等费用。而在程租下船舶调度、营运权归船方，租船人只付运费及其他少数费用，其余费用都由船方负担。

（5）期租是以一定时间为租船条件，租赁期间的船期损失，除特殊原因外，均归租船人负担，故不规定滞期速遣条款。而程租是以航程条件，均规定货物装卸率或装卸期限，因而规定有滞期速遣条款。

（6）期租租金是按每载重吨每月（或每日）计算，不能直接表现为货物的运输成本，必须通过对各种费用、开支的计算才能得到。租金一般是预付。而程租运费一般规定按装货实际吨数计算，它直接表现为货物的运输成本，可以是预付的也可以是到付的，还可以预付、到付各一部分。

（7）有关双方权利和义务，期租以期租合同规定为依据，程租以程租合同规定为依据。在采用期租船情况下，租船人需要了解船舶性能和质量、船舶规范等，特别是船舶的装卸设备、货舱的结构和布局是否适合装货，船舶的航行速度、耗油量是否符合需要并达到经济的效果。同时，租船人还要具备基本航海知识和货物配载技术，以便指示和协助船长做好货物的装载，充分利用载货舱位，维护船货运输安全。在船舶运行过程中，租船人还应做好加油计划，掌握船舶航行动态，审查航海日志和机房日志等工作，因此工作量十分繁重，并且要有专人负责。一般来说，除非特别需要，货主不愿采用期租方式租船。现在我国租船也是以程租为主，改变了过去以租用长期期租的局面。

3. 包运租船

包运租船（Contract of Affreightment，COA）是指船东在约定的期限内，派若干条船，按照同样的租船条件，将一大批货物由一个港口运到另一个港口，航程次数不作具体规定，合同针对待运的货物。

包运租船可以减轻租船压力，对船东来说，营运上比较灵活，可以用自有船舶来承运，也可以再租用其他的船舶来完成规定的货运任务；可以用一条船多次往返运输，也可以用几条船同时运输。

包运租船区别于其他租船方式的特点有：

（1）包运租船合同中不确定船舶的船名及国籍，仅规定船舶的船级、船龄和船舶的技术规范等，船舶所有人只需比照这些要求提供能够完成合同规定每航次货运量的运力即可，这对船舶所有人在调度和安排船舶方面是十分灵活、方便的。

（2）租期的长短取决于货物的总量及船舶航次周期所需的时间。

（3）船舶所承运的货物主要是运量特别大的干散货或液体散装货物，承租人往往是业务量大和实力强的综合性工矿企业、贸易机构、生产加工集团或大石油公司。

（4）船舶航次中所产生的时间延误的损失风险由船舶所有人承担，而对于船舶在港装、卸货物期间所产生的延误，则通过合同中订有的"延滞条款"的办法来处理，通常是由承租人承担船舶在港的时间损失。

（5）运费按船舶实际装运货物的数量及商定的费率计收，通常按航次结算。从上述特点可见，包运租船在很大程度上具有"连续航次租船"的基本特点。

4. 光船租船

光船租船（Demise or Bareboat Charter）实际上是期租的一种派生租船方式，所不同的是，船东只提供一艘光船，船上没有船员，租船人接船后尚需自行配备船员，负责船舶的经营管理和航行的各项事宜。由于租船人雇用船员和管理船员等工作十分复杂，船东一般也不放心把船交给租船人所雇用的船员使用，因此这样的租船方式在租船市场上，除少数国家使用外，一般很少采用。

三、租船合同

租船合同是租船运输经营方式下，船舶出租人和承租人按照自愿的原则，就租船交易相互间的权利、义务和责任而达成的一种意思表示一致的协议。

1. 租船合同的类型

在磋商租船合同的过程中，为了简化和加速租船合同的签订，节约各种费用，同时为了在合同中列入有利于自己的条款，以维护航运垄断集团或货主自己的利益，在国际租船市场上，一些实力雄厚的大航运或贸易集团，结合货物种类、运输航线及习惯做法，均制订出了各自的租船合同范本，以便各方使用。这些合同范本列有现成的主要条款，而且便于日后的删减、修改和补充。

租船合同范本种类很多，合同内容因租船方式不同而存在差异，又根据范本的使用和接收的程度，可划分为3种：标准租船合同格式、非标准租船合同格式及厂商租船合同格式。其中标准租船合同最为普遍的被使用，是租船市场中较为有影响的合同格式。本节主要介绍此类租船合同。

2. 标准租船合同范本

标准租船合同范本主要有程租、期租和光船之分。目前，国际租船市场上使用最广泛、影响最深远的标准程租合同范本主要有《标准杂货程租船合同》（Uniform General Charter），简称"金康"（GENCON）。该标准格式是1922年波罗的海国际航运公会决定的，其货种适用范围最广。其他还有《古巴食糖租船合同》《澳大利亚谷物租船合同》《北美谷物租船合同》《威尔士煤炭租船合同》《油轮程租船合同》等。

标准期租船合同范本主要有《统一定期租船合同》和《定期租船合同》。《统一定期租船合同》（Uniform Time Charter），代号"巴尔的摩"（BALTIMORE），是由波罗的海国际航运公会于1909年制订的，目前较为普遍采用的是该格式1974年的版本。《定期租船合同》（Time Charter Party），代号"纽约土产"（NYPE），是1913年美国纽约土产交易所制订，并由美国政府批准使用的标准格式，现已有1993年版本。

标准光船租赁合同范本主要有波罗的海国际航运公会1989年制订的《标准光船租赁合同》（Standard Bareboat Charter），代号"贝尔康89"（BARECON89）。

3. 租船合同的主要内容

标准租船合同范本的种类很多，不仅有程租、期租之分，而且同一种租船方式的合同范本中，不同的货种可能有各自的格式。即使是同一货种，也可能有几个组织机构所制订的不同格式，更何况标准合同范本很可能具有一定的倾向性。因此，在此仅对各种标准租船合同范本中具有代表性的主要内容作一般的介绍。

1）程租船合同的主要内容

（1）合同当事人。租船合同的当事人是根据合同有权起诉或被起诉的人，一般为出租人和承租人的两方。出租人并不一定是真正的船舶所有人，有可能是期租合同甚至是程租合同的承租人，根据原租船合同的条款，将租来的船舶再转租出去，而成为转租合同的出租人（也称二船东）。

（2）船名和船籍。船名和船籍是合同中的重要组成部分，也是双方履行租船合同的必要前提。如果航次租船合同已订明船名，出租人就必须提供所指定的船舶，除非在租船合同中出租人有替代船舶的选择权。否则，承租人有权取消租船合同。

船旗是船舶的国籍标志，涉及租船的国别政策，在战争时期它还直接关系到船货的安全。此外，当今世界盛行的"方便旗船"缺乏严格的技术管理，船舶技术性能差，给承租人带来更大的风险。因此，在履行租船合同时，船舶必须悬挂指定的船旗，未经承租人同意，不能随便更换船旗。

（3）货物。程租合同下，承租人需对载运的货物作出具体的说明，并应按约定的货物供装船。合同中关于货物装载数量的表示方法，可以是在一个准确的数量后，附带最低和最高的限制；也可以是允许某一个数量有一定百分比的公差。通常，出租人对此公差有选择权，一般由船长根据航次的总储备量以及船舶常数推算一个确切的货物装载量，并于装船前宣布，即"宣载"。实务中，货物的实际装载量往往达不到宣载的要求，对由于承租人的原因而少装了货，出租人可以就短装的那部分运费向承租人索赔空舱损失；同样，因船长计算错误或其他原因，致使装船货物达不到宣载的数量，承租人也可以向出租人索赔额外仓储费和岸上运输费等短装损失。

（4）装卸港口。在合同中，装卸港口可以被一一具体载明，也可以被笼统地定为一个区域（如美国港口），由承租人任选其中的港口。但承租人在宣布其所选择的港口时，必须承担该港口是"安全港口"的默示责任，即保证该港口首先地理上必须是安全的，包括港口航道的水深与宽度、气象条件、助航设施、系泊设备等应保证船舶能安全进入、停靠和驶离而不会遭受损害；其次政治上必须是安全的，包括船舶不会遭遇战争、敌对行为、恐怖活动等风险。

为了减轻出租人必须驶往指定的或宣布的装卸港口的严格责任，通常在租船合同中装卸港口之后，再加上"或该港附近可以安全到达并保持浮泊的地点"，即"附近港口条款"。根据这一条款，出租人就可以将由于等候涨潮或长期持续的罢工或非突发性战争而造成的时间损失的风险转移给承租人。

（5）受载日和销约日。所谓受载日是指承租人接纳船舶装货的最早日期，销约日则是指出租人交船的最迟日期。从受载日到销约日这段时间称为受载期。

在销约日前，出租人必须使船舶已经抵达约定的装货地点，并且装货准备就绪，否则，承租人有权立刻取消租船合同。但是承租人通常会在船舶到达并收到准备就绪通知书后一段合理的时间内，根据当时的市场行情决定是否取消租船合同。而出租人在承租人未宣布销约前，仍需将船舶开到约定的装货地点。这就意味着，出租人很可能枉跑了一个空放航次。但如果出租人以销约日已过，并且以承租人又不肯事先表态是否取消合同为由拒绝驶往指定装货地点，则出租人必须对其违约而造成承租人的损失负赔偿责任。为了争取主动、减少损失，出租人应争取在租船合同内订入一条"质询条款"，规定承租人在接到出租人关于不可能再销约期内赶抵交船地点的通知后的一段合理时期内，作出是否继续租用该船舶的决定。如果承租人未在规定时间内行使选择权，则构成弃权，租船合同仍然成立。

（6）运费。程租船合同下，出租人提供运输服务所应得的报酬使用费。交纳运费是承租人必须履行的一项义务，运费的高低主要取决于租船市场的运费水平、所装货物的价值、运费的支付方式、港口费用以及船舶经纪人的佣金等因素。

（7）装卸费用。装卸费用的分担必须在合同中明确规定，否则，装卸费用由出租人负担。装卸费用的分担一般有以下几种：出租人不负担装卸费（Free In and Out，FIO）；出租人不负担装卸费和堆装费（Free In and Out, stowed，FIOS）；出租人不负担装卸费和平舱费（Free Out，FO）；出租人不负担装船费（Free In，FI）；出租人负担装卸费（Liner Terms）；出租人、承租人平均分担装卸费（Scale Load and Scale Discharge）。

（8）许可装卸时间。程租船合同下，船舶在海上的航行时间受出租人控制，而船舶在港的装卸时间则相当程度上受承租人所控制。无论哪部分时间延长都将导致出租人所承担的航次成本增加，但是，出租人向承租人收取的运费却绝不会因此而有所增加。出租人为了减轻或消除这种时间损失的风险，除了应尽量缩短海上航行时间外，还必须对承租人控制下的在港装卸时间予以限制。为此，出租人在合同中规定承租人必须在规定时间内完成装卸作业，这一规定的时间称为许可装卸时间。

确定许可装卸时间的表示方法一般有3种：规定具体的日数；规定日均装卸效率求得装卸天数；不规定装卸时间。

（9）速遣费和滞期费。承租人未能在租船合同规定的许可装卸时间内完成装货或卸货，表示承租人违约，对于额外的装货或卸货时间，承租人应向出租人赔偿由此而造成的船期损失，这笔赔偿成为滞期费；反之，承租人在合同规定的装卸时间内提前完成装卸作业，则为船方缩短了船期，节省了开支。为此，出租人支付给承租人速遣费。按照惯例，速遣费是滞期费率的一半。此外，滞期费作为一种对承租人违约的罚金，通常都按照"一旦滞期，永远滞期"的原则来计算滞期的时间，即船舶装卸滞期这段时间内，原来按合同规定在装卸时间内可以扣除的时间，如星期日、节假日均不再予以扣除。

（10）佣金，是付给租船经纪人的工作报酬。它包括经纪人支出的费用和盈利。佣金的计算基础是运费。在没有特别约定的情况下，无论是双方各自委托的经纪人，还是共同委托的经纪人，其佣金由出租人支付。而出租人在洽谈运费率时，应将佣金因素考虑在内。

2）期租船合同的主要内容

（1）船舶规范。是关于所租船舶的详细记载。它包括出租人、船名、船旗、船籍、船级、船型、船舶长度、宽度和高度、总吨、净吨、吃水、航速、耗油量，甚至吊机外展程度、甲板与船舱的结构强度等。在期租条件下，船舶的运营调度和货运安排是由承租人自行负责的，并且承租人若将船舶再行出租则需要向次承租人提供船舶的有关资料。因此，船舶规范在期租合同中尤为重要。承租人有义务主动要求出租人提供所需的船舶资料，若出租人保持沉默，法律上并不构成隐瞒，更不构成误述。但出租人一旦向承租人提供了船舶的有关资料，就必须对其所提供内容的正确性负责。如果船舶在租期内实际规范与合同规范不符，则构成误述。根据所误述的项目对履行租船合同影响的严重程度及性质，决定承租人是否因此而取消租船合同。

（2）货物。期租合同中一般不规定具体货名。除了双方在租船合同里以追加条款详细列明禁止装运的货物外，承租人可以装运任何合法的货物。如果租船合同未列名禁运的货物，日后即使出租人不愿装运或该轮确实不适宜装运，出租人也不能禁止承租人装运该货物。对于装运后引起的损失，承租人不负赔偿责任。

（3）租期。租期的长短主要是根据租船人的需要而定。确定租期的办法有以下3种：合同中只订明期间；合同中订明最大、最小期限；合同中订明期间，并规定伸缩时间。

实际租期超出或不足约定的租期，承租人应向出租人赔偿因此而造成的损失。

（4）交船和还船。交船是指出租人将船舶和其雇佣的船员交给承租人使用。交船时间就是租金和租期开始计算的时间。

出租人交船至承租人可以使用船舶，这中间往往存在时间和费用之差。出租人希望尽早交船，以摆脱时间损失的风险，避免承担某种费用，并早日收取租金；而承租人则希望接受船舶时已经能够使用船舶，以发挥租期内船舶的利用率。因此，合同双方的洽谈过程中均力图确定于己有利的交船地点。通常，交船地点都定得很具体，如某地最后一个领航站；某港一安全泊位甚至某一指定的泊位。这些交船地点对出租人的责任和风险是渐次增加的。

船舶除了要按时抵达交船地点外，还要使交船时船舶的有关状态与租船合同有关规定相符合，否则，承租人可以不接受船舶，直至出租人依约准备就绪为止。

还船是租期届满时，承租人按照合同规定的地点将船舶交还出租人，并停付租金。还船时，船舶同样应具备良好的状态和条件，同时船上的存油也必须符合租船合同的规定。

（5）租金。期租合同下，承租人为使用船舶而支付的酬金是租金。租金的数额按船舶载重吨、每日历日或每30天的费率计算，或者按船舶每月的租金率计算。租金通常预付半月或一月，而且付租时间以租金付至合同中出租人指定的收款银行账户时间为准。

支付租金是承租人为履行合同应尽的一项义务。只有在发生停租条款下的事件并且实际上给租方造成了时间损失，以及出租人违约使承租人未能有效地使用船舶时，承租人才可以停付租金。除此之外，自出租人交船起至承租人还船止，承租人应按时如数向出租人支付租金，否则，出租人可以提起诉讼或仲裁追索租金，甚至可以根据合同的有关条款撤回船舶。

（6）停租。承租人在租赁期内必须支付租金。但是，如遇船员不足、物料配备不充分、船体、船级或设备发生故障或损坏、船舶入干坞清理以及其他属于停租条款中列举的事件，致使承租人不能使用船舶而造成损失时，承租人可以对由此而造成的船舶损失时间不予支付租金。

通常，停租条款只是针对停付租金而言，对于租期并无影响，即租期不会因为发生停租条款下的事件而自动延长，除非承租合同另有订明，使承租人有权选择是否将停租期加至租期上。

（7）转租。租期内，承租人有权根据需要将船舶转租给第三方。在转租情况下，一艘船舶同时受到至少两份租船合同，即原出租人与原承运人之间的原承租合同和原承租人（二船东）与次承租人之间的转租租船合同的约束，但每份租船合同仅对缔约合同的双方具有约束力。

国际租船业务中，转租情况十分普遍。为了防止不必要的纠纷，原承租人在洽订转租合同时，至少应力争使前后租船合同"背对背"，即除租金条款不同以赚取前后市场差价外，其余条款都是一致的。

四、租船合同的订立及有关的合同格式

1. 租船合同的订立程序

在租船市场上，租船是通过出租人与承租人之间签订租船合同而实现的。但通常租船交易并不都是出租人与承租人亲自到场，直接洽谈，往往通过租船经纪人作为代理签订合同。

租船经纪人一般都与出租人（船舶所有人）或承租人（货主）保持经常的联系。他们能够经常掌握货源和运力的情况，了解市场行情的变化，对于租船业务积累了较丰富的经验。由于通过经纪人进行交易，不但能够及时、迅速，而且交易条件比较合理。能满足承、租双方的需要，同时还可以减少许多事务上的繁琐手续。所以实践中使用经纪人进行交易已成为一种习惯，并且几乎有关的谈判和洽谈，都是通过经纪人进行的。

在租船市场上，承租人提出租船要求到最终与出租人成交，一般要经过以下程序。

1）询　盘

承租人根据自己对货物运输的需要或对船舶的特殊要求，将货物信息和基本租船要求通过经纪人传递到租船市场上，寻找合适的出租人，并要求出租人作出答复，这一过程即为询盘。询盘的内容应完整而又简洁明了。

对于航次租船，其询盘内容主要包括：承租人全称和地址、货物名称和数量、装港和卸港、受载日和销约日、装卸时间、装卸费用负担、运费率、建议使用的标准合同范本、佣金等。

定期租船的询盘内容主要包括：承租人全称和地址、船舶吨位和船型、租期、租金率、交、还船地点、交船日期和销约日、对船舶的特殊要求、建议使用的标准合同范本、佣金等。

2）发　盘

出租人接到承租人的询盘后，根据询盘条件权衡利弊，在有利可图的情况下，通过经纪人向承租人报出所提供的船舶和租金或运费水平等，即为发盘，也称报价。发盘有虚实之分，对于"实盘"，其报价条件不可改变，常附有有效时间的规定，承租人必须在有效期内对该报价作出答复，过期失效。同时，出租人在有效期内，也必须受其报价的约束，不得撤回、变更或再向其他承租人发盘；对于"虚盘"，其报价条件可以修改，并且不附有应予答复的有效时间的限制，因此不约束洽租双方。出租人可以同时向几个承租人发虚盘，以选择最合适的承租人继续洽租。

3）还　盘

承租人接到出租人报出的虚盘后，对出租人提出的条件不能接受，而进行修改、增减或提出自己的要求，称为还盘，也称还价。

4）受　盘

承租人和出租人在还盘过程中讨价还价，直至最后一次实还盘的内容被对方在有效期内全盘接受，即受盘，租船契约即告达成。

5）编制订租确认书

受盘后，出租人将双方共同承诺的主要条款汇总成订租确定书，发给承租人，经双方和租船经纪人共同签字后，各自保留一份备查。

6）签订租船合同

租船契约达成后，出租人按"订租确认书"的内容拟制正式租船合同，并送交承租人审核。承租人如发现合同与原协议有不符之处，应及时向出租人提出异议，并要求修改。若无异议，即可签署合同。

合同通常缮制正本两份，签约后双方各持一份，作为日后履行合同时，双方承担责任和行使权利的依据。

五、国际租船市场

租船市场是船东出租船舶和租船人租赁船舶，进行交易洽商的场所。在租船市场上，船东、租船人、船舶经纪人聚集在一起，互通情况，提供船舶和货源进行租船活动。由于租船活动是国际性的业务活动，船东、租船人和经纪人分布于世界各地，因此现代租船市场并不一定要有固定的场所，只要是船东和经纪人集中的地方，有船舶集中供租的地方，都可能成为租船市场，其业务活动是通过电信业务来完成的。

1. 国际上的主要租船市场

目前国际上的主要租船市场有以下几个：

1）英国伦敦租船市场

伦敦的波罗的海商业航运交易所（The Baltic Mercantile and Shipping Exchange）是国际

上最大的散杂货租船市场。该市场租订的船舶大约占世界总成交量的30%以上，是其他租船市场的"晴雨表"。伦敦租船市场都是通过经纪人进行的，即代表船东和代表租船人的经纪人。供应的船舶主要是希腊船东的船舶或受其控制的方便旗船，另外还有美国船东控制的方便旗船。由于希腊是世界上最大的经营不定期船的国家，因而在伦敦市场供应的船舶最多，其租船行情的变化对其他租船市场有着决定性的影响。

2）美国纽约租船市场

纽约市场是仅次于伦敦的第二大租船市场。该市场主要是用电信进行业务活动，其成交的船舶主要是油轮和干散货船。由于时差的关系，通常国际性的租船活动每天先在伦敦进行，然后再转向纽约，这两个市场是紧密联系的。该市场集中了许多大石油公司、粮商和煤炭出口商，船东和租船人联系非常方便，船舶成交量约占世界总量的25%。由于无需固定场所，该市场发展较快。

3）欧洲租船市场

欧洲租船市场主要由奥斯陆、斯德哥尔摩和汉堡租船市场构成。欧洲租船市场以租赁特殊的、质量高的专业化船舶为主，如冷藏船、液化石油气船、滚装滚卸船和吊装船等。在租船方式上船东以长期期租为主。

4）日本东京和中国香港远东租船市场

东京市场是国际上有影响力的货主市场，发展较快，规模不断扩大。中国香港市场则是一个以出租人为中心的地区性国际租船市场，其规模与东京市场相当。

各租船市场并非是孤立的，通过租船经纪人的联络，各市场形成了一个全球性的市场网络，一个市场不能成交的业务，可随时转向其他市场洽谈成交。如此一来可以最大限度地使世界货运需求和运输能力之间相互协调，从而保证航运市场的有序运行。

2. 经纪人或代理人在租船市场中的作用

由于租船业务是国际性的业务活动，船东和租船人分布在世界各地，因此，租船活动一般都是通过经纪人或代理人来进行的。按其业务性质和代表对象的不同有两种中间人，一是代表船东的船舶经纪人（Ship Broker），它是以船舶为商业活动的对象进行经纪活动，其业务主要包括船舶租赁、船舶买卖和船舶代理等。另一种是代表租船人的租船代理（Chartering Agent）。船舶经纪人和租船代理在船东和租船人之间起桥梁媒介作用，促成双方达成交易，促进了租船业务的发展，其具体作用表现为以下几个方面：

1）为委托人提供最合适、最有利的生意

经纪人或代理人有着广泛的业务渠道和专业知识，消息灵通。通过他们，船方和租方有机会了解市场供船和需船的情况，可以从中挑选合适的洽租对象。

2）提供市场行情，当事人资信及其他信息咨询服务

租船市场行情经常发生变化，对远离市场的船东或租船人来说，必须通过经纪人或代理人提供情况，才能在报价时随行就市，特别是行情发生较大变化时，更需要及时掌握其动态。同时，在租船过程中，还需要了解有关港口情况、国外法律、租约条文解释等，这些都可以

向经纪人或代理人咨询,尤其是当事人的资信状况,对租船业务更为重要,经纪人或代理人可以随时向委托人提供以上各种信息咨询服务。

3) 为双方当事人斡旋并调解纠纷

在租船业务中,经常会出现议价或洽商条款的僵持局面,此时,经纪人或代理人发挥其斡旋和调解作用,以便打开僵局,促使双方达成协议。在执行租船合同中有时会发生纠纷,经纪人或代理人可以从中进行调解,发挥其独特作用,使双方问题获得满意的解决。

4) 代替当事人其他有关事务

如草拟合同,在授权的情况下,代表委托人签订租船合同。

第三节　海运提单

早期贸易与海运是一家,船货的主人都是船东,即贸易商与承运人都是船东,贸易商自己运输货物,只在一个日记本上写上货物名称。到 16 世纪,随着贸易与海运事业的发展,贸易与运输开始分离,运输逐步脱离贸易而成为一个独立部门。贸易商把货物交给船东运输,当时只有一张货物收据,没有具体的责任与义务,产生纠纷只有通过协商才能解决。有了法律(普通法)后,承运人开始承担一定的货运责任,但只有以下原因可以免责:天灾、火灾、共同海损、托运人责任造成损失以及货物本身原因造成的损失。由于承运人不愿承担太重的责任,于是就在收据背面加上了一些条款,逐渐形成了提单。随着提单的使用和流通范围的扩大,提单上的条款也日趋详细和完善,发展成为现在使用的提单形式。

一、提单的定义

提单(Bill of Lading,B/L)是承运人(或其代理)应托运人要求,在收到货物归其掌管后签发给托运人的一种单据,它是国际海上货物运输(特别是件杂货班轮运输)中一种最重要的单证。《1978 年联合国海上货物运输公约》(即《汉堡规则》)总则部分,以及《中华人民共和国海商法》(以下简称《海商法》)第 71 条都对提单下了比较全面的定义:提单是指一种用以证明海上货物运输合同和货物由承运人接管或装船,以及承运人据以保证交付货物的单证。

二、提单的作用

1. 提单是承运人出具的接收货物的收据

在航运业发展的初期,并没有出现贸易商与承运人的社会分工,进出口商往往就是船东自己,因此也并不需要提单来划分船方和货方之间的权利、义务关系。随着国际贸易和现代航运技术的迅速发展,专门从事贸易的贸易商和专门从事海上运输的航运公司出现。为方便它们之间的货物交接,在出现货损或货差时分清双方责任,出现了最早的提单。因而,货物收据的功能也是提单最早所具有的一项职能。提单作为货物收据,对承运双方具有"初步证据"的效力。这种证据效力是相对的,如果实际证实承运人确实收到货物或所收到的货物与提单不符,仍可否定提单的证据效力。但是,当提单已转让给包括收货人在内的第三方时,提单在承运人和第三方之间就具有"最终证据"的效力,即使承运人能举证确实未收到货物或所收到的货物与提单不符,承运人也必须对其与事实不符的记载负责。

2. 提单是海上货物运输合同的证明

根据营运方式的不同,海运可分为租船运输和班轮运输。在租船运输条件下,一般认为租船合同就是海上货物运输合同。而在班轮运输条件下,实际业务中绝大多数情况下并没有名为"班轮运输合同"的法律文件存在。但这并不说明没有班轮运输合同,不妨碍海上货物运输合同的存在,不能认为提单即是货物运输合同。

一般认为提单是班轮运输合同的一个重要组成部分,但提单并不是班轮运输合同本身。这是因为:其一,虽然在提单印就的格式中详细列有承、托双方责任、义务条款,一旦产生纠纷,提单往往也作为确定当事各方责任的重要依据,但是提单的签发是在承运人接收货物(备运提单)或者是将货物装船(已装船提单)之后,班轮运输合同应在此前就成立;其二,提单是由承运人或其代理人签发的包含印就条款的一种商业票据,提单条款内容并不是双方合意的结果,双方完全可以就此重新商议。所以,提单仅仅是合同的证明,当提单与运输合同或提单与承托双方的补充协议内容有差异时,确定承托双方的责任义务就应以运输合同或补充的协议为准。

3. 提单是承运人据以交付货物的单证,是物权凭证

提单是收货人提取货物的凭证,也是承运人据以交付货物的凭证。《海商法》第71条规定:"提单中载明的向记名人交付货物,或者按照指示人的指示交付货物,或者向提单持有人交付货物的条款,构成承运人据以交付货物的凭证。"也就是说一方面正本提单的持有人享有提货的请求权,另一方面作为班轮运输合同的另一方,承运人有责任在目的港将货物交付给正本提单的善意持有人。这时的善意持有人可能是记名提单中的记名人,可能是指示提单中被背书人,也可能是不记名提单的持有人。至于该持有人是否是托运人所签的买卖合同中的买方则并不重要。这样提单便具有了所谓的"物权凭证"的性质,即是说,一般情况下,谁拥有提单,谁就拥有提单所载货物的所有权,并享有物主应享有的一切权利。

三、提单的分类

1. 按照货物是否已经装船划分

1)已装船提单(On Board or Shipped B/L)

已装船提单是指整票货物已经全部装进货舱或装在甲板(如集装箱)后,船长或承运人或其授权的代理人凭大副收据所签发的提单。

已装船提单除满足与其他提单相同的要求外,提单上一般有"货物已装具名船只"字样或注明装运的船舶和装船日期。航运实践中,除集装箱运输外大多数采用已装船提单,银行结汇一般也要求使用已装船提单。《跟单信用证统一惯例》第23条就规定:"……如果信用

证要求港至港运输提单作为运输单据时,除非信用证另有规定,银行将接受……注明货物已装船或已装具名船只(的提单)……"。

2)备运提单(Received for Shipment B/L)

备运提单又称收妥待运提单,是承运人在接管托运人送交的货物后,装船之前,应托运人的要求签发的提单。

2. 按照提单的不同抬头划分

1)记名提单(Straight B/L)

记名提单又称收货人抬头提单,是指在提单的收货人(Consignee)一栏内具体填写某特定人或公司名称的提单。

记名提单原则上不能转让。我国的《海商法》第79条就规定:"……记名提单:不得转让……"。所以提单项下的货物只能由提单上写明的特定收货人提取,避免了转让过程中可能给货方带来的风险。只是在少数国家,依法律可以采取类似财产转让的手法转让记名提单。

由于提单的流通受到限制,给贸易商带来很大不便,所以在国际贸易当中使用并不多,一般只在运输展览品或贵重物品时使用。

2)不记名提单(Bearer B/L)

不记名提单是指提单上收货人一栏未写明具体收货人,只填写"持有人"(Bearer)字样,即货交提单持有人,或在收货人一栏空白。

不记名提单转让手续简便,流通性极强。承运人交付货物也仅以提单为依据,提单持有人即被视为货主。但由于在提单遗失时很难区分非法获得提单者和提单的善意受让人,容易造成货物丢失或引起纠纷,因此不记名提单的风险很大,在国际贸易中很少使用。

3)指示提单(Order B/L)

指示提单是指收货人一栏内填写"凭指示"(To order)或"凭××指示"(To order of ××)字样的提单。

"To order"称为空白指示,或不记名指示;"To order of ××"称为记名指示,指示人有银行(Bank)、发货人(Shipper)或收货人(Consignee)等。这种提单可以通过背书的方式进行转让,因而在国际上使用较为广泛。

指示提单转让时有两种背书方式:空白背书和记名背书。"空白背书"(Endorsed By Blank)仅由背书人(提单转让人)在提单的背面签字盖章,而不注明被背书人(提单受让人)的名称;"记名背书"是指在提单背面既有背书人签字盖章,又有被背书人的名称(Endorsed to the order of Sb.)。

指示提单在托运人(卖方)未指定收货人之前,卖方仍保有货物所有权,如经空白背书,则成为不记名提单,而作为凭提单提货的凭证;如经记名背书后即成为记名提单。

由此可见,指示提单既转让方便,有一定的流通性,又比不记名提单的安全性强,所以它是国际贸易中使用最为广泛的一种提单。

3. 按照提单有无批注划分

1) 清洁提单（Clean B/L）

清洁提单是指在装船时，货物外表状况良好，承运人在签发提单时，未在提单上加注任何有关货物残损、包装不良的批注，或其他妨碍结汇的批注，这种提单称为清洁提单。

2) 不清洁提单（Unclean B/L）

不清洁提单是指承运人明确地对有关货物包装状况不良或存在缺陷等情况加以批注的提单。

4. 按照提单运输方式不同划分

1) 直达提单（Direct B/L）

直达提单是指由同一船舶将货物从起运港直接运抵目的港卸货所签发的提单。

2) 转船提单（Transshipment B/L）

转船提单是指在起运港装载的货物不能直接运往目的港，需要在中途换装其他船舶转运至目的港时承运人签发的提单。

3) 联运提单（Through B/L）

联运提单指承运人对经由海/海、海/陆、陆/海运输的货物所出具的覆盖全程的提单。比较而言，转船提单只是在海/海运输形式下所签发的提单，可以说是联运提单中的一种特例。

4) 多式联运提单（Multi-modal Transport B/L or Inter-modal Transport B/L）

《联合国国际货物多式联运公约》规定："……按照多式联运合同以至少两种不同的运输方式。由多式联运经营人将货物从一国境内接管货物的地点运至另一国境内指定交付货物的地点……的货物运输形式称之为多式联运"。多式联运提单即承运人或多式联运经营人对采用多式联运方式的货物出具的提单。

5. 按照提单的格式不同划分

1) 全式提单（Long Form B/L）

全式提单是指正式印就格式的提单。全式提单既有正面记载的字项，背面又详细列有承运人、托运人权利、义务的条款，是国际贸易业务中通常使用的提单。

2) 简式提单（Short Form B/L）

简式提单是指提单上只有正面必要的记载项目而没有背面条款。

6. 按船舶经营性质划分

1) 班轮提单（Liner B/L）

班轮提单是指经营班轮运输的船公司或其代理人签发的提单。

2) 租船提单（Charter Party B/L）

租船提单是指根据租船合同签发的一种提单。提单上批注有"根据××租船合同出立"

字样。因此，这种提单要受租船合同条款的约束。银行或买方在接受这种提单时，往往要求卖方提供租船合同副本。

7. 其他种类的提单

1）倒签提单（Anti-dated B/L）

倒签提单是指货物装船完毕后，承运人应托运人的要求所签发的以早于货物实际装船日期为签单日期的提单。

2）预借提单（Advanced B/L）

预借提单是指货物在装船前或装船完毕前，托运人为及时结汇向承运人预先借用的提单。其原因是，信用证规定了结汇日期，如超过此时限货物未完成装船，则托运人不能结汇。

3）顺签提单（Postdated B/L）

顺签提单是指货物装船后。承运人或者代理应货主的要求，以晚于该票货物实际装船完毕的日期作为提单签发日期的提单。这是为了符合有关合同关于装运日期的规定，应托运人的要求而顺签日期签发。但是在这种情况下，如果货物在实际装船后提单顺签日期前发生货损，发货人将面临索赔问题。

4）过期提单（Stale B/L）

过期提单包括两种情形。一种过期提单是指由于航线较短或银行单据流转速度太慢，以至于提单晚于货物到达目的港，收货人提货受阻，另一种过期提单则是由于出口商在取得提单后未能及时到银行议付形成过期提单。

5）甲板货提单（On Deck B/L）

甲板货提单是指承运人签发的货物装在甲板上的提单。此类提单必须注有"货装甲板"字样。

四、提单的内容及主要条款

1. 提单正面内容

提单的形式没有统一的标准，但基本内容大体一样。根据提单的国际公约和《海商法》第 73 条规定，提单正面内容，一般包括下列各项：

（1）承运人名称和主营业所。
（2）托运人名称（Shipper）。
（3）收货人名称（Consignee）。
（4）通知人名称（Notify Party）。
（5）船名、航次及船舶国籍（Ocean Vessel，Voyage and Nationality）。
（6）接货人和接货地点（Pre-Carrier by，Place of Receipt by Pre-Carrier）。
（7）装货港、卸货港及最终目的港（若货物需中转）(Port of Loading，Port of Discharge and Final Destination，If Goods to Be Transshipped at Port of Discharge）。

（8）货物品名、标志、包数或件数、重量或体积以及运输危险品时对其性质的说明（Marks and Numbers，Kind of Package，Description of Goods，Gross Weight，Measurement）。

（9）运费和其他费用以及支付地点和方式（Freight and Charges，Freight Payable at）。

（10）提单号、提单份数及签发地点和日期（B/L No. Number of Original Bs/L，Place and Date of Issue）。

（11）承运人或船长或其代理人签字或盖章（Signed for or on Behalf of the Carrier/Master）。

提单正面除必须记载的上述内容外，还有一些属于承运人声明性质的文字说明。如中远提单的正面右下方有以下3段文字说明：

① "上列外表状况良好的货物（另有说明者除外），已装在上列船上，并应在上列卸货港或该船以能安全到达并保持浮泊的附近地点卸货。重量、尺码、标志、号数、品质、内容和价值是托运人所提供的，承运人在装船时并未核对。托运人、收货人和本提单持有人兹明白表示接受并同意本提单和它背面所载的一切印刷、书写或打印的规定，以及免责事项和条件。"

② "为证明以上所述，承运人或其代理人已签署本提单（若干份），其中一份经完成提货手续后，其余各份失效。"

③ "请托运人特别注意本提单内与该货保险效力有关的免责事项和条件。"

根据《海商法》第77条的规定：除非承运人按有关规定作出保留外，承运人或代其签发提单的人签发的提单，是承运人已经按照提单所载状况收到货物或者货物已经装船的初步证据；承运人向善意受让提单的包括收货人在内的第三人提出的与提单所载状况不同的证据，不予承认。《海牙规则》和《汉堡规则》也有类似的规定。

2. 提单背面主要条款

在正本提单的背面印有许多条款，它是处理承运人与托运人（或收货人、提单持有人）间的有关运输过程中发生争议的依据。目前大多数提单条款的制定是基于《海牙规则》的，如中远提单、外运提单和华夏提单均是如此。虽然它的文字不完全相同，但主要条款内容基本相同，主要包括下列条款：

1）定义条款（Definition）

一般是根据《海牙规则》第1条对承运人、托运人等名词所赋予的含义。如中远提单条款第1条规定：货方（Merchant）包括托运人（Shipper）、受货人（Receiver）、发货人（Consignor）、收货人（Consignee）、提单持有人（Hold of B/L）以及货物所有人（Owner of the goods）。

2）首要条款（Para mount Clause）

规定提单所适用的法律，即该提单根据什么法律制定和解释。如中远提单第2条管辖权规定，凡出自本提单或与本提单有关的一切争议均应按照中国法律在中国法院解决或在中国仲裁。还有些国家的提单规定按《海牙规则》解决。

3）承运人的责任和豁免（Responsibilities and Immunities）

规定承运人应负的责任和免责事项。一般概括地规定为按什么法律或什么公约为依据。如中远提单第3条、外运提单第4条、华夏提单第3条均规定，其权利和责任的划分以及豁免应依据或适用《海牙规则》。

4)责任期间(Duration of Liability)

一般海运提单按《海牙规则》规定承运人的责任期限,是货物装上船起到货物卸离船为止,即"钩至钩"(集装箱提单另有规定)。中远提单第4条也是如此。

5)包装和标志(Packages and Marks)

规定货物应妥善包装,标志必须正确、清晰。中远提单第5条规定标志应以不小于5cm长的字体将目的港清晰地标明在货物的外部,并保持到交货时仍然清晰可读,否则产生的罚款和费用由托运人负担。

6)运费和其他费用(Freight and Other Charges)

有关运费支付方式、时间、币别、计算方法以及运费收取后不再退还等的规定。中远提单第6条和外运提单第8条规定:运费和费用应在装船前预付。到付运费则在货物抵达目的港时,交货前必须付清。无论是预付还是到付,船舶或货物其中之一遭受损坏或灭失都应毫不例外地全付给承运人,不予退回和不得扣减。一切同货物有关的税捐或任何费用均应由货方支付。

7)自由转船条款(Transshipment Clause)

规定了承运人为完成货物运输任务,可以采取一切合理措施,包括改变航线,即合理绕航、改变港口、转船等,不得视为违反运输合同,凡因此而造成的损失、损坏(货物),承运人不负责任。如中远提单第13条、外运提单第14条规定:如有需要,承运人可任意将货物交由用于承运人自己的船舶或属于他人的船舶,或经铁路或以其他运输工具直接地或间接地驶往目的港、转船、驳运、卸岸、在岸上或水面上储存以及重新装船起运,以上费用由承运人承担,但风险则由货方承担,承运人的责任仅限于其本身经营的船舶所完成的那部分运输。

8)托运人的责任(Responsibility of Shipper)

托运人的责任主要有两方面:一是有关货物情况必须如实申报,否则对由此引起的一切损失负赔偿责任。如中外运提单和中远提单规定,假如托运人提供的货物细目不准确,他应予负责并必须向承运人支付正确运费和已收取运费差额的两倍,或正确运费的两倍减去已收取运费,以金额小者为准,作为清偿承运人所受的损失。二是有义务按规定时间和数量支付运费和其他费用。

9)承运人赔偿责任限额(Limit of Liability)

规定了承运人对货物的灭失或损坏所负的赔偿最高限额。如中远提单第12条规定:当承运人对货物的灭失或损坏负赔偿责任时,赔偿金额参照货方的净货价加运费及已付的保险费计算。同时还规定:尽管有本提单第3条规定承运人对货物灭失或损坏的赔偿责任应限制在每件或每计费单位不超过人民币700元,但承运人接受货物前托运人以书面申报的货价高于此限额,而又已填入本提单并按规定支付了额外运费者除外。《海商法》第56条规定,每件或每单位为666.67计算单位,或按货物毛量计算,每千克为2计算单位,以高者为准。《海牙规则》、《修改统一提单若干法律规定的国际公约议定书》(即《维斯比规则》)及《汉堡规则》对此都有规定。

10）危险品、违禁品条款（Dangerous，Contraband Cargo Clause）

规定托运人对危险品性质必须正确申报并标明危险品标志和标签，承运人为船货安全在必要时有权采取销毁或抛海等任何措施，使之无害而不负赔偿责任；违禁品一经查出，承运人有权处置而不负任何赔偿责任。

11）舱面货条款（Deck Cargo）

规定舱面货、活动物的灭失或损坏，承运人概不负责，由托运人或收货人承担风险。

12）冷藏货条款（Refrigerated Cargo Clause）

托运人必须申报冷藏货物的性质和需要的温度，否则对货物的损坏，承运人概不负责。

13）驳船费条款（Lighter Clause）

规定在装货港或卸货港或港口外的任何驳船费均由货方负担。

14）装货、卸货和交货条款（Loading，Discharging and Delivery Clause）

无论港口习惯是否与此相反，货方都应以船舶所能装卸的速度尽快地、不间断地昼夜供货和提货，星期日和节假日也包括在内。货方违反本条款所引起的一切损失或损坏，包括滞期费应负担赔偿责任。

承运人可以不事先通知就开始卸货，如受货人不能及时将货物迅速从船边提走或拒绝提货，或发现无人认领货物，承运人有权将货物卸在岸上或其他适当场所，而由货方负担全部风险和费用，承运人应认为已经履行其交付货的责任。

如果在一合理时间内无人认领货物或货物将变质、腐烂或失去价值，承运人可按其留置权自行予以变卖、抛弃或处置该货物而不负担任何责任，全部风险和费用由货方负担。上述各项，中远提单第8条、外运提单第12条均有载明。

15）留置权条款（Lien Clause）

规定承运人对应收未收的运费、空舱费、滞期费以及其他费用可将货物或任何单证行使留置权，并有权出售或处理货物以抵偿应收款项。如果出售这些货物所得款项不足以抵偿应收款项和引起的费用，承运人有权向货方（或托运人）收取其差额。

16）共同海损条款（General Average Clause）

规定在何地，按照什么规则理算共同海损。国际上一般采用《约克-安特卫普理算规则》（York-Antwerp Rules）规则，中远和外运提单均规定按照《1975年北京理算规则》理算。

总观提单各种条款，可分为两大类：一类属于强制性条款，其内容绝对不能违反有关国家海商法、国际有关公约或港口惯例的规定，如违反或不符合法令，则规定的条款无效；另一类则属于任意性条款，即法令、法规、公约允许承运人自行拟定的条款。

五、电子提单

随着科学技术的发展，计算机及网络运用的普及，一种新颖的电子提单应运而生。国际运输领域已开始利用现代化的计算机技术，通过电子数据交换（Electronic Data Interchange，EDI）系统，来实现运输途中货物支配权的转移。电子提单具有传统提单无可比拟的优点，这对国际货物运输，甚至对整个国际贸易领域都是一场深刻的革命。

1. 电子提单的定义

电子提单是一种利用 EDI 系统对海运途中的货物支配权进行转让的程序。EDI 系统是利用计算机联网设施，使用专用密码进行信息交换，通告货物支配权转移的一种特殊通信工程。电子提单这种特定的程序具有以下 3 个特点：

（1）卖方、发货人、银行、买方和收货人均以承运人（或船舶）为中心，通过专有计算机密码通告运输途中货物支配权的转移时间和对象。

（2）在完成货物的运输过程中，通常情况下不出现任何书面文件。

（3）收货人提货，只要出示有效证件证明身份，由船舶代理验明即可。

2. 电子提单的优点

与传统的书面提单相比，电子提单转移是利用 EDI 系统根据特定密码使用计算机进行的，而传统的书面提单只是一张提货凭证，对货物权利的转移是通过提单持有人的背书而实现的。因此电子提单具有许多传统提单无法比拟的优点：

（1）可快速、高效、准确地实现货物支配权的转移。依照国际海事组织第 34 届大会通过的《电子提单规则》，通过电子数据交换系统，按照标准化的格式就可以将信息由网络快速、高效地传递到所要接收的地方。电子数据交换系统是一种高度现代化的通讯方式，可以利用计算机操纵、监督运输活动，达到快速、高效、准确地实现货物支配权的转移。

（2）方便收货人提货。当海上运输航程较短时，因为邮寄或其他原因往往会出现货到但提单尚未寄到的现象，从而耽误收货人提货。而电子提单和海运单在对待收货人的态度上是一致的，它的出现方便了海运单的使用，从而避免了传统的货到而提单未到现象的发生。

（3）安全系数高。由于承运人可以通过对电子提单设置密码，并且可以监控电子提单，所以可以在很大程度上防止别有用心的人利用涂改提单欺骗收货人和银行；托运人、银行、甚至收货人均可以监视承运人行踪，避免船舶失踪；而且只有当收货人付款之后，承运人才允许银行予以结算，通告货物支配权的转移，承运人可准确地将货交给付款人，真正做到货银两迄，避免发生货款收不到、货物被冒领、被误交情况的发生。可见，整个操作过程具有高度的保密性，能大大减少提单欺诈案件的发生。

3. 电子提单的程序规则

电子提单有一套自身特定的程序规则，共有 6 款：

（1）在不与本规则冲突的情况下，1987 年《电子传输贸易数据交换行动统一规则》将指导本规则当事方的行为。

（2）本规则下的电子数据交换应符合联合国行政、商业、运输电子数据交换规则的有关标准。但是，当事方所使用为所有用户接受的任何其他商业数据交换方法不在此列。

（3）除另有协议外，运输合同的文件格式应符合联合国编排的图例、图表或与此相仿的国内提单标准。

（4）除另有协议外，一项运输的接收人除非在其接收后发回确认，否则无权根据该传输内容行事。

（5）因当事方之间发生由于实际传送数据所引起的争议时，可利用电子监督系统证实接收的数据。有关争议数据以外的、涉及其他交易的数据应视为贸易机密。由于作为电子监督系统检查的一部分而不可避免地暴露非争议数据，当事方应信守机密，并不向外界披露或挪作他用。

（6）任何货物所有权的转让都应视为私有情报，不应向与该货物运输和结关无关的任何其他地方披露。如果海上货物运输协议以电子提单的方式签约就必须按照电子提单的程序规则进行操作。任何一方如果违反该程序中的有关规定，将对产生的不良后果负法律责任。

4. 电子提单的操作过程

假设卖方与买方签订了一个 CIF 买卖合同。买方通过开证行开给卖方信用证。买方根据银行通知按合同规定付款。在目的港，买方向承运人请求交货，承运人履行交货义务。根据 EDI 系统，上述合同的履行过程为：

（1）卖方向承运人订舱，承运人确认。确认时应包括双方都同意的条款。

（2）卖方提供货物的详细说明，承运人确认是否承运该批货物。卖方同时向承运人指明结算银行。

（3）卖方将货物交给承运人，承运人向卖方发送一个收到该批货物，但同时可做某些保留的电信。此时，在法律上仍由卖方控制着这批货物。在电信上，承运人给卖方一个密码，卖方在此后与承运人的电信往来中可用此密码，以保证电信的鉴定和完整。

（4）承运人将货物装船后通知卖方，同时通知银行。

（5）卖方凭信用证即可取款，货物支配权由卖方转移到银行；卖方通知承运人货物权利的转移，承运人即销毁与卖方之间通讯的密码，并向银行确认；银行则从承运人那里得到一个新的密码。此时，卖方的责任在法律上并未终止，因为他提供的有关货物数据的正确性在整个运输过程中对所有有关方都必须负责。

（6）卖方告诉银行，谁是买主。

（7）买方支付货款并获得货物支配权后，银行则通知承运人货物权利的转移。承运人即销毁与银行之间的密码，向买方确认其控制着货物，并给买方一个新的密码。一般情况下，谁持有密码，谁就具有货物的支配权。但密码与支配权是完全不同的概念，货物的支配权不是根据密码的转移而转移的。密码不能转移，它具有独立、专有和不可转移 3 个特点。独立是指它应与众不同；专有即应视之为专利；而不可转移意指其保密性。货物支配权的转移是以密码鉴定的通知来实施的。

（8）船舶抵目的港后，承运人通知买方。买方有义务指定一个收货人，否则在法律上买方即被视为收货人（"在法律上"是指根据 EDI 系统实践中总结出的一般惯例或章程，或按《电子提单规则》办事）。

（9）收货人实际接收货物后通知承运人，买方对货物的支配权终止（买方有时自己就是收货人）。此时，承运人销毁与买方之间的密码。

第四节 海运进出口货物运输业务

一、进口货物运输业务

海运进口业务，指根据贸易合同中有关运输条件，把向国外的订货加以组织，通过海运方式运进国内的一种业务。这种业务取决于价格条件。如果是 CIF 或 CFR 条件，则由国外卖方办理租船订舱工作；如果是 FOB 条件，则由买方办理租船订舱工作，派船前往国外港口接运。这是一项复杂的运输组织工作，下面以 FOB 条件下的海运进口货物运输工作所包括的环节作简要介绍。

1. 租船订舱

按照贸易合同的规定，负责货物运输的一方，要根据货物的性质和数量来决定租船或订舱。大宗货物需要整船装运的，洽租适当船舶承运；小批量的杂货，大多向班轮公司订舱。不论租船或订舱，均需办理租船或订舱手续。除个别情况外，一般均委托代理来办理。

2. 掌握船舶动态

掌握进口货物船舶动态，对装卸港的工作安排，尤其对卸货港的卸船工作安排极为重要。船舶动态主要包括船名、船籍、船舶性质、装卸港顺序、预抵港日期、船舶吃水和该船所载货物的名称数量等方面的信息。船舶动态信息来源可获自各船公司提供的船期表、国外发货人寄来的装船通知、单证资料、发货电报以及有关单位编制的进口船舶动态资料等。

3. 收集和整理单证

进口货物运输单证一般包括商务单证和船务单证两大类。商务单证有贸易合同正本或副本、发票、提单、装箱单、品质证明书和保险单等。船务单证主要有载货清单、货物积载图、租船合同或提单副本。如程租船，还应有装卸准备就绪通知书（Notice of Readiness）、装货事实记录（Loading Statement of Facts）、装卸货物时间表（Time Sheet）等，以便计算滞期费、速遣费。

单证多由装货港口的代理和港口轮船代理公司、银行、国外发货人提供。近洋航线的单证也可由进口船舶携带而来。进口货物的各种单证是港口进行卸货、报关、报验、接交和疏运等项工作时不可缺少的资料，因此负责运输的部门收到单证后，应以此与进口合同进行核对。若份数不够，要及时复制，分发有关单位，以便船只到港后，各单位相互配合，共同做好接卸疏运等工作。

4. 报　关

进口货物需向海关报关，填制《进口货物报关单》。报关单的内容主要有船名、贸易国别、货名、标记、件数、重量、金额、经营单位、运杂费和保险费等项，货主凭报关单、发票、品质证明书等单证向海关申报进口。办理报关的进口货物，经海关查验放行，交纳进口关税后，方可提运。根据《中华人民共和国海关法》第 18 条规定，进口货物应当自运输工具申报进境之日起 14 日内向海关申报。超过上述规定期限未向海关申报的，由海关征收滞纳金。非贸易进口货物的货主，需填制《免领许可证进口物品验放凭证》，连同有关证件，向海关申报查验放行。凡不在港口查验放行的贸易货物的货主，需填制《国外货物转运准单》，向港口海关申报，经海关同意并监管运至目的地，由目的地海关查验放行。对国外免费赠送的样品，需填制《进口非贸易样品申报单》，附发票一份，向海关申报。如系使领馆物品，则凭使领馆或有关单位证明文件向海关申报。

5. 报 验

进口货物按《中华人民共和国商检法》的规定，必须向商检局申请办理检验、鉴定手续，查验进口商品是否符合我国规定或订货合同的有关规定，以保护买方利益。报验进口货物需填写《进口商品检验申请单》，同时需提供订货合同、发票、提单、装箱单、理货清单、磅码单、质保书、说明书、验收单、到货通知单等资料。凡列入《商检机构实施检验的商品种类表》（以下简称《种类表》）的进口商品，需接受法定检验。但表内所列商品如属援助物资、礼品、样品及其他非贸易物品，一般可免予检验。

对列入《种类表》的进口商品，商检机构接受报验后，在《进口货物报关单》上加盖印章，海关据以验放。对未列入《种类表》内的进口商品，收货或用货部门应向所在地区商检机构申报后自行检验，在索赔有效期内将检验结果报告商检机构。如检验不合格需要提出索赔，应及时申请商检机构复检出证。在法定检验商品之外，对外贸易关系人还可申请商检机构对进口货物进行各项检验、鉴定工作，此为公证鉴定。公证鉴定的货物范围广、项目多。但它不是强制性的，对外贸易关系人可根据需要而自行申请。进口货物的质量检验、重量和数量的鉴定、货载吨位衡量、残损鉴定等最为常见。

如进口的是危险品，应在船舶到港前向港口、航运、铁路等部门提供《进口危险货物技术说明书》，其中品名与危规号必须正确无误。对尚未列入我国危险品货物品名表的进口货，订货单位或用货部门应提供详细的中文资料，说明货物的化学性质、消防和急救方法以及装卸搬运过程中应注意的事项，以便安排接、卸、运工作。

6. 监卸和交接

一般由船方申请理货，负责把进口货物按提单、标记点清件数，验看包装情况，分批拨交收货人。监卸人员一般是收货人的代表，履行现场装卸任务。监卸人员要与理货人员密切配合，把好货物数量和质量关。港方卸货人员应按票卸货，严禁不正常操作和混卸。已卸存库场的货物应按提单、标记分别码垛、堆放。对船边现提货物和危险品货物，应根据卸货进度及时与车、船方面有关人员联系，做好衔接工作，防止因卸货与拨运工作脱节而产生等车卸货或车到等工的现象，对于超限货物或集重货物应事先提供正确尺码和重量，以便准备接运车驳，加速疏运进度。对重点货物，如规格复杂的各种钢材、机械、零配件等，要有专人负责，以防错乱。货物从大船卸毕后，要检查有无漏卸情况，在卸货中如发现短损，应及时向船方或港方办理有效签证，并共同做好验残工作。

7. 进口代运

为了解决用货部门在到货港口无机构和人员的困难，并使进口货物能及时到达港口，保证港口畅通，防止出现压港、压船、压货现象，各港口接卸单位可接受用货部门的委托，代为办理进口货物到达国内港口后的国内转运业务，这称为代运工作。

代运进口货物如包装完整、外表无异状、件数相符，一般不在港口办理申请检验手续。如发现代运进口货物短少、残损或外表有异状，接卸单位除应在港口取得有关证件并做好残损记录外，还应由收货人按有关责任人的不同情况分别处理。货到目的地后，收货人应与承运人办理交接手续。如发现货物不符或有残损、短少时，应取得承运部门的商务记录或普通记录，直接向承运部门或责任方索赔。

8. 保　险

若系我方以 FOB 或 CFR 条件成交的进口货物，由买方办理保险。买方负责进口的单位在收到发货人装船通知后应立即办理投保手续。目前为简化手续和防止发生漏保现象，一般采用预约保险办法，由买方与保险公司签订进口货物预约保险合同。

二、出口货物运输业务

凡以 CIF 和 CFR 条件签订的出口合同，皆由卖方安排运输。卖方须根据买卖合同中规定的交货期安排运输工作。如凭信用证方式结汇的，卖方须等收到信用证后方可安排运输。

1. 审核信用证中的装运条款

出口单位在收到信用证以后，要对其进行严格审核，如发现信用证中的有关条款与贸易合同内容不符，应及时要求进口方修改信用证。审核信用证中的装运条款，要重点审核装运期、装运港、目的港、结汇日期、转船和分批装运等，要根据货物出运前的实际情况，决定对信用证中的有关运输条款是否接受、修改或拒绝。

2. 备货、报验和领证

出口方收到信用证后，要按信用证上规定的交货期及时备好出口货物，并按合同及信用证的要求对货物进行包装、刷唛。对需经检验机构检验出证的出口货物，在货物备齐后，应向商检机构申请检验，取得合格的检验证书。

3. 租船和订舱

履行以 CIF 和 CFR 价格条件对外成交的出口贸易合同，由卖方派船装运出口货物。卖方要按照合同或信用证规定的交货期（或装运期），办理租船、订舱手续。对出口数量多、需要整船装运的大宗货物，应洽租适当的船舶装运；对成交批量不大的件杂货，则应洽订班轮舱位。租整船运输出口货物，一般是委托租船经纪人在国际租船市场上洽租所需船舶。在我国，一般委托中国对外贸易运输（集团）总公司所属的中国租船公司来办理租船业务。洽订班轮舱位，则向船公司或其代理人提出订舱委托单，经船公司同意后，向托运人签发装货单，运输合同即告成立。

4. 出口货物集中港区

洽妥船舶或舱位后，货方应在规定的时间内将符合装船条件的出口货物发运到港区内指定的仓库或货场，以待装船。向港区集中时，应按照卸货港口的先后和货物积载顺序发货，以便按先后次序装船。处理大宗出口货物可联系港区提前发货。对可以直接装船的货物，按照装船时间将货物直接送至港区船边现装，以简化进出仓的手续，节省费用。对需特殊运输工具、起重设备和舱位的特殊商品，如危险品、重大件、冷冻货或鲜活商品、散油等，应事先联系安排好调运、接卸和装船作业。发货前要按票核对货物品名、数量、标记、配载船名、装货单号等各项内容，做到单、货相符和船、货相符。同时还要注意发货质量，如发现货物外包装有破损现象，发货单位要负责修理或调换。

5. 出口报关和装船

货物集中港区后，发货单位必须备妥出口货物报关单、发票、装货单、装箱单（或磅码单）、商检证（如商检局来不及出证时，可由商检局在报关单上加盖合格单）及其他有关单证向海关申报出口。经海关人员对货物查验合格后，在装货单上加盖放行章方可装船。如果海关发现货物不符合出口要求，则不予放行，直到符合要求为止。海关查验放行后，发货单位（包括外运分公司和各进出口分公司）应与港务部门和理货人员联系，做好装船前的准备和交接工作。发货单位的现场工作人员应严格按照港口的规章与港方办妥交接手续，做好现场记录，以便划清船、港、货三方面的责任。在办理交接过程中，如货物数量短少或包装破损、污染等，应由发货单位补齐、换货、修理或更换包装。装船过程中，发货单位应派人进行监装，随时掌握装船情况和处理装船过程中所发生的问题。对舱容紧、配货多的船只，应联系港方和船方配合，合理装载以充分利用舱容，防止货物被退关。如舱位确实不足，应安排快到期的急运的货物优先装船；对必须退关的货物，应及时联系有关单位设法处理。监装人员对一级危险品、重大件、贵重品、特种商品和驳船来货的船边接卸、直装工作，要随时掌握情况，防止接卸和装船脱节。对装船过程中发生的货损，应取得责任方的签证，并联系原发货单位做好货物调换和包装修整工作。

6. 装船通知和投保

如果合同规定需要在装船时发出装船通知，由国外收货人自办保险，发货人应及时发出装船通知。如因发货人延迟或没有发出装船通知，致使收货人不能及时或没有投保而造成损失，发货人应承担责任。如由发货人负责投保，一般应在船舶配妥后即予投保。

7. 支付运费

船公司为正确核收运费，在出口货物集中港区仓库或库场后申请商检机构对其进行衡量。对需要预付运费的出口货物，船公司或其代理人必须在收取运费后签给托运人运费预付的提单。如属到付运费货物，则在提单上注明运费到付，其运费由船公司卸港代理在收货人提货前向收货人收取。

第五节 索 赔

海运索赔是指货主对因货运事故造成的损失向承运人提出赔偿要求的法律行为。经海上运输的货物，经常会发生货损货差现象。当收货人发现承运人交付给他的货物在数量或品质方面与托运人托运时情况不符时，收货人会因自己利益受损而提出索赔要求。索赔与理赔是一项政策性强、涉及面广的重要工作，直接影响国家的信誉和企业的利益。应当根据国家的有关政策，按照运输合同和国际惯例，认真做好调查研究，正确处理索赔工作。

一、索赔依据

向承运人索赔的主要依据是租船合同和海运提单，它们是海上货运中的运输合同，前者决定了租船人与船东之间的法律关系，后者决定了收货人与承运人之间的法律关系。在班轮运输中，虽然各船公司的提单形式不一，条款多少不等，但一般均参照《海牙规则》的条款来拟定。在租船运输中，原则上是按照租船合同条款来处理索赔工作，但一般仍不背离《海牙规则》的基本精神。

索赔时除了需要有租船合同和海运提单外，还必须要提出能够证明货运事故的原因、种类、损失规模以及能区分责任的货运单据、检验证书、商业票据和有关记录等。主要的索赔单据有：

（1）索赔函。它是向对方提出索赔的文件。

（2）索赔清单（Statement of Claims）。它是索赔人向承运人要求赔偿的书面文件。一般根据损失的程度和造成损失的原因，确定对外索赔的比例、按CIF价格计算损失金额，编制索赔清单。主要内容包括索赔人、船名、货名、装货港名称、抵港日期、提单号、残损或短卸数量、索赔日期、索赔金额及索赔理由等。

（3）提单或租船合同正本或影印件。

（4）过驳清单或卸货报告。

（5）货物溢短单和货物残损单。

（6）重理单。

（7）货物残损检验证书（Inspection Certificate of Damage & Shortage）或者商检证书。

（8）发票（Invoice）。指商业发票，发票金额是计算赔偿金额的主要依据。如果发票上是FOB价，则承运人还可向收货人索取运费及保险费收据。

（9）装箱单（Packing List）、重量单。它是用来证明保险货物原来状况的单证。

（10）修理单。

（11）施救、残损检验费清单。

（12）保险单和保险凭证等等。

此外，还有来往函电、船舶检验证书、卫生检验或动植物检验检疫证书等。提供必要的索赔单证，是索赔中一项很重要的工作。若要提出索赔，单证必须齐全且单单相符，否则就属无效举证。

二、索赔的原则

处理索赔时,应掌握以下原则:

(1)实事求是。按照事故的实际情况,分析造成事故的原因,确定损失的程度或准确数量。对应该索赔的货物,必须坚持索赔。

(2)有根有据。处理对外索赔案件,要进行深入细致的调查研究,掌握货损货差的有效证件。根据运输合同的规定,尊重有关的国际惯例,做到有根有据,这是处理货物索赔的基础。

(3)合情合理。在处理复杂案件时,根据造成损失的各种因素,合理地确定承运人应承担的责任。从有利于案件的及时解决出发,必要时可做些让步,做到合情合理。

(4)区别对待。根据我国对外的国别政策,船东的政治态度和业务上与我方合作情况,做到有理、有利、有节。对不同对象采用不同方式区别对待,处理索赔案件。

(5)讲求实效。在货物索赔中要考虑实际效果。这种效果是多方面的,既要考虑经济利益,也要考虑政治关系;既要考虑当前利益,也要考虑长远利益;力求做到既挽回或减少国家的经济损失,又有利于发展对外经济关系。

三、索赔程序

海运进出口货物通常由买方或卖方向保险公司办理运输保险。所以,货损事故发现后,货方应尽可能保留现场,保持受损货物的原来状态并立即发出损失通知,通知保险公司及有关方面派员检验,以便搜集有关证据,调查货物残损原因。对进口货物的这种检验称联合检验。在我国,收货人向保险公司发出损失通知,申请联合检验的期限,最迟不得超过保险责任终止日起10天。如因特殊原因无法按期发出损失通知进行检验的,则需向保险公司申请延期,否则被保险人可能丧失索赔权。

联合检验之后,保险公司或其代理人根据对保险货物的检验结果,签署"进口货物残损联合检验报告"。

造成货损货差事故的原因是各种各样的,托运人、承运人以及港方等都有可能是造成事故的责任方。例如,货物包装不牢,或货物本身存有缺陷,或者托运人利用保函让船方消除本应加注在提单上的关于货物不良的批注以取得清洁提单等,由此引起的损失应属托运人的责任。如果是船舶不适航或船方在管货等环节上的过失使货物造成损失,应属船方责任。此外,装卸、仓储公司等单位也可能成为货损的责任方。

如果赔偿责任既属于事故的直接责任者又属于保险人承保责任范围时,一般被保险人可向保险公司提出索赔,除非保险合同另有规定。保险公司可以按保险合同规定先予赔偿,然后从被保险人那里取得"权益转让书",并以其名义或自己的名义向责任人提出追偿。当赔偿责任在保险合同承包责任范围以外时,被保险人只能向直接责任方索赔。

四、索赔时效

一般海运提单条款引用的索赔时效按《海牙规则》的规定:诉讼时效为卸货后1年,也就是说,索赔人必须在1年内在有关法院向承运人起诉,否则就丧失了诉讼权。租船的索赔时效按租约而定。如果没有明确规定的，一般期租船运输货物的索赔期为10年，程租船为6年。向保险公司索赔的时效，在我国根据进出口公司及外运公司与中国人民保险公司签订的"海运进口货物预约保险合同"的规定为卸货后2年。但按合同所属"国内转运扩展条款"的转运期限为卸货后的60天运抵国内目的地、承运人仓库时的责任期限为到达后30天，运到收货人仓库时保险责任立即终止。此外，还有检验期限，是在各方的保险责任终止后10天，所以，虽然索赔时效定为卸货后2年，但若上述条款所规定的期限中有一项超期，就将丧失这2年的索赔时效。

另外，向港埠公司的索赔时效，按交通运输部规定自港方签署货运记录之日起180天。

五、索赔金额

索赔金额的确定牵涉到两个方面：

1. 损失金额确定的标准

关于确定损失金额的标准，《海牙规则》并未作出规定，而《维斯比规则》规定："全部赔偿额应参照该货物根据合同从船上卸载或应卸载的当地当时的价值计算，货物价值应按照商品交换价格确定，或者如无此种价格时，则按现时市场价格，或者如无商品交换价格或现时市场价格时，则按该相同种类和质量货物的正常价值确定"。在我国实际业务中，是以CIF发票价格作为确定赔偿金额的标准。若发票是FOB价格时，则以发票价格加上保险费、运费和装卸费的总额为确定损失金额的标准。

2. 承运人的责任限制

这里所指的责任限制是承运人对每件货物或每一单位货物的最高赔偿限额。各国海商法典和国际公约以及各船公司的提单条款对承运人所应负的赔偿责任限制在一定的数额下，其目的是为了减轻承运人的责任。

《海牙规则》规定承运人的责任限制是每件或每单位货物最高赔偿限额为1 130英镑，维斯比规则》规定最高赔偿金额是每件或每单位10 000金法郎或按毛重每千克30金法郎，两者中取高者为限。中国外运及中远公司提单条款规定承运人的赔偿限额为每件或每计算单位700元人民币。美国1936年海上运输法规定赔偿限额为每运输单位500美元。

案例分析

某年7月，某纺织品进出口公司（以下简称A公司）通过香港某纺织原料进出口公司向希腊某公司（以下简称B公司）购买原棉3 930.65 t，计17 869包，货价总计6 689 152美元。货物装船后，承运人（以下简称C公司）签发了清洁提单。载货船"阿加西"轮由希腊萨洛尼卡港起航，于1991年7月26日晚抵上海港。卸货过程中发现部分原棉严重水湿、霉烂，于是停卸，收货人向船方建议申请商检。27日，上海进出口商检局派员登轮查勘，发现各舱货堆外部及内部各不同部位有相当数量的棉包严重水浸、霉烂、破损、脏污。在各货舱的舱壁、舱底处仅有少量塑料薄膜衬隔铺垫，致使部分棉包散搁，沾染锈迹或泊迹。船舱内均未发现漏水痕迹。船东保赔协会也派鉴定人查勘了货损情况，最后查明：916 包原棉水湿、霉烂，估损 25%；5 158 包原棉脏污，估损 3%；62 包原棉表面锈迹，估损 3%；3 包原棉部分油迹，估损 10%；总损失率为 41%。残损鉴定认定：造成货损的原因为 ① 水湿、霉烂、破损、脏污，系在装载前遭水湿及保管、堆放不当所致，属发货人责任；② 锈迹，系货舱舱壁、舱底之隔衬、铺垫不足所致，油迹系船舱油污所致，均属承运人责任。A 公司立即向当地海事法院申请诉前扣船。A 公司向当地海事法院申请诉前扣船，要求 C 公司提供担保，船东保赔协会提供了 138 万美元担保后，海事法院解扣。A 公司遂向 C 公司索赔。海事法院经过调查取证，认定该案中 C 公司在货物装船后签发的清洁提单有效，根据《海商法》的规定，签发了清洁提单的 C 公司应该对货物的损失负全部责任，并承担相关诉讼费用。

分析： 本案包含两层法律关系：一是收货人与发货人之间的国际货物买卖合同关系；另一层是收货人与承运人之间依提单所确定的国际货物运输合同关系。根据双方鉴定结果，有部分湿损和污损是装载前既已存在，属于发货人的责任；部分锈损和油损是承运人积载不当所致，属于承运人的责任。那么，作为本案的原告，应依据哪一个法律关系，如何选择诉讼对象才能获得全部赔偿，则成为一个十分关键的问题。

首先，如果选择发货人，也即买卖合同的卖方作为被告索赔，这时就需要依据双方的买卖合同确定卖方应向买方承担的违约责任。根据《联合国国际货物销售合同公约》第 35 条第 1 款的规定：“卖方交付的货物必须与合同所规定的数量、质量和规格相符，并须按照合同所规定的方式装箱或包装。如果一方违约，受损害一方可以请求损害赔偿。”公约第 74 条规定：“一方当事人违反合同应承运的损害赔偿额，应与另一方当事人因他违反合同而遭受的包括利润在内的损失额相等。这种损害赔偿不得超过违反合同一方在订立合同时，依照他当时已知道或理应预料到的可能的损失。”也就是说，买方可以获得由于卖方的违约行为造成的那部分货损的损害赔偿，但由承运人的过错另外造成的损失，因不在卖方订立合同中的合理预见范围内而不能获得赔偿。

本案中，尽管商检鉴定水湿、霉烂、脏污系发货人的责任，而且货舱内没有漏水的痕迹，可以排除是运输途中遭水湿的可能。但是发货人可以以承运人签发了清洁提单作为有力的抗辩，而且发货人是希腊的法人，在中国亦没有可供扣押的财产，若在中国起诉，判决难以在外国得到执行；此外，若在希腊起诉，程序上又会有诸多不便，费用也将大增。因此，选择卖方作为被告无论从实体上还是从程序上都将面临许多问题。反之，如果选择承运人作为被告，此时原告与承运人之间的权利义务关系就应适用提单——运输合同的规定。本案尽管大部分货损是发货人的责任，但承运人也因签发清洁提单而使其丧失了对收货人的抗辩权。根据《海商法》第 77 条的规定：“承运人或者代其签发提单的人签发的提单，是承运人已经按照提单所载状况收到货物或者货物已经装船的初步证据；承运人向善意受让提单的包括收货人在内的第三人提出的与提单所载状况不同的证据，不予承认。”因此，尽管进出口商检局出具的检验报告对承运人有利，但仍无法据此对抗收费人。另外，从程序角度出发，原告已申请当地海事法院扣押了"阿加西"轮并已取得了 138 万美元的担保；如选择承运人作为被告，也方便日后判决得以执行。

思考题

1. 何谓班轮运输？它有哪些特点？
2. 简述班轮运价的特点、种类及其形式。
3. 何谓租船运输？它有哪些特点和作用？
4. 国际租船合同范本有哪些种类？
5. 提单具有哪些性质？提单是如何分类的？应如何理解？
6. 电子提单有何优越性？简述电子提单的具体操作过程。
7. 海运出口运输业务中审核信用证条款时应注意哪些问题？
8. 简述出口运输业务中需要的各种单证的作用。
9. 简述处理对外索赔案件时应掌握的原则。
10. 出口茶叶，每箱重 25 kg，每箱尺码为 0.075 m^3，共 100 箱，商品等级为 8 级（M），基本费率为 USD80/运费吨，另加燃油附加费为 15%，计算总运费。

第六章　国际铁路货物运输

学习目标

掌握国际铁路货物联运的含义及特点。
了解国际铁路运输的有关规章及基本业务流程。
熟悉国际铁路货物联运的有关单证。
掌握国际铁路货物联运运单的制作以及运费的计算。

铁路运输在我国对外贸易中起着重要的作用。无论是出口或是进口货物，一般都要通过铁路运输这一重要环节，如果仅以进出口货运量计算，铁路运输则仅次于海运而位居第二，在我国对外贸易运输中占有举足轻重的地位。铁路货物运输作为对外贸易运输的重要运输方式，主要以国际铁路货物联运作为其表现形式。

第一节　国际铁路货物联运概述

一、国际铁路货物联运的概念及特点

1. 国际铁路货物联运的概念

凡在两个或两个以上国家铁路的货物运送中，使用一份运送票据，以连带责任办理货物的全程运送，并且在由一国铁路向另一国铁路移交货物时，无需发货人、收货人参加，这种运输方式称为国际铁路货物联运，简称"国际联运"。

2. 国际铁路货物联运的特点

1）货物必须由两个及以上的国家铁路参加运送

国际联运是涉及多个国家铁路运输的一种国际联合运输形式，由于货物在运送中要顾及各参加国铁路的设备条件、运送组织方式和相关的法律制度，从而也决定了该项业务的复杂性，特别是有关国际联运的规章条款既多又复杂，在办理国际联运时，其运输票据、货物、车辆及有关单证都必须符合有关规定和一些国家的正当要求。

2）使用一份铁路联运票据完成货物的跨国运输

在国际联运中，参加联运国铁路作为统一的承运人，使用一份运输票据，为发货人或收货人负责办理从一国铁路向另一国铁路货物移交，其交接工作属于联运国铁路之间的内部作业而无需发货人或收货人参加。

3）在运输责任方面采用统一责任制

自铁路承运货物起到交付货物或到达某一转发站时止的全部运送过程，如果联运货物发生货运事故，无论事故发生在哪一个参加联运国铁路区段，均按联运国铁路共同签署的国际统一公约或协定、协议对发货人或收货人负责。

4）仅使用铁路一种运输方式

国际铁路货物联运不涉及其他运输方式的参与，因而在具备铁路运输一般特点的基础上，该种运输形式在国际运输的连贯性、持续性等方面有其特有的优势，货物甚至可以不经换装就实现长距离的陆上跨国运输而运抵目的地。

二、国际铁路货物联运的概况

1. 国际联运的发展概况

1)《国际铁路货物运送公约》的产生

《国际铁路货物运送公约》是欧洲各国政府批准的有关国际铁路货物联运的规章、制度和组织机构的公约。

随着国际贸易的发展，国际间的货物交易日益增多，货物运输业务范围扩大到国外，要通过几个国家或地区，承运人要面临许多复杂问题如海关检查和关税等，而且涉及面广，头绪繁多，承运人或货主不可能处理每一项业务，因此许多业务需要委托代理人办理。这样的状况，给国际间的铁路货物运输带来诸多不便。

为了解决上述问题，19世纪后半期，欧洲各国之间开办了国际铁路货物联运，但在统一各国铁路办理联运条件方面尚不够完备。1890年欧洲各国代表在瑞士首都伯尔尼举行会议，制定了《国际铁路货物运送规则》，即《伯尔尼公约》。该公约经各国政府批准后，于1893年1月1日起实行，1934年在伯尔尼会议上对该公约又重新修订，改称为《国际铁路货物运送公约》，简称《国际货约》，于1938年10月1日开始实行。当时参加《国际货约》的国家有南斯拉夫、奥地利、瑞士、德国、法国、意大利、比利时、荷兰、西班牙、葡萄牙、芬兰、瑞典、挪威、丹麦、土耳其、希腊、卢森堡、英国、保加利亚、匈牙利、罗马尼亚、波兰、捷克斯洛伐克。

《伯尔尼公约》在第一次世界大战和第二次世界大战期间两度中断实行，战后恢复实行以后又屡经修改，同时参加该公约的国家也越来越多，已发展到30多个国家，在国际铁路货物联运方面的影响也越来越大。

2)《国际铁路货物联运协定》的出现

《国际铁路货物联运协定》是关于铁路货物联运范围和运输条件的协定，是国际铁路合作组织的主要协定之一。

1951年苏联倡议召开了有8国部长参加的会议，对国际间铁路货物联运问题进行了研究讨论。会议起草并通过了《国际铁路货物联运协定》和《国际铁路旅客联运协定》，分别简称《国际货协》和《国际客协》。当时的8个成员国分别是苏联、阿尔巴尼亚、保加利亚、匈牙利、德意志民主共和国、波兰、罗马尼亚和捷克斯洛伐克。其中，德意志民主共和国、保加利亚、匈牙利、罗马尼亚、捷克斯洛伐克既是《国际货协》的参加国又是《国际货约》的参加国。

1954年1月我国参加了《国际货协》和《国际客协》，开办了国际间的货客联运，接着朝鲜、越南和蒙古也陆续开办了国际货客联运业务。

《国际货协》参加国为保证协定的执行和处理日常业务，在波兰华沙设立了中央机关"中央事务室"，由波兰铁路代表担任主席，下设11个专门委员会。货协参加（新增）国每两年召开一次代表大会，解决执行协议中发生的有关问题。1957年9月1日起，协定的有关事务改由铁路合作组织委员会处理。该委员会按专业下设的第二、第三、第四专门会议掌管货协的铁路货物联运事务。直到1990年10月，由于德国的统一，民主德国终止参加《国际货协》。后随着东欧形势的变化，匈牙利、捷克和罗马尼亚又先后退出该协定。在苏联解体后成立的15个国家中，除亚美尼亚外的14个国家依然是《国际货协》的成员国，1997年伊朗又参加。到目前为止，《国际货协》的参加国有22个。

2. 国际铁路组织

1）铁路合作组织

铁路合作组织成立于1956年，是由阿尔巴尼亚、保加利亚、匈牙利、越南、民主德国、中国、朝鲜、古巴、蒙古、波兰、罗马尼亚、苏联、捷克斯洛伐克等13个国家的铁路机构组成的合作组织，简称"铁组"，原为政府间组织，现为政府/企业混合型组织。

"铁组"的执行机关是各国铁道机构委派代表所组成的铁路合作组织委员会，会址设在华沙。该组织的宗旨是促进各成员国发展铁路运输、汽车运输和公路方面的国际联运和科学技术合作。

2）国际铁路联盟

国际铁路联盟是欧洲一些国家的铁路机构以及其他洲的铁路机构和有关组织参加的政府性铁路联合组织，简称"铁盟"。

"铁盟"成立于1922年12月1日，总部设在巴黎。成立时有27个国家的46个铁路机构参加。我国铁路在1979年6月在"铁盟"内恢复活动。"铁盟"的宗旨是推动国际铁路运输的发展，促进国际合作，改进铁路技术装备和运营方法，开展有关问题的科学研究，实现铁路建筑物、设备技术标准的统一。"铁盟"的领导机构是全体成员的铁路代表大会，每年召开一次。它下设机构有计划、运输、财务、运营、机车车辆、线路设备、经济问题、物资供应、人事、法律问题等10个专门委员会。可以根据一定的问题组成工作小组或临时委员会，主要解决成员铁路机构向"铁盟"提出的问题。此外，还设有试验研究所、公共关系中心、所得权取得中心、国际铁路文献资料局、中央清算局、统计局等专业机构及专题组。

3. 我国开展国际铁路货物联运概况

我国正式参加国际铁路联运是在新中国成立之后。新中国成立初期，我国对外政治、经济和文化交往的范围主要局限于一些社会主义国家，比如同苏联一年的贸易额甚至达20多亿美元，同东欧国家的贸易额也很大，占我国国际贸易的主导地位。当时我国的公路和航空运输比较落后，由于西方国家的经济封锁，海上运输亦不能开展，只能依靠铁路运输。随着货运量不断增加，迫切需要进行国际货物联运，因此，国际铁路货物联运是我国新中国成立初期进出口货物的主要运输方式。

1951年3月，我国与苏联签订了中苏联运协定。1952年，中、苏、蒙开通了三国铁路货物联运。1953—1955年，通过蒙古乌兰巴托的110 km铁路建成，我国开办了中、蒙、苏货物联运，开始从二连浩特这一国境站进出口。1954年4月1日中国与朝鲜开办了中朝铁路货物联运。1955年8月1日中越签订协定，开办铁路货物联运，1978年12月中越两国铁路货物联运中断。

1953年7月，在莫斯科召开的《国际客协》与《国际货协》参加者代表大会上，中国、朝鲜与蒙古铁路派代表参加，三国铁路自1954年1月1日起实行上述协定，中苏、中朝、中蒙邻国货物联运协定同时废止。

1955年7月在柏林召开的《国际客协》和《国际货协》参加者代表大会上越南派代表参加。1956年6月1日起，越南铁路也实行了《国际货协》，中越铁路联运协定同时废止。至此我国与12个欧亚国家的铁路进行了国际铁路货物联运。

20世纪80年代后，欧亚国家间开展的国际联运发生了较大的变化，我国的进出口国际联运运量上升较快，贸易货物品类也日益多样化。但随着苏联的解体和东欧一些国家的政治变革，维系了多年的亚欧国际铁路联运面临严峻的形势，一部分国家相继退出了《国际货协》等有关国际联运协定或协约。为适应新的形势，我国与俄罗斯、哈萨克斯坦等国家签署了一系列有关国际联运方面的协议，以保证我国的国际铁路联运可以正常进行。

三、我国办理国际铁路货物联运适用的规章

国际铁路货物联运适用的规章很多，有的规章仅适用于铁路部门，有的规章对铁路、发货人、收货人都适用。这里仅将在办理国际铁路货物联运时铁路和发货人、收货人均须遵守的规章和文件概述如下：

1. 《国际铁路货物联运协定》

《国际铁路货物联运协定》是参加的各国铁路和发货人、收货人在办理铁路货物联运时都必须遵守的基本文件。《国际货协》对运输合同的缔结，运输合同的履行和变更，铁路的责任，发货人、收货人的权利与义务等事项均做了规定。《国际货协》的主要内容有以下几方面：

1）协定的适用

该协定共8章40个条款，第1章为总则，规定了协定的适用范围，即适用于各缔约国之间的铁路货物运送，与铁路货物运送有关的铁路、发货人、收货人在办理国际铁路货物运送时必须遵守该协定规定的各项条件。

2）运输合同的订立与变更

第2~4章对铁路货物运送合同的订立、变更做出规定。

关于运输合同的订立，该协定规定，运单就是国际铁路货物联运的运输合同。按照协定的第6、7条规定，发货人在托运货物时，应对每批货物按照规定的格式填写运单和运单副本，由发货人签字后交始发站。发货人向铁路提交全部货物和付清一切费用后，始发站在运单及

其副本上加盖始发站的日期戳记，就证明运输合同已经成立并开始生效。运单随同货物从始发站附送至终点站，由终点站交给收货人。

运单的功能除了作为运输合同之外，还是铁路在终点站向收货人核收有关费用和交付货物的依据。与海运提单不同，铁路运单不是物权凭证，不可以流通转让，但是按照我国同参加《国际货协》各国所签订的贸易发货共同条件的规定，铁路运单的副本是卖方通过银行向买方结汇的单证。

关于合同的变更，该协定第19条规定，发货人和收货人都有权对运输合同做必要的变更，但是发货人或者收货人都只能各自变更一次，而且不允许将同一批货物分开办理。铁路在遇到无法执行的情况下也可以拒绝变更申请。

3）铁路承运人的责任

根据《国际货协》第21条规定：承担铁路货物联运的铁路，应当对货物负连带的责任，即铁路应当负责完成货物的全部运输。如果货物是在协定缔约国一方境内发货，铁路的责任从发货站接收货物时起直至到站交货时止；如果是向非协定缔约国发运，则按照另一国际铁路货物运输公约，到办完手续时为止；其中每一个续运铁路，自接收附有运单的货物时起，即作为参加这项运输合同的当事人，承担承运人的运输义务。

铁路应当从承运货物时起，直至到站交付货物时止，对货物运输逾期以及因货物全部灭失或毁损所发生的损失负责。同时，铁路还应对因自己的过失造成运单内所记载的附添文件遗失的后果负责。铁路也需对由于自己的过失未能执行货方合理的变更运输合同的请求所产生的后果负责。

4）铁路的免责事项

根据《国际货协》第22条规定，铁路对由于下列原因造成的货物损失免除责任。

（1）铁路不能预防和不能消除的情况。

（2）货物的特殊自然属性引起的自燃、损坏、生锈、内部腐烂或类似的后果。

（3）发货人或收货人的过失，或由于其要求造成的。

（4）发货人或收货人负责装车或卸车。

（5）经发送路规章的许可，使用敞车类货车运送货物。

（6）发货人或收货人的货物押运人未采取保证货物完整的必要措施。

（7）承运时无法发现的容器或包装的缺陷造成的。

（8）发货人用不正确的、不确切的或不完全的名称托运违禁品造成的。

（9）发货人未按本协定规定办理特定条件货物托运造成的。

（10）货物的正常损耗。

此外，铁路对下列原因造成的货物逾期到达免除责任：

（1）发生雪（沙）害、水灾、崩陷和其他自然灾害，按照有关国家铁路中央机关的指示，期限在15天以内。

（2）因按照有关国家政府的指令，发生其他行车中断或限制，以政府规定的时间为准。

5）货方的义务

根据《国际货协》有关规定，货方的合同义务主要有：

（1）正确申报货物。

发货人应当保证在运单中正确申报货物、正确填写运单中的声明事项，尤其是托运危险物品时。否则，托运人应当对由此产生的后果负责。

（2）提交正确和齐全的必要出口文件。

发货人应当向铁路提供必要的海关、商检等出口文件，并附在运单上。否则，应当承担铁路由此遭受的一切损失。

（3）支付运费。

支付运费是货方的主要合同义务之一。国际铁路联运的运费支付不同于其他运输方式下的运费支付，它是由发货人和收货人分别分段支付的。发货人或收货人均有义务根据《国际货协》规定交付货物运送费用。

（4）提领货物。

根据《国际货协》第16条规定，收货人在收到铁路到货通知后，应当在规定的时间内向铁路交付运单上载明的一切运送费用，并提取货物。只有当货物损毁丧失原使用价值时，收货人才可以拒绝提领货物。按照《国际货协》规定，如果货物在规定的运到期限届满30天内铁路仍不能交付货物，则认为货物已经灭失。但如果货物在规定的运到期限届满后4个月内到达，收货人仍有义务提领货物。如果收货人在此前获得了铁路赔偿，应当将此赔偿退还铁路，但有权按规定要求延期罚款。

6）货物索赔

在发生铁路责任导致的货物损毁或逾期运抵时，货方可以按规定向铁路提出索赔。协定第28条规定，索赔可由发货人向发送站提出，也可由收货人向到达站提出。索赔人应当提供充足的索赔证据，包括运单正本或副本、商务记录、损失证明等。货物逾期到达的索赔应当由收货人提出。

铁路在收到索赔通知后的180天内，应当进行审查并予以答复。合同任何一方对另一方的索赔和诉讼应当在货物到站后的9个月内提出。

2.《统一过境运价规程》（简称《统一货价》）

按照《国际货协》的条件，在参加《统一货价》的铁路，利用铁路运送过境货物时，《统一货价》规定了办理货物运送的手续、过境运送费用的计算、货物品名分等表、过境里程表和货物运费计算表等内容，这对铁路、发货人与收货人都适用。

《统一货价》过去是从属于《国际货协》的。由于东欧地区在20世纪80年代末至90年代初发生了巨大的变化，1991年6月27日保加利亚、中国、朝鲜、蒙古、罗马尼亚和苏联的铁路部门在波兰华沙签订了《关于统一过境运价规程的协约》，该协约规定了《统一货价》不再从属于《国际货协》，而具有独立的法律地位。新的《统一货价》自1991年7月1日起施行，它是在原来的《统一货价》的基础上修改补充而成的，其费率原以卢布，现以瑞士法郎计价。中国铁路自1991年9月1日起施行上述新规定。

3.《国境铁路协定》和《国境铁路会议议定书》

《国境铁路协定》是由相邻国家签订的，它规定了办理联运货物交接的国境站、车站及货物交接条件和方法、交接列车和机车运行办法及服务方法等内容。根据国境协定的规定,两个相邻国家铁路定期召开国境铁路会议,对执行协定中的有关问题进行协商,签订《国境铁路会议议定书》。其主要内容为双方铁路之间关于行车组织、旅客运送、货物运送、车辆交接以及其他有关问题。我国与苏联、蒙古、朝鲜、越南各铁路均分别签订有国境铁路协定和议定书。

另外,在国际铁路货物联运中应当遵守的规章还有一些,如《国际铁路货物联运协定办事细则》(简称《货协细则》)《关于国际联运车辆使用规则的协约》及其附件《国际联运车辆使用规则》(简称《车则》)、《关于国际旅客和货物联运清算规则的协约》及其附件、《国际旅客和货物联运清算规则》(简称《清算规则》)等。

为了方便执行上述规章,我国铁路部门结合我国铁路办理国际联运的实际,编印了《国际铁路货物联运办法》(简称《联运办法》),将上述联运规章简化并作了补充规定,供我国铁路各发、到站和有关单位办理国际铁路货物联运时使用,但其不具备法律效力。

凡上述国际铁路联运规章和联运办法没有规定的事项,均遵循国内规章。国际联运和国内规章都有规定时,遵循国际联运规章。

四、国际铁路货物联运的办理条件

1. 国际铁路货物联运办理的不同情况

(1)同参加《国际货协》和未参加《国际货协》,但采用国际货协规定的铁路间的货物运送,铁路从发站以一份运送票据负责运送至最终到站交付给收货人。

(2)同未参加《国际货协》铁路间的货物运送,发货人在发送路用国际货协运送票据办理至参加《国际货协》的最后一个过境路的出口国境站,由该站站长或收货人、发货人委托的收转人转运至最终到站。

(3)通过过境铁路港口站的货物运送。从参加《国际货协》铁路的国家,通过参加《国际货协》的过境铁路港口,向其他国家(不论这些国家的铁路是否参加《国际货协》)或者相反方向运送货物时,用《国际货协》运送票据只能办理至过境铁路港口站止或者从这个站起开始办理,由港口站的收转人办理转发送。

2. 国际铁路货物联运办理的种类

国际铁路货物联运办理种类分为整车货物运输、零担货物运输和大吨位集装箱货物运输。

(1)整车货物。指按一份运单托运的按其体积或种类需要单独车辆运送的货物。

(2)零担货物。指按一份运单托运的一批货物,重量不超过 5 000 kg,按其体积或种类不需要单独车辆运送的货物。

但如有关铁路间另有商定条件,也可不遵循《国际货协》整车和零担货物的规定。

(3)大吨位集装箱货物。指按一份运单托运的,用大吨集装箱运送的货物或空的大吨位集装箱。

所谓大吨位集装箱是指符合 ISO 第 1 系列集装箱外部尺寸和额定质量的 6.1m、9.1m、12.2 m 国际标准集装箱(即 20 ft、30 ft、40 ft 国际标准集装箱)。

国际铁路货物联运按运送速度可分为慢运、快运和随旅客列车挂运 3 种。

第二节　国际铁路货物联运业务流程

国际铁路联运货物由于涉及多个国家的铁路，在货物的运输计划安排、承运装车、两国国境站之间的交接以及到达交付等作业方面均要满足国际联运有关运输组织和技术上的要求。下面就分别对一些基本情况进行介绍。

一、国境站

凡从一国铁路向另一国铁路办理移交或接收货物和车辆的车站称为国境站。国境站是国家对外开放的口岸，是铁路办理对外运输的重要场所。

国境站的工作，除办理一般车站办理的运转、货运、装卸及机车整备作业以外，主要办理与邻国铁路货物与机车车辆的交接、国际联运票据的处理、货物运送费用的计算和复核等项工作，在与邻国不同轨距铁路相连的国境站，还有货物的换装或换车辆转向架的作业。两邻国国境间的运输作业，主要是根据双方铁路所签订的《国境铁路协定》《国际铁路会议议定书》和其他国际联运的有关规章进行的。为了保证两国国境站间运输工作的正常进行，双方国境站站长定期（每月或每季）举行会议，交换国境站工作情况和协商处理存在的问题，并共同议定改进措施。也可根据需要举行临时性会谈和通话。

我国国境站除设有一般车站应设的机构外，还设有国际联运交接所、海关、国家出入境检验检疫所、边防检查站及中国对外贸易运输（集团）总公司所属的分支机构等单位。

1. 国际联运交接所

国际联运交接所简称交接所，它是国境站的下属机构。交接所执行下列任务：

（1）办理货物、车辆、运送用具的交接和换装。

（2）办理各种单据的交接，负责运送票据、商务记录的编制、翻译和交接工作。

（3）计算国际铁路联运进口货物运到期限、过境铁路运费和国内各项运杂费用。

（4）对货物和票据进行检查，处理和解决货物交接以及车、货、票、证等方面存在的问题。

2. 海　关

海关代表国家贯彻执行进出口政策、法律、法令，是口岸行使监督管理职权的机关。海关对进出口货物履行相应的监管职责。货物只有在按规定交验有关单据和证件后，海关才凭以放行。

3. 国家出入境检验检疫所

它是负责进出口商品检验检疫工作的国家行政管理机关。

4. 边防检查站

它是公安部下属的国家公安部队，其职责是执行安全保卫，负责查验出入国境的列车、机车及列车服务人员和随乘人员的进出境证件。

5. 中国外运分公司

中国外运分公司是各进出口公司的货运代理。其在国境站的主要业务范围是：承办各种进出口物资的铁路发运、转运、联运、口岸交接、分拨、报关、报检和大型集装箱的中转、拆箱和装箱等业务。

二、国际铁路货物联运出口货物运输流程

国际铁路联运出口货物运输流程主要包括货物托运、国境站的交接和出口货物的交付。

1. 国际铁路货物联运的托运和承运

发货人在托运货物时，应向车站提出货物运单，以此作为货物托运的书面申请。车站接到运单后，应进行认真审核。

整车货物办理托运，车站应检查是否有批准的月度、旬度货物运输计划和日要车计划，检查运单上的各项内容是否正确，如确认可以承运，应予签证。运单上的签证，表示货物应进入车站的日期或装车日期，表示铁路已受理托运。发货人应按签证指定的日期将货物搬入车站或指定的货位，铁路根据运单上的记载查对实货，认为符合《国际货协》和有关规章制度的规定，车站方可接受货物，并开始负保管责任。整车货物一般在装车完毕后，发站应在运单上加盖承运日期戳，表示货物已承运。

零担货物办理托运与整车货物不同，零担货物不纳入月度货运计划，而是由发货人凭运单直接向车站申请托运。车站受理托运后，发货人应按车站指定的日期将货物搬进货场，送到指定的货位上，经查验、过磅后，即交由铁路保管。当车站将发货人托运的货物，连同货物运单一同接受完毕，在货物运单上加盖承运日期戳时，即表示货物业已承运。

托运、承运完毕，铁路运单作为运输合同即开始生效。铁路按《国际货协》的规定对货物负保管、装车并运送到指定目的地的责任。

2. 国际铁路货物联运出口货物在国境站的交接

1）国际联运出口货物交接的一般程序

（1）出口国境站货运调度根据国内前方站列车到达预报，通知交接所和海关做好接车准备。

（2）出口货物列车进站后，铁路会同海关接车，并将列车随带的运送票据送交接所处理，货物及列车接受海关的监管和检查。

（3）交接所实行联合办公，由铁路、海关、外运等单位参加，并按照业务分工开展流水作业，协同工作。铁路主要负责整理、翻译运送票据，编制货物和车辆交接单，以此作为向邻国铁路办理货物和车辆交接的原始凭证。外运公司主要负责审核货运单证，纠正出口货物单证差错，处理错发错运事故。海关则根据申报，经查验单、证、货相符，符合国家法令及政策规定，即准予解除监督，验关放行。最后由双方铁路具体办理货物和车辆的交接手续，并签署交接证件。

以上仅是一般货物的交接过程。对于特殊货物的交接，如鲜活商品、易腐、超重、超限、

危险品等货物，则按合同和有关协议规定，由贸易双方商定具体的交接方法和手续。

2）有关联运出口货物交接中的几个问题

（1）联运出口货物单证资料的审核。

出口货物运抵国境站后，交接所应将全部货运单证送外运分公司进行审核，外运分公司作为国境站的货运代理公司，在审核单证时，要以运单内容为依据，审查出口货物报关单、装箱单、商检证书等记载的内容和项目是否正确、齐全。如正确无误，则可核放货物。如出口货物报关单项目有遗漏或记载错误，或份数不足，应按运单记载内容进行订正或补制；运单、出口货物报关单、商检证书三者所列项目如有不符，有关运单项目的订正或更改，由国境站联系发站并按发站通知办理；需要更改或订正商检证书、品质证明书或动植物检疫证书时，应由出证单位通知国境站出入境检验检疫所办理。海关查验实货，如发现货物与单证不符，需根据合同和有关资料进行订正，必要时应联系发货人解决。总之，国境站外运分公司在订正、补制单据时，只限于代发货人缮制单证，而对运单内容和项目，以及商检证书、品质证明书、检疫证、兽医证等国家行政管理机关出具的证件，均不代办订正或补制。

出口货物单证经复核无误后，应将出口货物报关单、运单及其他随附单证送海关，作为向海关申报和海关审核放行的依据。

（2）办理报关、报验等法定手续。

铁路联运出口货物报关，由发货人委托铁路在国境站办理。发货人在货物发运前，应填制出口货物报关单，作为向海关申报的主要依据。

出口货物报关单格式由我国海关总署统一制定。发货人或其代理人需按海关规定逐项填写，要求内容准确、详细，并与货物、运单及其他单证记载相符。字迹要端正、清晰，不可任意省略或简化。对于填报不清楚或不齐全的报关单，以及未按有关规定交验进出口许可证等有关单证者，海关将不接受申报；对于申报不实者，海关将按违章案件处理。

铁路发站在承运货物后，即在货物报关单上加盖站戳，并与运单一起随货同行，以便国境车站向海关办理申报。

需办理检验检疫的货物，要向当地出入境检验检疫部门办理相关手续，取得证书。

上述各种证书在发站托运货物时需连同运单、报关单一起随车同行，在国境站由海关执行监管，查证放行。

3）联运出口货物的交接方式

货物交接可分为凭铅封交接和按实物交接两种情况。

（1）凭铅封交接的货物，根据铅封的站名、号码或发货人简称进行交接。交接时应检查封印是否有效或丢失，印文内容、字迹是否清晰可辨，同交接单记载是否相符，车辆左、右侧铅封是否一致等，然后由双方铁路凭完整铅封办理货物交接手续。

（2）按实物交接可分为只按货物重量、只按货物件数和按货物现状交接3种方式。

按货物重量交接的，如中朝两国铁路间使用敞车、平车和砂石车散装煤、石膏、焦炭、矿石、熟矾土等货物；按货物件数交接的，如中越两国铁路间用敞车类货车装载每批不超过100件的整车货物；按货物现状交接的，一般是难以查点件数的货物。

在办理货物交接时交付方必须编制"货物交接单"。没有编制交接单的货物，在国境站不得办理交接。

3. 国际联运出口货物的交付

国际联运出口货物抵达到站后,铁路应通知运单中所记载的收货人领取货物。在收货人付清运单中所记载的一切应付运送费用后,铁路必须将货物连同运单交付给收货人。收货人必须支付运送费用并领取货物。收货人只有在货物因毁损或腐坏而使质量发生变化,以致部分货物或全部货物不能按原用途使用时,才可以拒绝领取货物。收货人领取货物时,应在运行报单上填记货物领取日期,并加盖收货戳记。

三、国际铁路货物联运进口货物运输流程

国际铁路联运进口货物业务流程与出口货物在货物与单据的流转程序上基本相同,但在业务环节上的具体做法有些不同。

1. 联运进口货物的发运

国际铁路联运进口货物的发运工作是联运进口货物的首要环节。我国进口方及运输部门在联运进口货物发运前应当主要做好以下几方面的工作:

1) 联运进口货物运输标志的编制

运输标志又称唛头(Mark),一般印制在货物外包装上。我国规定,联运进口货物在订货工作开始前,由经贸部(现为商务部)统一编制向国外订货的代号,作为收货人的唛头,各进出口公司必须按照统一规定的收货人唛头对外签订合同。

2) 审核联运进口货物的运输条件

联运进口货物的运输条件是合同不可缺少的重要内容,因此必须认真审核,使之符合国际联运和国内的有关规章。

审核联运进口货物运输条件的内容主要包括收货人唛头是否正确;商品品名是否准确具体;货物的性质和数量是否符合到站的办理种别;包装是否符合有关规定等。

3) 向国境站寄送合同资料

合同资料是国境站核放货物的重要依据,各进出口公司在贸易合同签字以后,要及时将一份合同中文抄本寄给货物进口口岸的外运分公司。合同资料包括合同的中文抄本和它的附件、补充书、协议书、变更申请书、更改书和有关确认函电等。

2. 联运进口货物在国境站的交接与分拨

1) 联运进口货物交接的一般程序

联运进口货物的交接程序与出口货物的交接程序基本相同。其做法是:

进口国境站根据邻国国境站货物列车的预报和确报,通知交接所及海关做好到达列车的检查准备工作。进口货物列车到达后,铁路会同海关接车,由双方铁路进行票据交接,然后将车辆交接单及随车带交的货运票据呈交接所,交接所根据交接单办理货物和车辆的现场交接。海关则对货物列车执行实际监管。

我国进口国境站交接所通过内部联合办公,开展单据核放、货物报关和验关工作,然后

由铁路负责将货物调往换装线,进行换整作业,并按流向编组向国内发运。

2)联运进口货物交接中的几个问题

(1)进口合同资料。

进口合同资料是国境站核放货物的唯一依据,也是纠正并处理进口货物在运输中出现错乱的重要资料。口岸外运分公司在收到合同资料后,如发现内容不齐全、有错误、字迹不清,应迅速联系有关进出口公司修改更正。

联运进口货物抵达国境站时,口岸外运分公司根据合同资料对各种货运单证进行审核,只有单、证、票、货完全相符,才可核放货物。通常联运进口货物货运事故大约有以下几类:合同资料与随车单证不符;单证与货物不符,包括有票无货、有货无票;货物错经国境口岸;货物混装、短装或超过合同规定的数量;货物不符《国际货协》规定,铁路拒收等。

对上述情况,口岸外运分公司应本着以下原则处理:因铁路过失造成的,联系铁路处理;因发货人过失造成的,根据合同资料和有关规定认真细致地查验货物,确有可靠依据的可予以纠正,否则联系有关公司处理。

(2)联运进口货物变更到站和变更收货人的工作。

国际铁路联运货物,根据发货人和收货人的需要,可以提出运输变更。运输变更申请应由发货人或收货人提出。

联运进口货物变更到站、变更收货人时,首先应通过有关进出口公司向国外发货人提出。在国外发货人不同意办理变更时,可向国境站外贸运输机构申请,在国境站办理变更。

联运进口货物变更的受理,应在货物到达国境站前。如由收货人申请变更到站和收货人,则只可在货车开至到达国进口国境站且货物尚未从该站发出时提出变更。

(3)联运进口货物的分拨与分运。

对于小额订货(具有零星分散的特点)、合装货物和混装货物,通常以口岸外运分公司作为收货人。因此,在双方国境站办妥货物交接手续后,口岸外运分公司应及时向铁路提取货物,进行开箱分拨,并按照合同编制有关货运单证,向铁路重新办理托运手续。在分运货物时,必须做到货物包装牢固,单证与货物相符,并办清海关申报手续。

如发现货损货差,属于铁路责任的,必须由铁路出具商务记录;如为发货人责任,由各有关进出口公司向发货人提出赔偿。

3. 运到期限及运到逾期

1)运到期限

铁路承运货物后,应在最短期限内将货物运送至最终到站。货物从发站至到站所允许的最大限度的运送时间,即为货物运到期限。货物运到期限由发送期间、运送期间及特殊作业时间3部分组成。

发送期间。不论慢运、快运、随旅客列车挂运的整车或大吨位集装箱、由货物列车挂运的整车或大吨位集装箱、零担,一律为一天(昼夜)。

运送期间。按每一参加运送的铁路分别计算。

特殊作业时间。在国境站每次换装或更换轮对,或用轮渡运送车辆,不论慢运、快运、整车或大吨位集装箱、零担,以及随旅客列车挂运的整车或大吨位集装箱,一律延长2天。

运送超限货物时，运到期限按算出的整天数延长百分之百。运到期限计算标准如表 6.1 所示。

表 6.1 运到期限计算标准表

慢运/快运	发送期间	运送期间（每一参加铁路分算）			换装或换转向架
		零担	整车或大吨位集装箱	挂旅客列车的整车或大吨位集装箱	
慢运货物	1 天	每 150 运价公里计 1 天	每 200 运价公里计 1 天	—	每一次作业计 2 天
快运货物	1 天	每 200 运价公里计 1 天	每 320 运价公里计 1 天	每 420 运价公里计 1 天	

以上货物运到期限，应从承运货物的次日零时起开始计算，不足 1 天按 1 天计算。如承运的货物在发送前需预先保管，运到期限则从货物指定装车的次日零时起开始计算。

在计算运到期限时，下列时间不计算在内：

（1）为履行海关规定和其他规章所需要的滞留时间。
（2）非因铁路过失而造成的暂时中断运输的时间。
（3）因变更运送合同而发生的滞留时间。
（4）因检查而发生的滞留时间（即检查货物同运单记载是否相符，或检查按待定条件运送的货物是否采取了预防措施，而在检查中确实发现不符时）。
（5）因牲畜饮水、溜放或兽医检查而造成的站内滞留时间。
（6）由于发货人的过失而造成多出重量的卸车、货物或其容器、包装的修整以及倒装或整理货物的装载所需的滞留时间。
（7）由于发货人或收货人的过失而发生的其他滞留时间。

2）运到逾期

货物实际运到天数超过规定的运到期限天数，即为该批货物运到逾期。如果货物运期逾期，造成逾期的铁路则应按该路收取运费的一定比例向收货人支付逾期罚款。

逾期罚款的规定及计算方法如下：

$$逾期罚款 = 运到逾期发生路运费 \times 罚款率$$

$$逾期百分率 = \frac{实际运送天数 - 按规定计算的运到期限天数}{按规定计算的运到期限天数} \times 100\%$$

按《国际货协》的规定，运到逾期罚款和罚款计算标准如表 6.2 所示。

表 6.2 运到逾期罚款率和罚款额计算标准

逾期百分率（S）	罚款率	罚款额
$S \leq 10\%$	6%	运费 × 6%
$10\% < S \leq 20\%$	12%	运费 × 12%
$20\% < S \leq 30\%$	18%	运费 × 18%
$30\% < S \leq 40\%$	24%	运费 × 24%
$S > 40\%$	30%	运费 × 30%

自铁路通知货物到达和可以将货物移交给收货人处理时起,一昼夜内如收货人未将货物领出,即失去领取运到逾期罚款的权利。

四、国际铁路货物联运的单证

1. 国际铁路货物联运运单种类

1) 运　单

运单是参加国际铁路货物联运的铁路与发货人、收货人之间缔结的运输合同。它体现了参加联运的各国铁路和发货人、收货人之间在货物运送上的权利、义务、责任和豁免,对铁路和发货人、收货人都有法律效力。其主要作用在于作为参加联运国铁路与发、收货人之间缔结运送契约关系,并接受货物以及各联运铁路之间互相交接货物的凭证。

《国际货协》采用的运单有慢运运单和快运运单两种,两者格式相同,区别在于慢运运单不带红边,而快运运单带红边,两者不能互相代用。国际联运运单由5联组成,各联的名称和主要作用是:

第1张——运单正本,作为货物运送合同,它随同货物至到站,并与"货物到达通知单"(运单第5张)和货物一起交给收货人,其上记载了货物运送全程的费用,以便收货人了解或支付有关费用。

第2张——运行报单,是参加联运的各国铁路办理货物交接、划分运送责任以及清算有关费用、统计运量和运输收入的原始依据,它随同货物至到站,并留存到达铁路。

第3张——运单副本,于货物承运后返回发货人,它是铁路已接收货物的凭证,发货人可凭此作为向收货人结算货款的依据之一,也可据此行使变更运输要求以及在货物和随行运单全部丢失时向铁路提出赔偿要求。

第4张——货物交付单,随同货物至到站并留存到达路,作为铁路已履行运输合同的凭证,表明货物已交付给收货人。

第5张——货物到达通知单,记载了货物在运送全程所发生的滞留、编制商务记录等情况。它随同货物至到站,并同运单正本和货物一起交给收货人。

运单第1张到第3张背面均详细记载向发、收货人核收运杂费的事项,而第4、5张背面则供在货物运输过程中铁路部门填记各种必要的记载事项。

发货人应对运单中所记载的和所声明的事项的正确性负责。由于记载和声明的事项不完备、不正确、不真实,以及由于未将上述事项记入运单相应栏内而发生的一切后果,均由发货人负责。铁路有权检查发货人在运单中记载的事项是否正确,如发现运单上记载不正确,发货人必须重新填制运单。

2) 补充运行报单

为了发送路和过境路的需要,对于每一份运单,发送站应填制补充运行报单。我国铁路补充运行报单分为带号码的和不带号码的两种。带号码的补充运行报单是为发送路准备的,一般填写一式三份,一份留站存查,一份报所属铁路局审查,一份随同货物至出口国境站截留。不带号码的补充运行报单是为过境路准备的,而且每过境一个国家的铁路就要填制一份。

3）运单的添附单证

国际联运进出口货物经由国境站，需要履行海关查验、商品检验、卫生检疫等法定手续，发货人必须将为履行上述手续所需的添附单证附加在运单上。

运单的添附单证主要包括以下几种：出口货物报关单、品质证明书、商品检验证书、动植物检验检疫证书、兽医证明书等。其他有关该批货物数量、质量、规格等的单证则视合同的规定和货物不同要求而定，一般附有下列几种：磅码单、装箱单、发运清单、零件清单、化验单、清洁容器证明书等。

在运单上所添附单证，应由发货人将其名称和份数记入运单的"发货人添附的文件"栏内，并牢固地附在运单上，随货物同行。发送站应核对运单上添附的文件与运单上所记载的内容是否相符，铁路应负责添附的在运单上的有关单证的交接传递。但铁路没有义务检查发货人在运单上所附文件是否正确和是否齐全。由于没有添附或添附单证不齐全、不正确而产生的后果，如联运货物继续运送，因单证原因货物发生滞留，核收车辆滞留费或货物保管费等，由发货人负责。发货人交付铁路部门的单证，因保管不善、传递有漏、丢失、差错等产生的损失，应由铁路部门负责。

2. 国际联运运单的填制

运单正面未划粗线的各栏由发货人填写，现将发货人填写的各栏说明如下：

- 第1栏，发货人及其通信地址

填写发货人的名称及其通信地址。发货人只能是一个自然人或法人。由中国、朝鲜、越南发货时，准许填写这些国家规定的发货人及其通信地址的代号。

- 第2栏，合同号码

填写出口单位和进口单位签订的供货合同号码。

- 第3栏，发站

填写运价规程中所载发站全称。

- 第4栏，发货人的特别声明

发货人可在该栏中填写自己的声明，例如关于对运单的修改及易腐货物的运送条件等。

- 第5栏，收货人及其通信地址

注明收货人的名称及其通信地址，收货人只能是一个自然人或法人。从国际货协参加路向未参加国际货协的铁路发货而由站长办理转发送时，则在该栏填写"站长"。

- 第6栏，对铁路无约束效力的记载

发货人可以对该批货物做出记载，该项记载仅作为对收货人的通知，铁路不承担任何义务和责任。

- 第7栏，通过的国境站

注明货物应通过的发送路和过境路的出口国境站。如有可能从一个出口国境站通过邻国的几个进口国境站办理货物运送，则还应注明运送所要通过的进口国境站。根据发货人注明的通过国境站确定经路。

- 第8栏，到达路和到站

在斜线之前，应注明到达路的简称，在斜线之后，应用印刷体字母（中文用正楷粗体字注明运价规程上到站的全称。运往朝鲜的货物，还应注明到站的数字代号。运往非货协国的货物由站长办理转发时，记载国际货协参加路最后过境路的出口国境站，并在该站站名后记载："由　　铁路继续办理转发送至　　铁路　　站"。

9～11栏的一般说明：填写9～11栏事项时，可不受各栏间竖线的严格限制。但是，有关货物事项的填写顺序，应严格符合各栏的排列顺序。

第9栏，记号、标记、号码

填写每件货物上的记号、标记和号码。货物如装在集装箱内，则还要填写集装箱号码。

- 第10栏，包装种类

填写包装的具体种类，如纸箱、木桶等，不能笼统地填"箱"、"桶"，如用集装箱运输，则记载集装箱。

- 第11栏，货物名称

货物名称应按国际货协规定填写，或按发送路或发送路和到达路现行的国内运价规程品名表的规定填写，但需注明货物的状态和特征；两国间的货物运送，可按两国商定的直通运价规程品名表中的名称填写。

在"货物名称"字样下面专设的栏内填写通用货物品名表规定的六位数字代码。

填写全部事项时，如篇幅不足，则应添附补充清单。

- 第12栏，件数

注明一批货物的件数。用敞车类货车运送不盖篷布或盖有篷布而未加封的货物，其总件数超过100件时，或运送仅按重量不按件数计的小型无包装制品时，注明"堆装"，不注件数。

- 第13栏，发货人确定的重量（kg）

注明货物的总重量。

- 第14栏，共计件数（大写）

用大写填写第12栏中所记载的件数。

- 第15栏，共计重量（大写）

用大写填写第13栏中所记载的总重量。

- 第16栏，发货人签字

发货人应签字证明列入运单中的所有事项正确无误。发货人的签字也可用印刷的方法或加盖戳记处理。

- 第17栏，互换托盘

该栏内的记载事项，仅与互换托盘有关。注明托盘互换办法，并分别注明平式托盘和箱式托盘的数量。

- 第18栏，种类、类型

在发送集装箱货物时，应注明集装箱的种类和类型。使用运送用具时，应注明该用具的种类。

- 第19栏，所属者及号码

运送集装箱时，应注明集装箱所属记号和号码。对不属于铁路的集装箱，应在集装箱号码之后注明大写字母"P"。

使用属于铁路的运送用具时，应注明运送用具所属记号和号码。使用不属于铁路的运送用具时，应注明大写字母"P"。

- 第 20 栏，发货人负担下列过境铁路的费用

如发货人负担过境铁路运送费用，填写所负担过境铁路名称的简称。如发货人不负担任何一个过境铁路的运送费用，填写"无"字。

- 第 21 栏，办理种别

办理种别分为整车、零担、大吨位集装箱，将不需要者划消。

- 第 22 栏，由何方装车

发货人应在运单该栏内注明由谁装车，将不需要者划消。

- 第 23 栏，发货人添附的文件

注明发货人在运单上添附的所有文件的名称和份数。

- 第 24 栏，货物的声明价格

用大写注明以瑞士法郎表示的货物价格。

27~30 栏的一般说明

用于记载使用车辆的事项，只有在运送整车货物时填写。至于各栏是由发货人填写还是由铁路车站填写，则视由何方装车而定。

- 第 45 栏，铅封个数和记号

填写车辆或集装箱上施加的封印个数和所有记号。至于铅封的个数和记号，视由何方施封而由发货人或铁路车站填写。

- 第 48 栏，确定重量方法

注明确定重量的方法，例如"用轨道衡""按标准重量""按货件上标记重量"等。由发货人确定货物重量时，发货人应在该栏注明确定重量的方法。

第三节　国际铁路货物联运运送费用计算和核收

国际铁路货物联运运送费用的计算和核收，必须遵循《国际货协》《统一货价》和中华人民共和国原铁道部制定的《铁路货物运价规则》（简称《国内价规》）的规定。

一、国际铁路货物联运运送费用计收的原则和规定

1. 在参加《国际货协》各铁路间和适用《国际货协》各铁路间运送货物时，运送费用核收的原则

（1）发送路的运送费用——在发站向发货人或根据发送路国内现行规定核收。

（2）到达路的运送费用——在到站向收货人或根据到达路国内现行规定核收。

（3）过境路的运送费用——按《统一货价》在发站向发货人或在到站向收货人核收。

这里需要说明的是，波兰、阿尔巴尼亚、阿塞拜疆、格鲁吉亚、乌兹别克斯坦、土库曼斯坦和伊朗等七国虽是《国际货协》成员国，但没有参加《统一货价》。因此，上述七国的进出口货物经过其他《统一货价》参加国的运送费用及《统一货价》参加国经过上述七国的运送费用的核收，均不适用上述规定。

2. 《国际货协》参加铁路与非《国际货协》铁路间运送费用核收的规定

（1）发送路和到达路的运送费用与前面的规定相同。

（2）过境路的运送费用，则按下列规定计收。

参加《国际货协》并实行《统一货价》的各过境路的运送费用，在发站向发货人（相反方向运送则在到站向收货人）核收；但办理转发送国家铁路的运送费用，可以在发站向发货人或在到站向收货人核收。

过境非《国际货协》铁路的运送费用，在到站向收货人（相反方向运送则在发站向发货人）核收。

3. 通过过境铁路港口站货物运送费用核收的规定

从参加《国际货协》并实行《统一货价》的国家，通过另一个实行《统一货价》的过境铁路港口，向其他国家（不论这些国家是否参加《统一货价》）和相反方向运送货物时，用《国际货协》票据办理货物运送，只能办理至过境港口站为止或从这个站起开始办理。

从参加《国际货协》铁路发站至港口站的运送费用，在发站向发货人核收；相反方向运送时，在到站向收货人核收。

在港口站所发生的杂费和其他费用，在任何情况下，都在这些港口车站向发货人或收货人的代理人核收。

过境铁路的运送费用，按《统一货价》规定计收。

需要注意的是，20世纪90年代初以前过境铁路的运送费用核收后，过境路所应收取的由其他发送路代收的费用，按《清算规则》清算后取得。但从1992年开始，蒙古、独联体国家、立陶宛、拉脱维亚、爱沙尼亚和中国等国家要求通过代理人支付过境运送费用，而不再采取清算的办法。

二、国际铁路货物联运国内段运送费用计算

国际铁路货物联运国内段运送费用，按照我国国内《铁路货物运价规则》（以下简称《价规》）的相应规定进行计算。

1. 计算的程序

（1）按《价规》的附件"货物运价里程表"算出发站至到站的运价里程。

（2）根据货物运单上填写的货物名称查找《价规》的附件"铁路货物运输品名分类与代码表"和"铁路货物运输品名检查表"，确定适用的运价号。

（3）整车、零担货物按货物适用的运价号，集装箱货物根据箱型、冷藏车货物根据车种分别在《价规》的附件"货物运价率表"中查出适用的发到基价和运行基价。

（4）货物适用的发到基价，加上运行基价与货物的运价里程相乘之积后，再与按《价规》确定的计费重量（集装箱为箱数）相乘，计算出基本运费。

（5）按《价规》规定的费率计算杂费、电气化附加费、新路新价均摊费和铁路建设基金等的费用，再加上前面计算出的基本运费，即为该批货物的全部运费。

2. 计算中各要素的确定

1）运价里程

运价里程应按国内发（到）站至出（进）口国境站最短径路确定（但《价规》中规定有计费经路的，按规定计费经路计算运价里程），并将出（进）口国境站至我国与邻国国境线的运价里程计算在内；进口货物在国境站应收货人的代理人的要求受理货物运输变更时，运价里程按进口国境线至新到站的里程通算。

2）货物运价号

货物运价号应按《价规》中的规定来判定。分号运价对整车货物分为 1~12 号，零担货物分为 21~25 号，共 17 个运价号。根据货物名称查找货物运价分号表，以确定该货物适用的运价号。

3）货物运价率

出口货物按发站承运当日实行的运价率计算，进口货物按进口国境站在运单上加盖日期戳当日实行的运价率计算；一批托运的货物有多个品名的货物时，应择其运价率高者计费。同时，应按《价规》的有关规定确定适用其运价率的加成率。

4）计费重量

货物计费重量的单位，整车货物应以吨为单位，吨以下四舍五入；零担货物以 10 kg 为单位，不足 10 kg 进整为 10 kg；集装箱以箱为单位。确定整车货物的计费重量时，除《国内价规》中另有规定外，一律按货车标记载重量计算运费，货物重量超过其标记载重量时按货物重量计费。确定零担货物的计费重量时，应按货物重量或货物体积折合重量择其大者为计费重量。

三、国际联运货物过境运送费用的计算

1. 一般计算程序

过境运送费用应按《统一货价》计算。过境运送费用的计算程序如下：

（1）查看"过境里程表"或"国际铁路货物联运略图"，找出货物所通过国家的过境里程。如果货物通过两个或两个以上国家的铁路时，应把各国的过境里程分开计算。

（2）查看"国际铁路货物联运通用货物品名表"，找出所运货物属于第几类、第几项以及相应的运价等级。

（3）查看"通过参加国际货协铁路慢运货物运费计算表"（运费计算表），根据过境运价里程和运价等级查出相应的基本运费费率。该表中的运费以 100 kg 为单位，自轮运转货物按每轴计算。

（4）确定计费重量。

（5）将计费重量与已查到的基本费率相乘，得到货物的基本运费。

（6）确定加成率，计算货物运费。

（7）将已计算出的运费，加上杂费和其他费用，即得到该批货物的过境运费。

2. 计算中各要素的确定

1）过境里程的确定

过境里程按各国铁路单独计算，不得通算。过境一国铁路的过境里程系指从进口国境站（国境线）到出口国境站（国境线）或以港口为起讫点的里程。确定过境里程时，首先要确定进口国境站、出口国境站或港口站，其次要查找过境路的名称和数目。在查找过境里程时还应注意各国过境里程表下面的附注内说明的办理业务的限制，不得违反。《统一运价》的"过境里程表"中的过境里程已将国境线至国境线的里程加算在内，可直接作为计算所过境铁路的过境运价里程。

2）过境运价等级的确定

根据货物的名称，查阅《统一货价》的货物品名分等表。其由货物检查表和产品分类表两部分组成。据此可查出货物运价等级和计费重量标准。

3）计费重量的确定

运送整车货物和零担货物的运费，原则上按货物实际重量计算核收。计费重量以 100 kg 为单位，不足 100 kg 时进到 100 kg。在实际确定计费重量时，往往比较复杂，计算时应具体情况分别对待，应符合《统一货价》有关计费重量的相应规定。

4）运价率的确定

《统一货价》中的第 10 条编制了"通过参加国际货协铁路慢运货物运费计算表"，简称运费计算表，它是用来确定运价率的。根据货物等级和过境里程，可以从该表上确定慢运整车货物的运价率。1～10 等货物是指每 100 kg 的运费，11～13 等货物是指每轴的运费。

5）加成率的确定

《统一货价》对过境货物运费的计算，是指以慢运整车货物的运费额为基础，再对零担货物、按快运办理的货物、随旅客列车挂运的整车货物，分别规定了不同的加成率，因此在计算不同办理种别货物的运费时，必须要确定其加成率。

根据统一货价的规定，快运货物运费，按慢运运费加 100% 计算；随旅客列车挂运的整车货物运费，加 200% 计算；超限货物运费，在实际超限的铁路上按整车货物运费加 100% 计算；零担慢运货物运费，按运费计算表的费率和货物实际重量所算出的运费额加 50% 计算，零担快运货物运费，加 50% 后再加 100% 计算。

第四节　对港澳地区的铁路货物运输

一、对港澳地区的货物运输

1. 对港澳地区的运输方式

1）对香港的运输方式

（1）海运，即货物在内地（香港）港口装船后通过海运运往香港（内地）。

（2）铁路直接过轨运输，即货物在内地各铁路发站装车后，经深圳原车过轨至香港铁路到站。该方式是对香港地区铁路货物运输的主要方式。

（3）经铁路转公路，即货物从内地通过铁路运至深圳北站，在深圳北站卸车，然后再转装汽车经文锦渡公路口岸运至香港。

（4）经铁路转水运，即货物从内地通过铁路运至广州南站，再用驳船转运至香港。

（5）公路运输，对于广东省毗邻香港的地区，一般直接利用公路进行内地与香港之间的货物运输。

（6）航空运输，直接利用飞机进行内地与香港之间的货物运输。当然一般情况下，这需要内地机场和香港机场间有航线。

2）对澳门的运输方式

内地与澳门之间的货物运输也有公路、海运、航空等方式，但澳门没有铁路，内地运往澳门的货物，可由铁路发站办理至广州南站，然后转运水运或公路运抵澳门。部分不适合采用水运的货物可通过公路运输，广东省外运分公司接受各发货单位的委托，办理广州中转澳门的货运代理业务，其委托手续和装车发运过程与内地对香港铁路运输大体相近。

2. 对港澳地区铁路货运的特殊性

1）货运结构的特殊性

运往港澳地区的货物，以鲜活冷冻商品为主。鲜活冷冻商品运输有特殊的要求，沿途管理难度大，如要求运输速度快、需用特殊车辆运输、沿途进行加冰加水特殊作业等。同时，对港澳地区的铁路货运还具有出口运量大于其反向运量的特点。

2）计划管理的特殊性

由于相当数量的对港澳地区出口商品，是由驻港澳机构根据市场的需求和销售情况来安排供货的，所以对港澳市场供货在数量、时间和质量上要求极高，要求做到及时、优质、适量、均衡、应时。在运输计划上，则表现出计划多变的特性。

3）运输方式的特殊性

对香港地区的铁路运输是按国内运输办理的，但又不是一般的国内运输，它的全过程由两部分组成，即内地铁路运输和港段铁路运输。目前内地铁路与香港铁路不办理直通货物运输（集装箱货物除外），而是发货人以国内运输向铁路办理托运至深圳北站，收货人为深圳外运公司，随后其作为发货人的代理与铁路办理租车手续，支付租车费，办理货车过轨，货车过轨后，香港中旅货运有限公司作为深圳外运分公司港段代理在香港重新起票托运至九龙。这使得对香港地区的铁路运输具有其特殊之处，即"租车方式、两票运输"。

在使用的运输单据上也有特殊之处，由于内地铁路运单不能在香港办理结汇，所以目前各地外运分公司以运输承运人的身份向外贸单位提供经深圳中转香港的"承运货物收据"（Cargo Receipt），并以此作为向银行办理结汇的凭证。

二、对香港地区的铁路货物运输的一般程序

目前,对香港地区铁路货物运输,一般按以下程序进行。

(1)发货人委托发货地的外运分公司或直接向当地铁路局办理从发货地至深圳北站的国内铁路运输的托运手续,填写国内铁路运单。

(2)发货人或其委托的外运分公司委托深圳外运分公司办理接货、报关、查验、过轨等中转运输手续。预寄的单证和装车后拍发的起运电报是深圳外运分公司组织运输的依据(如发货地具备报关条件,也可在发货地报关)。

(3)深圳外运分公司接到铁路的到车预告后,抽出事先已分类编制的有关单证加以核对,并抄送香港中旅社以备接车。

(4)货车到达深圳北站后,深圳外运分公司与铁路进行票据交接,如单证齐全无误,则向铁路编制过轨计划;如单证不全,或者有差错,则向铁路编制留站计划。准备过轨的货车,由深圳外运分公司将出口货物报关单或监管货物的关封连同货物运单送海关申报,经海关审查无误,即会同联检单位对过轨货车进行联检。联检通过后,海关即放行。

(5)香港中旅社向港段海关报关,并在罗湖车站向九广铁路公司办理起票手续,港段铁路将过轨货车运到九龙车站交中旅社卸货。

三、对香港地区的铁路货物运输费用的计算

供港铁路运送是分两段运送的,即内地铁路与香港铁路的运送。因此,运费也是分别按内地段与港段计收的,内地段按人民币计收,港段按港币计收。

1. 内地铁路段运输费用

从内地发站至深圳北站属国内段运送,自 1984 年 1 月 1 日起,发站至深圳北站的运送费用实行"一次起票,分段计算,两端核收"。也即由发站向托运人核收发站至广州北站,根据铁道部的《价规》的运价率和计费重量确定的运费;抵达深圳后,由深圳北站向收货人核收该批货物从广州北站到深圳北站按《价规》中的运价率再附加 50% 计收广深段运费。此外,还需要核收一些杂费,主要项目有:装卸费;深圳北站到罗湖桥头的中转费;按每日车辆标重计算的租车费;调车费及其他杂费。深圳外运也要按货物重量和规定的费率向委托人核收劳务费。

2. 香港铁路段运输费用

1)运 费

(1)整车货物运费。根据品名查找香港铁路《货物分类表》,确定运费等级,再根据运费等级查出运费率,以运费率乘以车辆标重,即为整车货物运费。

(2)集装箱运费。按 40 ft、20 ft、10 t、5 t 集装箱的个数分别计费,不分货类,只分重箱与空箱,按箱直接查找《集装箱费率》,即可确定重箱和空箱的运费。

(3)牲口运费。按头计费,直接查找牲口的费率表即可。

(4)邮政和行李物品运费。按其适用的特别费率确定计费。

2）杂　费

（1）终点站费。整车按车辆标重计收，集装箱的终点费按箱型箱数核收。

（2）装卸费。按装卸费率和货物重量计收。

（3）其他杂费。如集装箱的加固费、吊箱费和货车延期费（货车抵达装卸地点 24 h 后仍未卸完或装完时须支付此项费用）等杂费。

（4）中旅货运收取的劳务费。

思考题

1. 什么是国际铁路货物联运？国际铁路货物联运的特点有哪些？
2. 简述国际铁路货物联运出口货物交接的一般程序。
3. 简述国际铁路货物联运进口货物交接的一般程序。
4. 说明国际铁路货物联运运单组成、作用和性质。
5. 出口货物的交接方式有哪些？
6. 国际联运过境运送费用的一般计算程序。
7. 我国内地对港澳地区的运输方式有哪些？

第七章 国际航空货物运输

学习目标

了解国际航空货物运输的产生与发展，熟悉国际航空货物运输的特点。
了解国际航空运输组织。
掌握国际航空货物运输方式及特点。
了解国际航空区划，掌握公布直达运价的规定及计算方法。
掌握航空运单的性质与作用，了解运单的内容。
熟悉国际航空货运代理业务流程。

第一节 国际航空货物运输概况

一、国际航空货物运输业的产生和发展

1903年美国莱特兄弟在北卡罗来纳州驾驶"飞行者号"飞行了36.58 m，这是人类首次有动力的飞行，标志着国际航空业的诞生，揭开了世界航空史的新篇章。

早期的航空运输主要是旅客运输。1903年，法国最先创办了商业性的航空运输。1911年，英国人驾驶的飞机将一箱钨丝灯从苏赛克郡的肖拉姆市运至霍拉市，收费100英镑，从此揭开了世界航空货运的历史。虽然从此以后，航空运输发展速度较快，但直到第二次世界大战前，航空运输特别是航空货运距离人们的生活仍然十分遥远。

第二次世界大战期间，航空运输业为了满足各国在军事上的需要而得到了极大的发展。战时发展起来的航空运输飞机的制造技术、无线电通信技术的发展、雷达技术的产生与完善成为航空运输业日后发展的技术基础。在战争条件下形成的军事空中管制后来发展成为空中管制技术的有效模式。战争结束后，在战时发展起来的军用航空技术纷纷转为民用，战争中经过培训的人员、富余的零部件和积累的后勤管理经验迅速地转为民用航空运输业所用，极大地推动了商业运输的发展。同时各主要发达国家大力发展航空工业，改进航空技术，逐步形成了完善的全球性航空运输体系。据有关资料统计，20世纪60年代是世界航空货运历史上增长最快的时期，从1962年到1971年间国际航空货物运输量平均年增长率达到17%，平均每接近4年货物运输量就增长一倍。

到1974年，世界范围的石油危机引发了全球经济萧条。油料成本的上涨也给民用航空运输业带来了致命的打击。此后，20世纪80年代全球持续的经济低迷也使航空货运业一度放慢了发展的脚步。

进入20世纪90年代，航空货运步入了又一个飞速发展的时代。1992—1997年，全球航

空货运量年平均增长率为9.8%，超过同期全球经济、贸易增长速度。但"9·11"事件后，全球航空业又一次陷入低迷状态。2008—2009年，受金融危机影响，航空运输业也受到冲击，需求趋于疲软，加上油价大幅震荡，出现行业性亏损；2010年初起，随着各国经济刺激政策生效，经济形势开始好转，航空业需求逐步回升。根据国际航空运输协会的统计，2012年世界航空业完成5 110万t货邮运量，相比2004年增长33%。特别是在中国、印度等新兴市场经济蓬勃发展的推动下，亚太航空运输市场已成为推动全球航空运输业发展的主要驱动力之一。据国际航协资料显示，2013年亚太货运市场份额占全球的40%。

二、中国航空货物运输业的产生和发展

中国航空运输业的历史最早可追溯到1920年4月，那时中国第一条民用航线京津航线试飞成功。

新中国的民航事业则开始于1949年。该年11月，中国民用航空局成立。我国航空货运业的真正发展是改革开放以后，1978年以来，伴随着我国各项事业的发展，民航货运业取得了举世瞩目的成绩。截止至2011年底，我国共有颁证运输机场180个，其中年货邮吞吐量1万t以上的运输机场47个。

在航空管制水平上，飞行安全和运营管理的保障能力加强，配合了经济发展的需要。

此外，各航空公司还通过各种融资方式引进世界先进机型，改善了民航的运力结构，提高了国内航空公司的竞争实力。当然，从世界航空货物运输的总量上看，我国的航空货运量所占比重还比较小，距离航空强国的目标还有相当长的距离。

随着我国对外贸易的不断拓展和电子商务等贸易形式的开展，经济的快速发展和国际贸易的进一步增长，我国航空货物运输会有更大的发展潜力。有专家预测，预计到2020年，运输总周转量将达到1 500亿t·km以上，航空货邮运输总量将达到1 600万t，航空货物运输必然成为我国航空运输业务的一个新的经济增长点。

三、航空货物运输的特点

航空货运虽然起步较晚，但发展异常迅速，特别是受到现代企业的青睐，原因之一就在于它具有许多其他运输方式所不能比拟的优越性。航空货物运输的主要特征概括起来有：

1. 运送速度快

从航空业诞生之日起，航空运输就以快速著称。到目前为止，飞机仍然是最快捷的交通工具，常见的喷气式飞机的经济巡航速度大都在850~900 km/h左右。快捷的交通工具大大缩短了货物在途时间，对于那些易腐烂、变质的鲜活商品，时效性、季节性强的商品以及贵重物品、精密仪器等高值轻量的货物，航空运输是非常适宜的运输方式。

2. 不受地面条件影响，深入内陆地区

航空运输利用天空这一自然通道，不受地理条件的限制。对于地面条件恶劣、交通不便的内陆地区非常适合，有利于当地资源的出口，促进当地经济的发展。航空运输使本地与世

界相连，对外的辐射面广，而且与公路运输与铁路运输相比其占用土地少，对寸土寸金、地域狭小的地区发展对外交通无疑是十分适合的。

3. 安全、准确

与其他运输方式相比，航空运输的安全性较高，1997年世界各航空公司共执行航班1 800万架次，仅发生严重事故11起，风险率约为三百万分之一。航空公司的运输管理制度也比较完善，货物的破损率较低，如果采用空运集装箱的方式运送货物，则更为安全。

4. 节约包装、保险、利息等费用

由于采用航空运输方式，货物在途时间短，周转速度快，企业存货可以相应地减少。一方面有利资金的回收，减少利息支出，另一方面企业仓储费用也可以降低。又由于航空货物运输安全、准确，货损、货差少，保险费用较低。与其他运输方式相比，航空运输的包装简单，包装成本减少。这些都构成企业隐性成本的下降，收益的增加。

当然，航空运输也有自己的局限性，主要表现在航空货运的运输费用较其他运输方式更高，不适合低价值货物；航空运载工具的舱容有限，对大件货物或大批量货物的运输有一定的限制；飞机飞行安全容易受恶劣气候影响，等等。但总的来讲，随着新兴技术得到更为广泛的应用，产品更趋向薄、轻、短、小、高价值，企业更重视运输的及时性、可靠性，航空货运将会有更大的发展前景。

四、国际航空运输组织

1. 国际民用航空组织

国际民用航空组织（International Civil Aviation Organization，ICAO）是政府间的国际航空机构，成立于1944年4月4日，是联合国系统中负责处理国际民航事务的专门机构，总部设在加拿大的蒙特利尔。中国于1946年正式成为该组织成员，也是理事国之一。

该组织主要负责国际航空运输的航行、技术和法律法规建设等。组织的宗旨为发展国际航行的原则和技术，并促进国际航空运输的规划和发展。

2. 国际航空运输协会

国际航空运输协会（International Air Transport Association，IATA）（以下简称国际航协）是各国航空运输企业之间的组织，至2002年，会员已达到264个，包括全世界一百多个国家中经营国际、国内定期航班的航空公司。我国的国际航空公司、东方航空公司和南航航空公司等多家航空公司近年来也陆续加入了国际航协。

国际航协于1945年4月16日在古巴哈瓦那成立，目前下设公共关系、法律、技术、运输、财务、政府和行业事务6个部门。其主要宗旨是：促进安全、正常和经济的航空运输以造福于世界各族人民，培植航空商业并研究与其有关的问题；为直接或间接从事国际航空运输服务的各航空运输企业提供协作的途径；与国际民航组织及其他国际组织合作。

半个多世纪以来，国际航协充分利用航空公司的专门知识在多个方面作出了重大贡献，这中间包括推动地空通信、导航、航空器安全飞行等新技术；制定机场噪音、油料排放等环境政策，与国际民航组织密切联系制定一系列国际公约；协助航空公司处理有关法律纠纷；筹建国际航空清算组织；推进行业自动化，促进交流；对发展中国家航空运输企业提供从技术咨询到人员培训的各种帮助；在航空货运方面制定空运集装箱技术说明及航空货运服务有关规章；培训国际航协代理人等等。另外，定期召开的 IATA 会议还为会员提供了讨论航空运输规则、协调运价、统一单证、财务结算等问题的场所。

3. 国际货运代理人协会

国际货运代理人协会（International Federation of Freight Forwarders Association，FIATA）简称"FIATA（菲亚塔）"是国际货运代理人的行业组织，于 1926 年 5 月 31 日在奥地利维也纳成立，总部设在瑞士苏黎世，现迁至日内瓦，截止 2011 年，成员包括 38 个国家和地区的 93 个货代协会，近 3 000 联系会员。创立的目的是解决由于日益发展的国际货运代理业务所产生的问题，保障和提高国际货运代理在全球的利益，提高货运代理服务的质量。

协会的一般会员由国家货运代理协会或有关行业组织或在这个国家中独立注册登记的且为唯一的国际货运代理公司组成，另有为数众多的国际货运代理公司或其他私营企业作为其联系会员。它是公认的国际货运代理的代表，是世界范围内运输领域中最大的非政府和非盈利性组织，中国对外贸易运输总公司于 1985 年加入该协会成为正式会员，并与 2001 年成立了中国货运代理协会以加强对其的协调和管理。

第二节　国际航空货物运输方式

一、班机运输

班机运输（Scheduled Airline）是指具有固定开航时间、航线和停靠航站的飞机。班机运输一般有固定的始发站、到达站和经停站。

按照业务的对象不同班机运输可分为客运航班和货运航班。顾名思义，后者只承担货物运输，大多使用全货机。但由于到目前为止国际贸易中经由航空运输所承运的货量有限，所以货运航班只是由某些规模较大的专门的航空货运公司或一些业务范围较广的综合性航空公司在货运量较为集中的航线开辟。对于前者，一般航空公司通常采用客货混合型飞机，在搭乘旅客的同时也承揽小批量货物的运输。

航班运输具有以下特点：

（1）班机运输有固定的航线、停靠港、固定的航期，并在一定时间内有相对固定的收费标准，对进出口商来讲可以在贸易合同签署之前预计货物的起运和到达时间，核算运费成本，合同的履行也较有保障，因此成为多数贸易商的首选航空货运形式。

（2）班机运输快速、准确、准班率高，便于收发货人确切掌握货物起运和到达的时间，在吸引传统的鲜活、易腐货物、贵重货物、急需货物的基础上，又提出为企业特别是跨国企业提供后勤服务的观点，班机正在成为跨国公司分拨产品、半成品的得力助手。

（3）班机运输多采用客货混合机型，货物舱位有限，不能满足大批量货物及时出运的要求，往往只能分批运输。另外不同季节同一航线客运量的变化也会直接影响货物装载的数量，使得班机运输在货物运输方面存在很大的局限性。

二、包机运输

包机运输（Chartered Carrier）是指包用航空公司飞机，在固定航线上或非固定航线上飞行，用以载运客货的航空运输。由于班机运输形式下货物舱位常常有限，因此当货物批量较大时，包机运输就成为重要方式。包机运输通常可分为整机包机和部分包机。

所谓整机包机是指航空公司或包机代理公司按照合同中双方事先约定的条件和运价将整架飞机租给租机人，从一个或几个航空港装运货物至指定目的地的运输方式；部分包机则是指由几家航空货运代理公司或发货人联合包租一架飞机，或者是由包机公司把一架飞机的舱位分别卖给几家航空货运代理公司的货物运输形式。相对而言部分包机适合于货量不足装一整架飞机，但货物又较重的情况，在这种形式下货物运费较班机运输低，但由于需要等待其他货主备妥货物，因此运送时间较长。

包机运输满足了大批量货物进出口运输的需要，同时包机运输的运费比班机运输形式下低，且随国际市场供需情况的变化而变化，给包机人带来了潜在的利益。但包机运输是按往返路程计收费用，存在着回程空放的风险。

与班机运输相比，包机运输可以由承租飞机的双方议定航程的起讫点和中途停靠的空港，因此更具灵活性，但由于各国政府出于安全的需要，也为了维护本国航空公司的利益，对他国航空公司的飞机通过本国领空或降落本国领土往往大加限制，复杂繁琐的审批手续大大增加了包机运输的营运成本，因此目前使用包机业务的地区并不多。

三、集中托运

集中托运（Consolidation）是指航空货运代理将若干批单独发运的货物组成一整批，向航空公司办理托运，采用一份航空总运单集中发运到同一目的站，由集中托运人在目的地指定的代理收货，再根据集中托运人签发的航空分运单分拨给各实际收货人的运输方式，也是航空货物运输中开展最为普遍的一种运输方式，是航空货运代理的主要业务之一。

集中托运作为最主要的一种航空货运方式有着鲜明的特征，同时也给托运人带来了极大的便利，主要表现在：

（1）由于航空运费的费率随托运货物数量增加而降低，将若干个小批量货物组成大批出运可降低费率。集中托运人会将其中一部分费用支付给目的地代理人，另一部分会返还给托运人以吸引更多的客户，其余的作为集中托运人的收益。

（2）集中托运人的专业性服务也会使托运人收益，这包括完善的地面服务网络，拓宽了的服务项目，以及更高的服务质量。

（3）因为航空公司的主运单与集中托运人的分运单效力相同，集中托运形式下托运人结汇的时间提前，资金的周转加快。

但是，集中托运也有它的局限性。主要是指：

（1）贵重物品、危险品、外交信袋等根据航空公司的规定不得采用集中托运的形式。

（2）由于集中托运的情况下，货物的出运时间不能确定，所以不适合易腐烂变质的货物、紧急货物或其他对时间要求高的货物的运输。

（3）对可以享受航空公司优惠运价的货物来讲，使用集中托运的形式可能不仅不能享受到运费的节约，反而使托运人运费负担加重。

四、航空快递

所谓航空快递（Air Express）是指具有独立法人资格的企业将进出境的货物或物品从发件人所在地通过自身或代理的网络运达收件人的一种快速运输方式。航空快递的主要业务形式有：

1. 门/桌到门/桌（Door/Desk to Door/Desk）

门/桌到门/桌的服务形式也是航空快递公司的常用服务形式。首先由发件人在需要时电话通知快递公司，快递公司接到通知后派人上门取件，然后将所有收到的快件集中到一起，根据其目的地分拣、整理、制单、报关、发往世界各地，到达目的地后，再由当地的分公司办理清关、提货手续，并送至收件人手中。在这期间，客户还可依靠快递公司的电脑网络随时对快件（主要指包裹）的位置进行查询，快件送达之后，也可以及时通过电脑网络将消息反馈给发件人。这种方式适合绝大多数快件的运送。

2. 门/桌到机场（Door/Desk to Airport）

与前一种服务方式相比，门/桌到机场的服务指快件到达目的地机场后不是由快递公司去办理清关、提货手续并送达收件人的手中，而是由快递公司通知收件人自己去办理相关手续。采用这种方式的多是海关当局有特殊规定的货物或物品。

3. 专人派送（Courier on board）

所谓专人派送是指由快递公司指派专人携带快件在最短时间内将快件直接送到收件人手中。这是一种特殊服务，一般很少采用。

第三节 国际航空货物运输运费

一、国际航空运输区划与运费

1. 航空运输区划

与其他各种运输方式不同的是，国际航空货物运输中与运费有关的各项规章制度、运费水平都是由国际航协统一协调、制定的。在充分考虑了世界上各个不同国家、地区的社会经济、贸易发展水平后，国际航协将全球分成3个区域，简称为航协区（IATA Traffic Conference Areas），每个航协区内又分成几个亚区。由于航协区的划分主要从航空运输业务的角度考虑，依据的是不同地区不同的经济、社会及商业条件，因此和我们熟悉的世界行政区划有所不同。其中：

（1）一区（TC1）：包括北美、中美、南美、格陵兰、百慕大群岛和夏威夷群岛。

（2）二区（TC2）：由整个欧洲大陆（包括俄罗斯的欧洲部分）及毗邻岛屿，冰岛、亚速尔群岛，非洲大陆和毗邻岛屿，亚洲的伊朗及伊朗以西地区组成。本区也是和我们所熟知的政治地理区划差异最多的一个区，它主要有3个亚区：

① 非洲区：含非洲大多数国家及地区，但北部非洲的摩洛哥、阿尔及利亚、突尼斯、埃及和苏丹不包括在内。

② 欧洲区：包括欧洲国家和摩洛哥、阿尔及利亚、突尼斯3个非洲国家和土耳其（既包括欧洲部分，也包括亚洲部分）。俄罗斯仅包括其欧洲部分。

③ 中东区：包括巴林、塞浦路斯、埃及、伊朗、伊拉克、以色列、约旦、科威特、黎巴嫩、阿曼、卡塔尔、沙特阿拉伯、苏丹、叙利亚、阿拉伯联合酋长国、也门等。

（3）三区（TC3）：由整个亚洲大陆及毗邻岛屿（已包括在二区的部分除外），澳大利亚、新西兰及毗邻岛屿，太平洋岛屿（已包括在一区的部分除外）组成。其中：

① 南亚次大陆区：包括阿富汗、印度、巴基斯坦、斯里兰卡等南亚国家。

② 东南亚区：包括中国、东南亚诸国、蒙古、俄罗斯亚洲部分及土库曼斯坦等独联体国家、密克罗尼西亚等群岛地区。

③ 西南太平洋洲区：包括澳大利亚、新西兰、所罗门群岛等。

④ 日本、韩国、朝鲜区：仅含日本、韩国和朝鲜。

2. 运价与运费

（1）运价。运价又称费率，指承运人对所运输的每一单位重量的货物所收取的自始发地机场至目的地机场的航空运输费用。

（2）运费。运费是指航空公司将一票货物自始发地机场至目的地机场所收取的航空运输费用。这笔费用是根据每票货物所适用的运价和货物的计费重量计算得到的，并且不包括其他费用。其他费用主要包括地面运输、仓储、制单、国际货物的清关等环节产生的费用。

3. 国际航空货物运价体系

目前国际航空货物运价按制定的途径划分，可分为协议运价和国际航协运价。

（1）协议运价。协议运价是指航空公司与托运人签订运价协议，托运人保证每年向航空公司交运一定数量的货物，航空公司则向托运人提供一定的运价折扣。大多数航空公司现在所使用的运价都是协议运价，但都是以国际航协运价为基础的。

（2）国际航协运价。国际航协运价是指国际航协在 TACT 运价资料上公布的运价。按照国际航协货物运价公布的形式划分，国际航协运价可分为公布直达运价和非公布直达运价。

二、计费重量

所谓计费重量（Chargeable Weight）就是据以计算运费的货物的重量。国际航空货运的计费重量是按货物的实际重量和体积重量两者中的较高者计算。

1. 实际重量（Actual Weight）

实际重量是指一批货物包括包装在内的实际总重量。凡重量较大而体积较小的货物按实际重量作为计费重量，这种货物称为重量货物。其界限为：每 6 000 cm^3 或每 366 in^3 重量超过 1 kg 或者每 166 in^{3*} 重量超过 1 磅。如果货物的毛重以千克表示，计费重量的最小单位是 0.5 kg。当重量不足 0.5 kg 时，按 0.5 kg 计算；超过 0.5 kg 不足 1 kg 时按 1 kg 计算。如果货物的毛重以磅表示，当货物不足 1 磅时，按 1 磅计算。

2. 体积重量（Measurement Weight）

凡体积大而重量小的货物称为轻泡货物或轻货，其计费重量为体积重量。具体界限为每 6 000 cm^3 或每 366 in^3 重量不足 1 kg 或者每 166 in^3 重量不足 1 磅。

体积重量的计算方法是：

（1）不考虑货物的几何形状，分别以货物的最长、最宽、最高的三边的厘米长度计算，测量数值的尾数四舍五入。

（2）将货物的长、宽、高相乘得出货物的体积。

（3）将体积折合成千克或磅，即根据所使用不同的度量单位分别用体积值除以 6 000 cm^3 或 366 in^3 或 166 in^3。体积重量尾数处理方法同毛重。

三、公布的直达运价

公布的直达运价指航空公司在运价本上直接注明承运人对由起运地机场运至目的地机场的货物所收取的一定金额。公布的直达运价主要有 3 类，特种货物运价、等级货物运价、普通货物运价。

1. 特种货物运价（Specific Commodity Rates，SCR）

特种货物运价（又称指定货物运价）通常是承运人根据在某一航线上经常运输某一种类货物的托运人的请求或为促进某地区间某一种类货物的运输，经国际航空运输协会同意所提供的优惠运价。

国际航空运输协会公布特种货物运价时将货物划分为以下类型：

0001—0999 食用动物和植物产品；

1000—1999 活动物和非食用动物及植物产品；

2000—2999 纺织品、纤维及其制品；

3000—3999 金属及其制品，但不包括机械、车辆和电器设备；

4000—4999 机械、车辆和电器设备；

5000—5999 非金属矿物质及其制品；

6000—6999 化工品及相关产品；

---

* in（英寸），非法定单位，1 in = 2.54 cm。

7000—7999 纸张、芦苇、橡胶和木材制品；
8000—8999 科学和精密仪器、器械及配件；
9000—9999 其他货物。

其中每一组又细分为 10 个小组，每个小组再细分，这样几乎所有的商品都有一个对应的组号，公布特种货物运价时只要指出本运价适用于哪一组货物就可以了。

因为承运人制定特种运价的初衷主要是使运价更具竞争力，吸引更多客户使用航空货运形式，使航空公司的运力得到更充分的利用，所以特种货物运价比普通货物运价要低。也因此适用特种运价的货物除了满足航线和货物种类的要求外，还必须达到承运人所规定的起码运量（如 100 kg）。如果货量不足，而托运人又希望适用特种运价，那么货物的计费重量就要以所规定的最低运量（如 100 kg）为准，该批货物的运费就是计费重量（在此是最低运量）与所适用的特种货物运价的乘积。

2. 等级货物运价（Class Rates or Commodity Classification Rates，CCR）

等级货物运价指适用于指定地区内部或地区之间的少数货物运输。通常表现为在普通货物运价的基础上增加或减少一定的百分比。

适用等级货物运价的货物通常有：
（1）活动物、活动物的集装箱和笼子。
（2）贵重物品。
（3）尸体或骨灰。
（4）报纸、杂志、期刊、书籍、商品目录、盲人和聋哑人专用设备和书籍等出版物。
（5）作为货物托运的行李。

其中（1）~（3）项通常在普通货物运价基础上增加一定百分比；（4）~（5）项在普通货物运价的基础上减少一定百分比。

3. 普通货物运价（General Cargo Rates，GCR）

普通货物运价是适用最为广泛的一种运价。当一批货物不能适用特种货物运价，也不属于等级货物时，就应该适用普通货物运价。

通常，各航空公司公布的普通货物运价针对所承运货物数量的不同，规定几个计费重量分界点（Breakpoints）。最常见的是 45 kg 分界点，将货物分为 45 kg 以下的货物（该种运价又被称为标准普通货物运价，即 Normal General Rates 或简称 N）和 45 kg 以上（含 45 kg，代号 Q）的货物。另外，根据航线货流量的不同还可以规定 100 kg、300 kg 分界点，甚至更高。运价的数额随运输货量的增加而降低，这也是航空运价的显著特点之一。

如以北京—伦敦航线为例，普通货物的每千克运价是：

45 kg 以下	37.25 元
45 kg 以上	26.66 元
300 kg 以上	24.30 元
500 kg 以上	19.71 元
10 000 kg 以上	18.10 元

由于对大运量货物提供较低的运价，很容易发现对一件 285 kg 的货物，按照 45 kg 以上

货物的运价计算的运费（26.66 × 285 = 7 598.1）反而高于一件 300 kg 货物所应付的运费（24.30 × 300 = 7 290.00），显然这有些不合理。因此航空公司又规定对航空运输的货物除了要比较其实际的毛重和体积重量并以高的为计费重量以外，如果适用较高的计费重量分界点计算出的运费更低，则也可适用较高的计费重量分界点的费率，此时货物的计费重量为那个较高的计费重量分界点的最低运量。

4. 起码运费（Minimum Charges，M）

起码运费是航空公司办理一批货物所能接受的最低运费，是航空公司在考虑办理即使很小的一批货物也会产生的固定费用后制定的。

如果承运人收取的运费低于起码运费，就不能弥补运送成本。因此，航空公司规定无论所运送的货物适用哪一种航空运价，所计算出来的运费总额都不得低于起码运费。若计算出的数值低于起码运费，则以起码运费计收，另有规定的除外。

航空货运中除了以上 4 种公布的直达运价外，还有一种特殊的运价，即成组货物运价，适用于托盘和集装箱货物。

5. 公布的直达运价的使用

（1）除起码运费外，公布的直达运价都以千克或磅为单位。

（2）航空运费计算时，应首先考虑使用特种货物运价，其次等级货物运价，最后是普通货物运价。

（3）如按特种货物运价或等级货物运价或普通货物运价计算的货物运费总额低于所规定的起码运费时，按起码运费计收。

（4）承运货物的计费重量可以是货物的实际重量或者是体积重量，以高的为准；如果某一运价要求有最低运量，而无论货物的实际重量或者是体积重量都不能达到要求时，以最低运量为计费重量。

（5）公布的直达运价是一个机场至另一个机场的运价，而且只适用于单一方向。

（6）公布的直达运价仅指基本运费，不包含仓储等附加费。

（7）原则上，公布的直达运价与飞机飞行的路线无关，但可能因承运人选择的航路不同而受到影响。

（8）运价的货币单位一般以起运地当地货币单位为准，费率以承运人或其授权的代理人签发航空运单的时间为准。

四、非公布的直达航空运价

当从始发地到目的地之间没有公布的直达运价时，可以采用比例运价或分段相加运价的办法组成最低的全程运价，从而构成非公布的直达运价。

1. 比例运价（Construction Rate）

在运价手册上除公布的直达运价外还公布一种不能单独使用的附加数（Add-on

amounts)。当货物的始发地或目的地无公布的直达运价时,可采用比例运价与已知的公布的直达运价相加,构成非公布的直达运价。

需要注意的是在利用比例运价时,普通货物运价的比例运价只能与普通货物运价相加,特种货物运价、集装设备的比例运价也只能与同类型的直达运价相加,不能混用。此外,可以用比例运价加直达运价,也可以用直达运价加比例运价,还可以在计算中使用两个比例运价,但这两个比例运价不可连续使用。只有在国际运输中才能使用比例运价。

2. 分段相加运价(Combination of Rate)

所谓分段相加运价是指在两地间既没有直达运价也无法利用比例运价时,可以在始发地与目的地之间选择合适的运价计算点,分别找到始发地至该点、该点至目的地的运价,两段运价相加组成全程的最低运价。

无论是比例运价还是分段相加运价,中间计算点的选择,也就是不同航线的选择将直接关系到计算出来的两地之间的运价,因此承运人允许发货人在正确使用的前提下,以不同计算结果中最低值作为该货物适用的航空运价。

五、航空附加费

1. 声明价值附加费(Valuation Charges)

与海运或铁路运输的承运人相似,航空承运人也要求将自己对货方的责任限制在一定的范围内,以限制经营风险。

《华沙公约》中对由于承运人自身的疏忽或故意造成的货物的灭失、损坏或延迟规定了最高赔偿责任限额,这一金额一般为每千克20美元或每磅9.07英镑或其他等值货币。如果货物的价值超过了上述值,即增加了承运人的责任,承运人要收取声明价值费。否则即使出现更多的损失,承运人对超出的部分也不承担赔偿责任。

货物的声明价值是针对整件货物而言,不允许对货物的某部分声明价值。声明价值费的收取依据货物的实际毛重,计算公式为:

$$声明价值费 = (货物声明价值 - 货物毛重 \times 20 美元/千克) \times 声明价值费费率$$

声明价值费费率通常为0.5%。大多数的航空公司在规定声明价值费费率的同时还要规定声明价值费的最低收费标准。如果根据上述公式计算出来的声明价值费低于航空公司的最低标准,则托运人要按照航空公司的最低标准缴纳声明价值费。

2. 其他附加费

其他附加费包括制单费、货到付款附加费、提货费等,一般只有在承运人或航空货运代理人或集中托运人提供服务时才收取。

第四节　国际航空运单

一、航空运单概述

航空运单（Airway Bill）与海运提单有很大不同，却与国际铁路运单相似。它是由承运人或其代理人签发的重要的货物运输单据，是承托双方的运输合同，其内容对双方均具有约束力。航空运单不可转让，持有航空运单也并不能说明可以对货物要求所有权。

1. 航空运单的性质和作用

（1）航空运单是发货人与航空承运人之间的运输合同。
（2）航空运单是承运人签发的已接收货物的证明。
（3）航空运单是运费结算凭证和运费收据。
（4）航空运单是报关单证之一。
（5）航空运单可作为保险证书。
（6）航空运单是承运人组织运输的依据。

2. 航空运单的分类

航空运单主要可分为航空主运单和航空分运单两种类型。

1）航空主运单（Master Air Waybill，MAWB）

凡由航空运输公司签发的航空运单就称为主运单。它是航空运输公司据以办理货物运输和交付的依据，是航空公司和托运人订立的运输合同，每一批航空运输的货物都有自己相对应的航空主运单。

2）航空分运单（House Air Waybill，HAWB）

集中托运人在办理集中托运业务时签发的航空运单被称作航空分运单。在集中托运的情况下，除了航空运输公司签发主运单外，集中托运人还要签发航空分运单。

在这中间，航空分运单作为集中托运人与托运人之间的货物运输合同，合同双方分别为货主和集中托运人；而航空主运单作为航空运输公司与集中托运人之间的货物运输合同，当事人则为集中托运人和航空运输公司。货主与航空运输公司没有直接的契约关系。

不仅如此，由于在起运地货物由集中托运人将货物交付航空运输公司，在目的地由集中托运人或其代理从航空运输公司处提取货物，再转交给收货人，因而货主与航空运输公司也没有直接的货物交接关系。

3. 航空运单填开责任

承运人为托运人准备航空货运单，托运人有责任填制航空货运单并为其准确性和完备性负责。托运人在航空货运单上的签字证明其接受航空货运单正本背面的运输条件。托运人应当填写货运单正本一式3份，每份都印有背面条款，其中一份交发货人，是承运人或其代理人接收货物的依据；第二份由承运人留存，作为记账凭证；最后一份随货同行，在货物到达目的地，交付给收货人时作为核收货物的依据。承运人有权要求托运人填写航空货运单，托运人有权要求承运人接受该航空货运单，托运人未能出示航空货运单、货运单不符合规定或货运单遗失，不影响运输合同的存在及有效性。

二、航空运单的内容

航空运单与海运提单类似也有正面、背面条款之分，不同的航空公司有自己独特的航空运单格式，但各航空公司所使用的航空运单则大多借鉴 IATA 推荐的标准格式，差别不大。下面就有关需要填写的内容做简要说明。

- 1. 始发站机场：填写 IATA 统一制订的始发站机场或城市的三字代码，与 11 栏一致。
- 1A：IATA 统一编制的航空公司代码，如我国的国际航空公司的代码就是 999。
- 1B：运单号。
- 2. 发货人姓名、住址（Shipper's Name and Address）：填写发货人姓名、地址、所在国家及联络方法。
- 3. 发货人账号：只在必要时填写。
- 4. 收货人姓名、住址（Consignee's Name and Address）：应填写收货人姓名、地址、所在国家及联络方法。空运单不可转让，所以"凭指示"之类的字样不得出现。
- 5. 收货人账号：同 3 栏一样只在必要时填写。
- 6. 承运人代理的名称和所在城市（Issuing Carrier's Agent Name and City）
- 7. 代理人的 IATA 代号。
- 8. 代理人账号。
- 9. 始发站机场及所要求的航线（Airport of Departure and Requested Routing）：这里的始发站应与 1 栏填写的相一致。
- 10. 支付信息（Accounting Information）：此栏只有在采用特殊付款方式时才填写。
- 11A（C、E）. 去往（To）：分别填入第一（二、三）中转站机场的 IATA 代码。
- 11B（D、F）. 承运人（By）：分别填入第一（二、三）段运输的承运人。
- 12. 货币（Currency）：填入 ISO 货币代码。
- 13. 收费代号：表明支付方式。
- 14. 运费及声明价值费（WT/VAL，Weight Charge/Valuation Charge）

此时可以有两种情况：预付（PPD，Prepaid）或到付（COLL，Collect）。如预付在 14A 中填入"×"，否则填在 14B 中。需要注意的是，航空货物运输中运费与声明价值费支付的方式必须一致，不能分别支付。

- 15. 其他费用（Other）：也有预付和到付两种支付方式。
- 16. 运输声明价值（Declared Value for Carriage）：此栏填入发货人要求的用于运输的声明价值。如果发货人不要求声明价值，则填入"NVD（No Value Declared）"。
- 17. 海关声明价值（Declared Value for Customs）：发货人在此填入对海关的声明价值，或者填入"NCV（No customs valuation）"，表明没有声明价值。
- 18. 目的地机场（Airport of Destination）：填写最终目的地机场的全称。
- 19. 航班及日期（Flight/Date）：填入货物所搭乘航班及日期。

- 20. 保险金额（Amount of Insurance）：只有在航空公司提供代保险业务而客户也有此需要时才填写。
- 21. 操作信息（Handling Information）：一般填入承运人对货物处理的有关注意事项，如"Shipper's certification for live animals（托运人提供活动物证明）"等。
- 22A～22L：货物运价、运费细节。
- 22A. 货物件数和运价组成点（No of Pieces RCP, Rate Combination Point）：填入货物包装件数。如10包即填"10"。当需要组成比例运价或分段相加运价时，在此栏填入运价组成点机场的IATA代码。
- 22B. 毛重（Gross Weight）：填入货物总毛重。
- 22C. 重量单位：可选择千克（kg）或磅（lb）。
- 22D. 运价等级（Rate Class）：针对不同的航空运价共有6种代码，它们是M（Minimum，起码运费）、C（Specific Commodity Rates，特种运价）、S（Surcharge，高于普通货物运价的等级货物运价）、R（Reduced，低于普通货物运价的等级货物运价）、N（Normal，45 kg以下货物适用的普通货物运价）、Q（Quantity，45 kg以上货物适用的普通货物运价）。
- 22E. 商品代码（Commodity Item No.）：在使用特种运价时需要在此栏填写商品代码。
- 22F. 计费重量（Chargeable Weight）：此栏填入航空公司据以计算运费的计费重量，该重量可以与货物毛重相同也可以不同。
- 22G. 运价（Rate/Charge）：填入该货物适用的费率。
- 22H. 运费总额（Total）：此栏数值为起码运费或者是运价与计费重量两栏数值的乘积。
- 22I. 货物的品名、数量、含尺码或体积（Nature and Quantity of goods incl. Dimensions or Volume）：货物的尺码应以厘米或英寸为单位，尺寸分别以货物最长、最宽、最高边为基础。体积则是上述3边的乘积，单位为立方厘米或立方英寸。
- 22J. 该运单项下货物总件数。
- 22K. 该运单项下货物总毛重。
- 22L. 该运单项下货物总运费。
- 23. 其他费用（Other Charges）：指除运费和声明价值附加费以外的其他费用。根据IATA规则各项费用分别用3个英文字母表示。其中前两个字母是某项费用的代码，如运单费就表示为AW（Air Waybill Fee）。第3个字母是C或A，分别表示费用应支付给承运人（Carrier）或货运代理人（Agent）。
- 24～26. 分别记录运费、声明价值费和税款金额，有预付与到付两种方式。
- 27～28. 分别记录需要付给货运代理人（Due Agent）和承运人（Due Carrier）的其他费用合计金额。
- 29. 需预付或到付的各种费用。
- 30. 预付、到付的总金额。
- 31. 发货人的签字。
- 32. 签单时间（日期）、地点、承运人或其代理人的签字。
- 33. 货币换算及目的地机场收费记录。

以上所有内容不一定要全部填入空运单，IATA也并未反对在运单中写入其他所需的内容。但这种标准化的单证对航空货运经营人提高工作效率，促进航空货运业向电子商务的方向迈进有着积极的意义。

第五节 国际航空货运代理业务

一般情况下,航空公司不直接接受货主的货物托运,而是指定航空货运代理人代为接受货物运输委托,这是国际航空货物运输的一个显著特点。下面简单介绍航空货运代理的业务流程。

一、国际航空出口货运业务

1. 委托代理

托运人在托运时,需要委托航空货运代理办理出口货物航空运输的事宜。委托代理时,首先需填写"国际货物托运书"(Shippers Letter of Instruction,SLI),并由托运人签字盖章。国际货物托运书是一份重要的法律文件,它是托运人和航空代理人之间的委托合同,是代理人向航空公司办理货物托运的依据,也是填制航空货物运单的依据。托运书中包含航空运单所需的各项内容,以及授权承运人或其代理人在航空货物运单上签字的文字说明,托运人必须正确填写,并签名、写上日期以示确认。

2. 审核单证

托运人应向航空代理人提交的单证有:货物发票、装箱单、国际货物托运书、报关单、外汇核销单、出口许可证、商品检验证书、进料/来料加工核销本、索赔/返修协议、到付保函和关封。

3. 预配舱

代理人汇总所接受的委托和客户预报输入计算机,计算各航线的质量、体积和件数,按照客户要求和货物质量情况,根据航空公司不同机型对不同板箱的质量和高度要求,制定预配方案,并配置运单号。

4. 订 舱

一般情况,大宗货物、紧急物资、鲜活易腐货物、危险货物、贵重货物等需要预定舱位。订舱的一般做法是:

(1)航空代理人在接到托运人提交的国际货物托运书后,按照托运人的要求,选择最佳的运输线路和承运人,争取最合理的运价。

(2)向航空公司的吨位控制部门领取订舱单。并根据委托书填写

(3)航空公司在订舱单上签字,确认舱位已经订妥,并发给装货集装器领取凭证。

5. 制 单

制单即承运人或航空代理人填制航空货运单,包括总运单和分运单。填写航空货运单是空运出口业务中最重要的环节,运单填写主要根据发货人提供的国际货物托运书,一般用英

文填写，托运书上各项内容都体现在航空货运单上。运单的填写必须详细准确，符合单货一致、单单一致的要求。

在填写运单时，如果货物是直接发给国外收货人的单票货物，则填开航空公司运单即可；如果是集中托运货物，则需先填开航空代理公司的分运单，然后填开航空公司的总运单，以便国外代理对总运单下的各票货物进行分拨。

6. 接收货物

接收货物是指航空货运代理公司把即将发运的货物从收货人手中接收并暂存于自己的仓库。一般接货与接单同时进行。

对于通过空运或铁路从内地运往出境地的出口货物，航空货运代理人按照发货人提供的运单号、航班号、接货地点及日期，代为提取货物。如货物已经在发运地办理了出口海关手续，发货人还应提供发运地海关的关封。

接收货物时，应根据发票和装箱单核对货物品名、数量、合同号、唛头等是否与货运单所记载的一致。还应检查货物的外包装是否符合运输的要求，包装应能保证完整、内部填充充分、无异味散发、不损坏其他货物和设备等。

7. 刷唛和标签

每件货物的外包装上都必须清楚地喷刷或书写托运人名称、收货人名称、详细地址、联系电话、合同号及操作注意事项等内容。为保证顺利运输和交付货物，还应将上述内容做成标签，贴在或挂在货物的外包装上。标签一般有识别标签、特种货物标签和操作标签之分。

8. 出口报关

出口报关的基本程序是：
（1）将发货人提供的出口货物报关单的各项内容录入电脑，向海关电脑系统预申报。
（2）将通过电脑填制的报关单加盖报关单位的报关专用章后，连同有关发票、装箱单、货运单、出口许可证、商品检验证书等有关文件，由报关员正式向海关申报。
（3）海关审核无误后，在航空货运单正本上加盖放行章，同时在出口收汇核销单和出口报关单上加盖放行章，在发货人用于出口退税的单证上加盖验讫章，贴上防伪标志，完成出口报关手续。

9. 装板和装箱

一般情况下，航空运输货物均是以集装箱或集装板形式装运的。小于 $2\ m^3$ 的货物通常交与航空公司拼装，大于 $2\ m^3$ 的大宗货物或集中托运拼装货物一般由航空货运代理人装箱或装板。代理人根据订舱计划，在履行出口报关手续后，凭航空公司吨位控制部门发放的航空集装箱、板凭证，向航空公司板箱管理部门领取集装箱或集装板。大宗货、集中托运货物可以在代理公司自己的仓库或场地装箱装板，也可以在航空公司指定的场地装箱装板。装箱装板时应注意正确使用箱型和板型，一定型号的板箱只能用于一定型号的飞机。箱板上的货物应堆放整齐、结构稳定，并拴紧网索，防止运输途中倒塌。

10. 签 单

航空货运单在盖好海关放行章后，还需到航空公司履行签单手续。其主要目的是审核运价使用是否正确以及货物的性质是否适合空运等。只有经过航空公司签订后，才允许将航空货物运单及货物交给航空公司。

11. 交接发运

交接发运是指向航空公司交单交货，由航空公司安排运输。交付的单据是指随机单据和由承运人留底的单据，包括第二联航空运单正本、发票、装箱单、产地证明、品质鉴定书等。交付的货物应与运单相符，交货前必须粘贴或拴挂货物标签，清点和核对货物，填制货物交接清单。整箱整板货物按称重交接，零散小货按票称重计件交接。

12. 航班跟踪

单证和货物交接给航空公司后，航空公司可能会因为各种原因未能按时将货物运出，所以航空货运代理人还应当密切跟踪航班信息，并反馈给货主。

13. 结算费用

货物发运后，航空货运代理人向托运人收取相关费用并结算费用，主要涉及发货人、承运人和国外代理人三方。

（1）与发货人结算费用。在运费预付的情况下，向发货人收取航空运费、地面运输费和各种服务费和手续费等。

（2）与承运人结算费用。向承运人支付航空运费及代理费，同时收取代理佣金。

（3）与国外代理人结算费用。主要涉及付运费和利润分成。由于航空货代公司之间存在长期的互为代理协议，因此，结算时一般采取应收应付相互抵消、一定期限内清算的方法，而不是一票一结。

二、国际航空进口货运业务

1. 到货预报

到货预报是指在国外发货人发货前，由国外代理公司将运单、航班、件数、重量、品名、实际收货人及其地址、联系电话等内容通过传真或电子邮件发给目的地代理公司。到货预报的目的是使目的地代理公司做好接货前的准备工作。

2. 交接单货

货物到达时，与货物相关的单据也会随机到达。货物卸下飞机后，将进入航空公司或机场的监管仓库，进行进口货物舱单录入，并将舱单上的总运单号、收货人、始发站、目的站、件数、重量、货物品名、航班号等信息通过电脑传输给海关留存，供报关用。同时根据运单上的收货人及地址寄发取单通知和提货通知。若运单上的收货人或通知人为航空货运代理公司，则把相应的运输单据及货物交给该航空货运代理公司。

3. 理货与仓储

代理公司从航空公司接货后，一般把货物运进自己的监管仓库，组织人员理货和仓储。主要工作内容是：逐一核对每票货物的件数，检查货物破损情况，如有异常及时向航空公司提出交涉；将货物按类别、性质等分别堆存，同时注意做好防雨防潮等工作，保证货物及人员安全。

4. 理单与发到货通知

理单与发到货通知是指航空货运代理人整理有关单证和向收货人发出到货通知的工作。

航空货运代理人一般会根据不同情况进行理单。集中托运时，在总运单项下拆单，将集中托运进口的每票总运单项下的分运单分理出来，审核与到货情况是否一致，并制成清单输入电脑；将集中托运总运单项下的发运清单输入海关电脑，以便实施按分运单分别报关、报检、提货。航空货运代理人将总运单、分运单与随机单证、国外先期寄达的单证（发票、装箱单、合同副本、装卸运送指示等）、国内货主或到货单位预先交达的各种单证等进行审核编配，凡单证齐全、符合报关条件的即转入制单、报关程序。

货到目的港后，货运代理应从航空运输的时效出发，为减少货主仓储费、避免海关滞报金，及时通知货主到货情况，提请货主配齐有关单证尽快报关，即向收货人发出到货通知。到货通知应向货主提供到达货物的以下内容：① 运单号、分运单号、货运代理公司编号；② 件数、重量、体积、品名、发货公司、发货地；③ 运单、发票上已编注的合同号、随机已有单证数量及尚缺的报关单证；④ 运费到付数额，货运代理公司地面服务收费标准；⑤ 货运代理公司及仓库的地址（地理位置图）、电话、传真、联系人；⑥ 提示货主，海关关于超过14天报关收取滞报金及超过三个月未报关货物将由海关处理的规定。

5. 制单与报关

制单指按海关要求，依据运单、发票、装箱单及证明货物合法进口的有关批准文件，制作"进口货物报关单"等单据。要求异地清关的货物，在符合海关规定的情况下，应制作《转关运输申报单》办理转关手续，然后办理进口报关。

6. 收费与发货

办完报关、报验等进口手续后，货主须凭盖有海关放行章、检疫检验章（进口药品须有药品检验合格章）的进口提货单到所属监管仓库付费提货。仓库发货时，须检验提货单据上各类报关、报验章是否齐全，并登记提货人的单位、姓名、身份证号，以确保发货安全。货物交接时，须再次检查货物外包装情况，遇有破损、短缺，应向货主做出交代。对分批到达货，收回原提货单，出具分批到达提货单，待后续货物到达后，即通知货主再次提取。航空公司责任的破损、短缺，应由航空公司签发商务记录；货运代理公司责任的破损、短缺，应由代理公司签发商务记录；遇有货代公司责任的破损事项，应尽可能同货主、商检单位立即在仓库进行商品检验，确定货损程度，并采取措施，避免在后道运输中使货损加剧。

航空货运代理公司在发放货物前，一般先收取有关费用，主要有：到付运费及垫付佣金；单证、报关费；仓储费（含冷藏、冷冻、危险品、贵重品特殊仓储费）；装卸、铲车费；航空公司到港仓储费；海关预录入、动植检、卫检报验等代收代付费用；关税及垫付佣金等。

7. 送货与转运

出于多种因素（或考虑便利，或考虑减少费用，或考虑运力所限）许多货主或国外发货人要求将进口到达货由货运代理报关、垫税，提货后运送至直接收货人手中。货运代理人可以提供送货上门业务和转运业务。送货上门业务主要指进口清关后将货物直接运送至货主单位，运输工具一般为汽车。转运业务主要指进口清关后将货物转运至货主单位，运输方式主要为飞机、汽车、火车、水运、邮政等。办理转运业务，需由内地货运代理公司协助收回相关费用。

案例思考

2002年6月至7月，D空运代理公司收到Z货运代理有限公司出具的3份货运委托书传真件，约定付款方式为预付。D公司将货物交联邦快递托运，并产生运费45 303元。2002年6月27日、28日、7月2日，D公司开具3张发票，付款人均为H公司。同年7月12日，D公司出函给Z公司要求将发票交H公司。当日，又同时去函Z公司及H公司要求确认运费。由于D公司未收到系争运费，遂起诉。经查，2002年期间，H公司在上海设有办事处，并与Z合用公司办公室。在与D公司发生业务时使用Z公司便笺、电话和业务章。

原审法院认为：H公司虽与Z公司之间没有代理权，但Z公司管理制度混乱，导致H公司以Z公司名义与D公司达成委托事务，构成转委托代理关系。同时D公司在主观上亦无过失，故应认定D公司与Z公司间转委托运输合同关系成立。Z公司辩称，其与D公司无委托运输合同关系，不承担民事责任的主张，难予采信。根据合同法有关转委托规定，对Z公司和H公司的责任，D公司有选择权。D公司要求Z公司支付运费及利息的诉请，于法有据，可予支持。据此判决：一、Z公司向D公司支付货款45 303元；二、Z公司偿付D公司45 303元的利息损失（从2002年7月13日至2003年11月4日止，按年息1.98%计算）。案件受理费1 855.90元，由Z公司负担。判决后，上诉人Z公司不服，向法院提起上诉，要求撤销原判，对D公司的诉讼请求不予支持。

Z公司上诉称，本案运费的付款人应是H公司而不是Z公司。原审判决应由Z公司承担运费不仅没有尊重本案的基本事实以及法律明文规定，而且其判决结果也不利于D公司与H公司依法解决托运纠纷。

D公司答辩称，第一，Z公司与D公司之间存在委托关系。第二，Z公司与H公司存在合作关系，Z公司同意其雇员丁磊使用Z公司的便笺、电话和业务章，所以，Z公司应为丁磊的行为承担法律责任。

二审法院认为，丁磊虽系H公司工作人员，但因H公司与Z合用公司办公室，且因Z公司管理制度混乱，致丁磊以Z公司名义向D公司出具货运委托书，D公司有理由相信丁磊就是Z公司的代理人，丁磊即代表Z公司与D公司达成委托事务，故D公司向Z公司主张运费并无不当，原审判决 Z 公司向 D 公司支付运费是正确的。Z 公司关于 D 公司应向 H 公司主张运费的上诉理由不能成立，本院不予支持，驳回上诉，维持原判。二审案件受理费人民币 1855.90 元，由上诉人 Z 公司负担。

思考题

1. 国际航空运输有哪几种方式？有什么特点？
2. 简述航空运单的性质和作用。
3. 航空货物运输中的体积重量指的是什么？如何计算？
4. 航空区划是怎样的？
5. 简述国际航空出口货物运输业务流程。
6. 有 4 批精密仪器都需要从北京空运至香港地区，且都为重货，它们的重量分别为 10 kg、20 kg、35 kg、40 kg。如分别托运各需多少运费？如果集中托运又需要多少运费？（设：起码运费为 35 港元，45 kg 以下的每千克 3 港元，45 kg 以上的每千克 2.5 港元）
7. 某公司空运出口一批商品共计 115 箱，每箱重 15 kg，每箱体积为 40 cm×44 cm×60 cm，从北京运往迈阿密。问该货物的空运运费为多少？（设 M：11.81 美元，N：28.65 美元，Q：21.62 美元；100 kg：18.82 美元，500 kg：15.35 美元，1 000 kg：15 美元，2 000 kg：14.6 美元）

第八章 国际集装箱货物运输

> **学习目标**
>
> 了解国际集装箱货物运输概况,掌握集装箱运输的特点。
> 掌握集装箱的标准,熟悉集装箱的标记标准。
> 掌握集装箱货物装箱及交接方式。
> 了解集装箱的进出口货运程序。
> 掌握集装箱运输费用的构成与计算方法。

由于普通件杂货运输长期以来存在着装卸及运输效率低、时间长,货损货差大,影响货运质量,货运手续繁杂,影响工作效率等问题,对货主、船公司及港口的经济效益产生了极为不利的负面影响。而通过集装箱运输,则能解决上述问题。集装箱运输是以集装箱为集合包装和运输单位进行货物运输的现代化运输方式,是成组运输中的一种高级运输形态,是国际贸易运输高度发展的必然产物。目前已成为国际上普遍采用的一种重要的运输方式。它是件杂货运输的发展方向,是交通运输现代化的产物和重要标志,是运输领域的重要变革。因此,世界各国都把集装箱运输称为20世纪的"运输革命"。多式联运一般以集装箱为运输媒介,集装箱的使用为多式联运的发展提供了有利的条件,通过集装箱运输把各种传统的运输方式有机地结合起来成为一体,加以有效地综合利用,构成连贯运输,为货主提供高质量的运输服务。

第一节 国际集装箱运输概述

一、国际集装箱运输的发展概况

集装箱运输大规模地运用虽然是现代运输的产物,但它却有较长的发展历史。早在19世纪后叶,英国兰开夏地区出现了一种为运输棉纱和棉布的有活动框架的载货工具,称为"兰开夏框架",这可算是早期的集装箱雏形。但是直到20世纪初期,某些发达国家由于货物运量的迅速增加,铁路运输得到了较快的发展,真正的集装箱运输才逐渐开展起来。1890年在英国铁路上,首先出现了简单的集装箱运输。到1917年美国铁路也开始试行集装箱运输。到1926年传到德国,1928年又传入法国,接着到了1930年,相继在日本和意大利也开始在陆上出现了集装箱运输。当时人们认为利用集装箱作为运输容器,对协调铁路和公路运输特别有利。而到了1931—1939年,由于公路运输的迅速发展,造成了铁路运输地位的相对下降,于是在这两种运输方式之间,展开了激烈的竞争,竞争的结果导致在进行铁路和公路的集装箱联运时，两者不能紧密配合和相互协调，故当时的集装箱运输的经济效果不能充分发挥。另外，由于开展集装箱运输所需投资巨大，以及集装箱会增加运输工具的载运能力损失等原因，故在这一段时间，世界集装箱运输进展不大，基本上处于停滞不前的状态。

  海上集装箱运输开始于军事物资的运输。第二次世界大战中，美国军队有大量的军事物质需要运送到世界各地，当时的运输效率较低且浪费较大。为解决这个问题，美国陆军部提出要发展一种经济有效的军事运输系统，要求货物运输实现成组化，实现"门到门"运输的目的。其后利用集装箱在海上进行军事物资运输的实践，证明使用集装箱能够大量、迅速和安全地运输货物。战后这种运输方式从军用转为民用，被广泛采用。1956年4月，美国的一家轮船公司，将一艘油轮改装后进行集装箱运输，在纽约至休斯敦航线上作首次航行，试航3个月，获得了明显的经济效益。随后各国群起效仿，集装箱运输迅速发展，特别是20世纪70年代以后，国际海上集装箱运输发展速度更是惊人。海上集装箱运输的发展将集装箱运输推向了高潮。从此，国际航运业也进入了一个新的阶段。目前世界上大多数国家在航运中都日益广泛地开展集装箱运输，并已初步形成一个世界性的集装箱运输体系。

二、集装箱运输的特点

  集装箱运输是一种现代化运输方式，它与传统的货物运输方式相比有许多不同之处，主要表现为以下特点：

1. 高效益的运输方式

  （1）简化包装，大量节约包装费用。为避免货物在运输途中受到损坏，必须有坚固的包装，而集装箱具有坚固、密封的特点，其本身就是一种极好的包装。使用集装箱可以简化包装，有的甚至无须包装，实现件杂货无包装运输，可大大节约包装费用。

  （2）减少货损货差，提高货运质量。由于集装箱是一个坚固密封的箱体，集装箱本身就是一个坚固的包装。货物装箱并铅封后，途中无须拆箱倒载，一票到底，即使经过长途运输或多次换装，箱内货物也不易损坏。集装箱运输可减少被盗、潮湿、污损等引起的货损和货差，深受货主和船公司的欢迎，并且由于货损货差率的降低，减少了社会财富的浪费，也具有很大的社会效益。

  （3）减少营运费用，降低运输成本。由于集装箱的装卸基本上不受恶劣气候的影响，船舶非生产性停泊时间缩短，又由于装卸效率高，装卸时间缩短，对船公司而言，可提高航行率，降低船舶运输成本，对港口而言，可以提高泊位通过能力，从而提高吞吐量，增加收入。

2. 高效率的运输方式

  传统的运输方式具有装卸环节多、劳动强度大、装卸效率低、船舶周转慢等缺点。而集装箱运输完全改变了这种状况。

  （1）普通货船装卸，一般每小时为35 t左右，而集装箱装卸，每小时可达400 t左右，装卸效率大幅度提高。同时，由于集装箱装卸机械化程度很高，因而每班组所需装卸工人数很少，平均每个工人的劳动生产率大大提高。

  （2）由于集装箱装卸效率很高，受气候影响小，船舶在港停留时间大大缩短，因而船舶航次时间缩短，船舶周转加快，航行率大大提高，船舶生产效率随之提高，从而，提高了船舶运输能力，在不增加船舶艘数的情况，可完成更多的运量，增加船公司收入，这样的高效率导致高效益。

3. 高投资的运输方式

集装箱运输虽然是一种高效率的运输方式，但是它同时又是一种资本高度密集的行业。

（1）船公司必须对船舶和集装箱进行巨额投资。根据有关资料表明，集装箱船每立方英尺的造价约为普通货船的 3.7~4 倍。集装箱的投资相当大，开展集装箱运输所需的高额投资，使得船公司的总成本中固定成本占有相当大的比例，高达 2/3 以上。

（2）集装箱运输中的港口的投资也相当大。专用集装箱泊位的码头设施包括码头岸线和前沿、货场、货运站、维修车间、控制塔、门房，以及集装箱装卸机械等，耗资巨大。

（3）为开展集装箱多式联运，还需有相应的内陆设施及内陆货运站等，为了配套建设，就需要兴建、扩建、改造、更新现有的公路、铁路、桥梁、涵洞等，这方面的投资更是惊人。可见，没有足够的资金开展集装箱运输，实现集装箱化是困难的，必须根据国力量力而行，最后实现集装箱化。

4. 高协作的运输方式

集装箱运输涉及面广、环节多、影响大，是一个复杂的运输系统工程。集装箱运输系统包括海运、陆运、空运、港口、货运站以及与集装箱运输有关的海关、商检、船舶代理公司、货运代理公司等单位和部门，如果互相配合不当，就会影响整个运输系统功能的发挥，如果某一环节失误，必将影响全局，甚至导致运输生产停顿和中断。因此，要搞好整个运输系统各环节、各部门之间的高度协作。

5. 适于组织多式联运

由于集装箱运输在不同运输方式之间换装时，无需搬运箱内货物而只需换装集装箱，这就提高了换装作业效率，适于不同运输方式之间的联合运输。在换装转运时，海关及有关监管单位只需加封或验封转关放行，从而提高了运输效率。

三、集装箱规范

1. 集装箱定义

集装箱（Container）又称"货箱"、"货柜"，原义是一种容器，但并非所有的容器都可以称为集装箱。它必须是具有一定的强度，专供周转使用并便于机械操作的大型货物容器。对于集装箱的定义，许多国家和组织都有自己的看法，但普遍接受的是国际标准化组织（ISO）在《集装箱名词术语》中对集装箱下的定义。其定义为："集装箱是一种运输设备，应满足以下要求：具有耐久性，其坚固强度足以反复使用；便于商品运送而专门设计，以一种或多种运输方式运输时无需中途换装；设有便于装卸和搬运的装置，特别是便于从一种运输方式转移到另一种运输方式；设计时应注意便于货物装满或卸空；内容积为 $1 m^3$ 或 $1 m^3$ 以上。"

目前，中国、日本、美国、法国等有关国家都全面引用了国际标准化组织的定义。除了 ISO 的定义外，还有其他的集装箱定义，但内容基本上相近。

2. 集装箱的标准

为了有效地开展国际集装箱多式联运，必须强化集装箱的标准化。当前集装箱按使用范围划分，有国际标准集装箱、国家标准集装箱、地区标准集装箱和公司标准集装箱 4 种。

1）国际标准集装箱

国际标准集装箱是指根据国际标准化组织（ISO）技术委员会制订的国际标准来建造和使用的国际通用的标准集装箱。集装箱标准化工作经历了长期的发展过程，ISO/TC104 自 1961 年成立以来，对集装箱国际标准做过多次补充、增减和修改，现行的国际标准为第 1 系列共 13 种，现行箱型系列如表 8.1 所示。

表 8.1 国际标准集装箱现行箱型系列表

规格	箱型	长度		宽度		高度		最大总重	
		mm	ft-in	mm	ft	mm	ft-in	kg	lb
40 ft	1A	12 192	40	2 438	8	2 438	8	30 480	67 200
	1AX	12 192	40	2 438	8	< 2 438	< 8	30 480	67 200
	1AA	12 192	40	2 438	8	2 591	8'6"	30 480	67 200
	1AAA	12 192	40	2 438	8	2 895	9'6"	30 480	67 200
30 ft	1B	9 125	29'11"1/4	2 438	8	2 438	8"	25 400	56 000
	1BX	9 125	29'11"1/4	2 438	8	< 2 438	< 8"	25 400	56 000
	1BB	9 125	29'11"1/4	2 438	8	2 591	8'6"	25 400	56 000
	1BBB	9 125	29'11"1/4	2 438	8	2 895	9'6"	25 400	56 000
20 ft	1C	6 058	19'10"1/4	2 438	8	2 438	8'	24 000	52 920
	1CX	6 058	19'10"1/4	2 438	8	< 2 438	< 8'	24 000	52 920
	1CC	6 058	19'10"1/4	2 438	8	2 591	8'6"	24 000	52 920
10 ft	1D	2 991	9'9"3/4	2 438	8	2 438	8'	10 160	22 400
	1DX	2 991	9'9"3/4	2 438	8	< 2 438	< 8'	10 160	22 400

2）国家标准集装箱

各国政府参照国际标准并考虑本国的具体情况，制订本国的集装箱标准。美国、日本、德国、法国、英国和苏联等都有各自的国家标准。1978 年 10 月，我国国家标准局制定颁布了我国 5 t 以上集装箱的国家标准，规定我国的标准集装箱共有 8 种，其中 6 种和国际标准一致，另外还有 10 t 箱和 5 t 箱两种，其主要用于国内运输。具体参见现代国家标准《系列 1 集装箱外部尺寸和额定质量》（GB/T 1413—2008）的规定。

3）地区标准集装箱

此类集装箱是由地区组织根据该地区的特殊情况制订的，此类集装箱仅适用于该地区。

如欧洲国际铁路联盟（UIC）集装箱就是根据该地区的情况而制订的。

4）公司标准集装箱

某些大型集装箱船公司，根据本公司的具体情况和条件制订自己的集装箱标准，种类集装箱主要在该公司运输范围内使用。如美国海陆公司的 35 ft 集装箱。此外，目前还有不少非标准集装箱在使用当中。这些集装箱的非标准表现在长度、宽度或高度的非标准，一般情况是其尺寸要比标准集装箱大。加大集装箱的尺寸的目的主要是减少集装箱的装卸和搬运次数，降低相应的费用，从而提高集装箱运输的运营效果。

3. 集装箱的种类

集装箱在发展和运用的过程中，出现了不同的种类。按使用目的集装箱分以下几种：

1）通用干货集装箱（Dry Cargo Container）

这种集装箱也称为杂货集装箱，用来运输无需控制温度的件杂货。其使用范围极广，占集装箱总数的 70%~80%。这种集装箱通常为封闭式，在一端或侧面设有箱门。这种集装箱通常用来装运文化用品、化工用品、电子机械、工艺品、医药、日用品、纺织品及仪器零件等。

2）保温集装箱（Keep Constant Temperature Container）

这种集装箱是为了运输需要冷藏或保温的货物，所有箱壁都采用导热率低的材料隔热而制成的集装箱，可分为以下 3 种：

（1）冷藏集装箱（Reefer Container）。它是以运输冷冻食品为主，能保持所定温度的保温集装箱。它专为运输如鱼、肉、新鲜水果、蔬菜等食品而特殊设计的。目前国际上采用的冷藏集装箱基本上分两种：一种是集装箱内带有冷冻机的叫机械式冷藏集装箱；另一种箱内没有冷冻机而只有隔热结构，即在集装箱端壁上设有进气孔和出气孔，箱子装在舱中，由船舶的冷冻装置供应冷气，这种叫做离合式冷藏集装箱（又称外置式或夹箍式冷藏集装箱）。

（2）隔热集装箱。它是为载运水果、蔬菜等货物，防止温度上升过大，以保持货物鲜度而具有充分隔热结构的集装箱。通常用于冰作制冷剂，保温时间为 72 h 左右。

（3）通风集装箱（Ventilated Container）。它是为装运水果、蔬菜等不需要冷冻而具有呼吸作用的货物，在端壁和侧壁上设有通风孔的集装箱，如将通风口关闭，同样可以作为杂货集装箱使用。

3）罐式集装箱（Tank Container）

这种集装箱是专用以装运酒类、油类（如动植物油）、液体食品以及化学品等液体货物的集装箱。它还可以装运其他液体的危险货物。这种集装箱有单罐和多罐数种，罐体四角由支柱、撑杆构成整体框架。

4）台架式集装箱（Platform Based Container）

这种集装箱是没有箱顶和侧壁，甚至连端壁也去掉而只有底板和四个角柱的集装箱。这种集装箱可以从前后、左右及上方进行装卸作业，适合装载长大件和重货件，如重型机械、钢材、钢管、木材、钢锭等。

5）平台集装箱（Platform Container）

这种集装箱是在台架式集装箱上再简化而只保留底板的一种特殊结构集装箱。平台的长度与宽度与国际标准集装箱的箱底尺寸相同，可使用与其他集装箱相同的紧固件和起吊装置。

6）敞顶集装箱（Open Top Container）

这种集装箱是一种没有刚性箱顶的集装箱，但有由可折叠式或可折式顶梁支撑的帆布、塑料布或涂塑布制成的顶篷，其他构件与通用集装箱类似。这种集装箱适于装载大型货物和重货，如钢铁、木材，特别是像玻璃板等易碎的重货，利用吊车从顶部吊入箱内不易损坏，而且也便于在箱内固定。

7）汽车集装箱（Car Container）

这种集装箱是一种运输小型轿车的专用集装箱，其特点是在简易箱底上装一个钢制框架，通常没有箱壁（包括端壁和侧壁），分为单层和双层两种。

8）动物集装箱（Pen Container or Live StockContainer）

这种集装箱是一种装运鸡、鸭、鹅等活家禽和牛、马、羊、猪等活家畜用的集装箱。为了遮蔽太阳，箱顶采用胶合板露盖，侧面和端面都有用铝丝网制成的窗，以求有良好的通风。侧壁下方设有清扫口和排水口，并配有上下移动的拉门，可把垃圾清扫出去，还装有喂食口。

9）服装集装箱（Garment Container）

这种集装箱的特点是，在箱内上侧梁上装有许多根横杆，每根横杆上垂下若干条皮带扣、尼龙带扣或绳索，成衣利用衣架上的钩直接挂在带扣或绳索上。这种服装装载法属于无包装运输，它不仅节约了包装材料和包装费用，而且减少了人工劳动，提高了服装的运输质量。

4. 集装箱标记标准

为了方便文件编制、业务管理和信息传递，国际标准化组织对集装箱的标记制定了标准。由 ISO 规定的集装箱标记分为必备标记和自选标记两大类，每类标记中又分为识别标记和作业标记。

1）必备标记

（1）识别标记。它包括箱主代号、顺序号和核对数字。

① 箱主代号。箱主代号用于标识集装箱的所有者。集装箱箱主代号由 4 个大写的拉丁字母表示，为了使集装箱与其他设备相区别，第 4 个字母一律用 "U" 表示。世界部分船公司和租箱公司的箱主代号如表 8.2 所示。

② 顺序号。集装箱顺序号又称为箱号，由 6 位阿拉伯数字组成，如果有效数字不足 6 位时，则在有效数字前用 "0" 补足六位。

③ 核对数字。核对数字是用来核对箱主代号和顺序号记录是否正确的校对数字。一般用 1 位阿拉伯数字表示，位于顺序号之后，并加方框以醒目。

（2）作业标记。它包括额定重量和自重标记、空陆水联运集装箱标记、登箱顶触电警告标记。

① 额定重量和自重标记。额定重量即集装自重，自重即集装箱空箱质量（或空箱重量），

根据规定应以千克（kg）和磅（lb）同时表示。

② 空陆水联运集装箱标记。由于航空集装箱的强度与海运集装箱强度比较起来相差很大，仅能堆码两层，空陆水联运时其必须和海运集装箱区别开来，为此国际标准化组织对该类集装箱规定了特殊的标志。该标记为黑色，置于集装箱的侧壁和端壁的左上角，并规定标记的最小尺寸为：高 127 mm，长 255 mm，字母标记的字体高度至少为 76 mm。

③ 登箱顶触电警告标记。该标记为黄色底上作黑色三角形，一般设在罐式集装箱上和位于邻近登箱顶的扶梯处，以警告登箱者有触电危险。

表 8.2 世界部分船公司箱主代号

国家和地区	公司名称	箱主代号	
美 国	海陆联运公司	SEAU	
	美国班轮公司	USLU	
	美国总统轮船公司	APLU	
德 国	哈帕格·劳埃德轮船公司	HLCU	
	汉堡 SUD 轮船公司	SUDU	
英 国	海外集装箱公司	OCLU	OCSU
	海洋集装箱公司	SCXU	SCPU
日 本	大阪商船三井航运公司	MOLU	
	日本邮船公司	NYKU	
	川崎汽船公司	KKLU	ESSU
丹 麦	马士基班轮公司	MAEU	
	宝隆洋行	EACU	
瑞 士	地中海海运公司	MSCU	
意大利	劳埃德航运公司	LTLU	
中 国	中国远洋运输集团公司	COSU	
中国香港地区	东方海外集装箱公司	OCLU	
	香岛轮船有限公司	HKLU	

2）自选标记

（1）识别标记。它包括国家和地区代号、尺寸和类型代号。

① 国家和地区代号。按照 ISO 的规定，应以两字母代号表示，而以前使用的是 3 字母代号，目前仍可以同时使用。部分国家和地区代号如表 8.3 所示。

② 尺寸和类型代号（箱型代码）。按 ISO 的规定，尺寸代号表示箱长、箱宽和箱高，由两位代码字符表示，第 1 个代码字符表示箱长，第 2 个代码字符表示箱宽和箱高。箱型代码由两位字符表示，第 1 位用一个拉丁字母表示箱型，第 2 位用一个数字表示该箱型的特征。

表 8.3　部分国家和地区代号表（ISO3166）

国家和地区	代　号	国家和地区	代　号
阿富汗	AF	意大利	IT
阿尔巴尼亚	AL	日　本	JP
阿根廷	AR	波　兰	PL
澳大利亚	AU	中国台湾省	TW
比利时	BE	新加坡	SG
保加利亚	BG	瑞　典	SE
加拿大	CA	泰　国	TH
中　国	CN	乌克兰	UA
法　国	FR	英　国	GB
中国香港地区	HK	美　国	US

（2）作业标记。它包括超高标记、国际铁路联盟标记。

① 超高标记。该标记为黄底上标出黑色数字和边框。此标记贴在集装箱每侧的左下角，距箱底约 0.6 m 处，同时应贴在集装箱主要标记下方。凡高度超过 2.6 m 的集装箱均应贴上此标记。

② 国际铁路联盟标记。凡符合《国际铁路联盟条例》规定的集装箱，可以获得此标记。该标志是欧洲铁路上运输集装箱的必要通行标志。

第二节　集装箱货运流程与交接方式

由于集装箱是一种新的现代化运输方式，它与传统的货物运输有很多不同，做法也不一样，目前国际上对集装箱运输尚没有一个行之有效并被普遍接受的统一做法。但在处理集装箱具体业务中，各国大体上做法近似，现根据当前国际上对集装箱业务的通常做法作简介。

一、集装箱货运流程

集装箱货物的运输，是根据各国的运输法规和每条运输线路上的经济、地理等条件，决定其不同的集散方式和流转程序。由于集装箱运输是建立在大规模生产方式基础上的，所以它必须将分散的小批量货物预先在内陆的某几个点加以集中，等组成大批量货源后，通过内陆运输将其运至集装箱码头。下面是一个典型的集装箱货运流程，如图 8.1 所示。

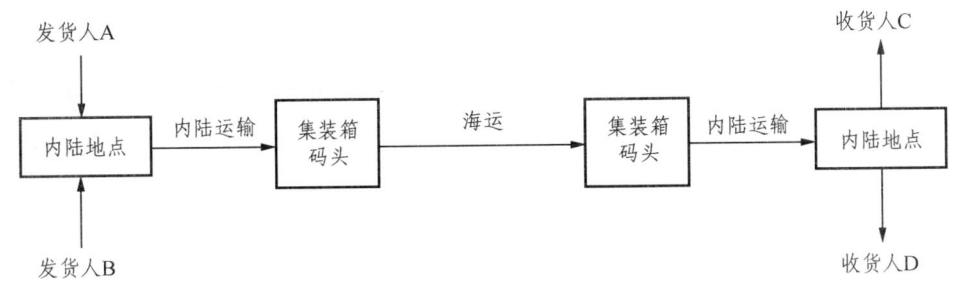

图 8.1　典型集装箱货运流程简图

二、集装箱货物装箱及交接方式

1. 集装箱货物装箱方式

集装箱装箱方式可分为整箱和拼箱两种。

1）整箱（Full Container Load，FCL）

这种装箱方式是指货方自行将货物装满整箱以后，以箱为单位进行托运。这种情况通常在货主有足够货源装载一个或数个整箱时采用，除有些大的货主自己置备有集装箱外，一般都是向承运人或集装箱租赁公司租用一定的集装箱。空箱运到工厂或仓库后，在海关人员的监管下，货主把货装入箱内，加锁、铅封后交承运人并取得站场收据，最后凭收据换取提单或运单。

2）拼箱（Less than Container Load，LCL）

这种装箱方式是指承运人（或代理人）接受货主托运的数量不足整箱的小票货运后，根据货类性质和目的地进行分类整理，把去同一目的地的货，集中到一定数量拼装入箱。由于一个箱内由不同货主的货拼装在一起，所以叫拼箱。这种情况在货主托运数量不足装满整箱时采用。拼箱货的分类、整理、集中、装箱（拆箱）、交货等工作均在承运人码头集装箱货运站或内陆集装箱转运站进行。

2. 按货物装箱方式的集装箱货物交接方式

如上所述，集装箱货物分为整箱和拼箱两种，因此在交接方式上也有所不同，当前国际上的做法大致有以下 4 类：

1）整箱交、整箱接（FCL/FCL）

货主在工厂或仓库把装满货后的整箱交给承运人，收货人在目的地以同样整箱接货，换言之，承运人以整箱为单位负责交接。货物的装箱和拆箱均由货方负责。

2）拼箱交、拆箱接（LCL/LCL）

货主将不足整箱的小票托运货物在集装箱货运站或内陆转运站交给承运人，由承运人负责拼箱和装箱，运到目的地货站或内陆转运站，由承运人负责拆箱，拆箱后，收货人凭单接货。货物的装箱和拆箱均由承运人负责。

3）整箱交、拆箱接（FCL/LCL）

货主在工厂或仓库把装满货后的整箱交给承运人，在目的地的集装箱货运站或内陆转运站由承运人负责拆箱后，各收货人凭单接货。

4）拼箱交、整箱接（LCL/FCL）

货主将不足整箱的小票托运货物在集装箱货运站或内陆转运站交给承运人。由承运人分类整理，把同一收货人的货集中拼装成整箱，运到目的地后，承运人以整箱交，收货人以整箱接。

上述各种交接方式中，以整箱交、整箱接方式的效果最好，也最能发挥集装箱的优越性。

3. 按集装箱货物交接地点的集装箱货物交接方式

在集装箱运输中，根据货物交接地点的不同，交接方式有多种。一般而言，集装箱货物的交接地点主要有：

1）集装箱码头堆场（Container Yard，CY）

集装箱码头堆场包括集装箱前方堆场（Marshalling Yard）和集装箱后方堆场（Container Yard）。集装箱前方堆场在集装箱码头前方，是为加速船舶装卸作业暂时堆放集装箱的场地。集装箱后方堆场是重箱或空箱进行交接、保管和堆存的场所。有些国家对集装箱堆场并不分前方堆场或后方堆场，统称为堆场。集装箱后方堆场是集装箱装卸区的组成部分。在集装箱码头堆场交接的货物都是整箱交接。在发货港集装箱码头堆场交接意味着发货人自行负责装箱及集装箱到发货港集装箱码头堆场的运输。在卸货港集装箱码头堆场交接意味着收货人自行负责集装箱货物到最终目的地的运输和拆箱。

2）集装箱货运站（Container Freight Station，CFS）

集装箱货运站是处理拼箱货的场所。它办理拼箱货的交接、配箱积载后，将集装箱送往集装箱堆场，还接受集装箱堆场交来的进口货箱，并对其进行拆箱、理货、保管，最后拨交给收货人。从集装箱货运站的任务看，它实际上起到了货物的集中、疏散的作用。集装箱货运站一般包括集装箱装卸港的市区货运站、内陆城市、内河港口的内陆货运站和中转站。在集装箱货运站交接的货物都是拼箱交接。在起运地集装箱货运站交接意味着发货人自行负责将货物送到集装箱货运站。在到达地集装箱货运站交接意味着收货人自己到集装箱货运站提取货物，并自行负责提货后的事宜。

3）发货人或收货人的工厂或仓库（Door）

在发货人或收货人的工厂或仓库交接的货物都是整箱交接。一般意味着发货人或收货人自行负责装箱或拆箱。

而集装箱货物的交接方式，根据贸易条件所规定的交接地点不同一般可分为：

（1）门到门（Door to Door）：从发货人工厂或仓库至收货人工厂或仓库。在这种方式下，货物的交接形态都是整箱交接。

（2）门到场（Door to CY）：从发货人工厂或仓库至目的地或卸箱港的集装箱堆场。在这种交接方式下，货物也都是整箱交接。

（3）门到站（Door to CFS）：从发货人工厂或仓库至目的地或卸箱港的集装箱货运站。

在这种交接方式下,运输经营人一般是以整箱形态接受货物,以拆箱形态交付货物。

(4)场到门(CY to Door):从起运地或装箱港的集装箱堆场至收货人工厂或仓库。

(5)场到场(CT to CY):从起运地或装箱港的堆场至目的地或卸箱港的集装箱堆场。这是班轮公司通常采用的方式。

(6)场到站(CY to CFS):从起运地或装箱港的集装箱堆场至目的地或卸箱港的集装箱货运站。

(7)站到门(CFS to Door):从起运地或装箱港的集装箱货运站至收货人工厂或仓库。

(8)站到场(CFS to CY):从起运地或装箱港的集装箱货运站至目的地或卸箱港的集装箱堆场。

(9)站到站(CFS to CFS):从起运地或装箱港的集装箱货运站至目的地或卸箱港的集装箱货运站。这是集拼经营人通常采用的方式。

第三节 集装箱进出口货运程序

在海运集装箱运输中,进出口货运业务与传统海运业务基本相同,但也体现出集装箱运输的一些特殊性。下面分别介绍集装箱运输出口和进口货运业务的基本情况。

一、集装箱货物出口货运程序及主要单证

1. 出口货运程序

1)订舱

发货人(出口商或托运人)根据贸易合同或信用证条款的规定,在货物托运之前一定的时间内,填制订舱单向船公司或其代理人或经营运输的其他人申请订舱。通常发货人委托货运代理人办理有关事宜。

2)接受托运申请

船公司或其代理人或负责运输的其他人在决定是否接受发货人的托运申请时,首先要考虑其航线、船舶、运输要求、港口条件、运输时间等方面能否满足发货人的要求。一旦接受托运申请后,应着手编制订舱清单,然后分送集装箱码头堆场、集装箱货运站,据此办理空箱及货运交接。

3)发放空箱

通常在整箱货运输时,空箱由发货人到集装箱码头堆场领取,拼箱货运输则由集装箱货运站负责领取。在由发货人到集装箱码头领取空箱时,发货人与集装箱码头堆场对空箱办理交接,并填制设备交接单。

4)拼箱货装箱

发货人将不足一整箱的货物交由集装箱货运站,并由货运站根据订舱清单的资料,核对

货主填写的场站收据，负责整理装箱。

5）整箱货交接

由发货人自行负责装箱并加海关封志的整箱货，通过内陆运输运至集装箱码头堆场，并由码头堆场根据订舱清单，核对场站收据和装箱单接收货物。

6）集装箱交接签证

集装箱码头堆场在验收货箱后，即在场站收据上签字，并将签署的场站收据交还给发货人，由发货人据此换取提单。

7）换取提单

发货人凭经签署的场站收据，向负责集装箱运输的人或其代理人换取提单，然后去银行结汇。

8）货箱装船

集装箱码头堆场或集装箱装卸区根据接受待装的货箱情况，制订出装船计划，等船靠泊后即行装船。

9）寄送资料

船公司或其代理应于船舶开航前 2 h 向船方提供提单副本、舱单、装箱单、积载图、特种集装箱的清单、危险货物集装箱清单、危险货物说明书、冷藏集装箱清单等全部随船资料，并应于起航后（近洋开船后 24 h 内，远洋起航后 48 h 内）采用传真、电传或邮寄的方式向卸货港或中转港发出卸船的必要资料。

2. 集装箱出口货运主要单证

1）货主委托办理运输事宜的单证

该类单证可分为基本单证和特殊单证。基本单证是通常每批托运货物都必须具备的单证。主要有：出口货运代理委托书、出口货物报关单、外汇核销单、商业发票、装卸单、重量单（磅码单）、规格单等包装单证。特殊单证是在基本单证之外，根据国家规定按不同商品、不同业务性质、不同出口地区需向有关主管机关及海关交验的单证，例如：出口许可证、配额许可证、商检证、动植物检疫证、卫生证明、进料来料加工手册、危险货物申请书、包装证、品质证、原产地证等。

2）装箱单（Container Load Plan，CLP）

装箱单是按装箱顺序（自里而外）记载装箱货物的具体名称、数量、尺码、重量、标志和其他货运资料的单证。不论是由货主装箱，还是由集装箱货运站负责装箱，集装箱装箱单是详细记载每个集装箱内所装货物情况的唯一单据。它是集装箱运输中极其重要的单据，主要作用有：

（1）在装货地点作为向海关申报货物出口的代用单据。

（2）作为发货人、集装箱货运站与集装箱码头堆场之间货物的交接单。

（3）作为向承运人通知集装箱内所装货物的明细表。

（4）在进口国、途经国作为办理保税运输手续的单据之一。
（5）单据所记载的货物与集装箱的总重量是计算船舶吃水差、稳定性的基本数据。
（6）当发生货损时，是处理索赔事故的原始依据之一。

因此，装箱单内容记载准确与否，对保证集装箱货物的安全运输有着密切的关系。

3）码头收据（Dock Receipt，D/R）

码头收据又称场站收据，或港站收据。一般是指船公司或其他运输经营人委托集装箱堆场、集装箱货运站或内陆站，在收到整箱货或拼箱货后，签发给托运人证明已收到货物，托运人可凭以换取提单或其他多式联运单证的收据。通常码头收据一式9联，各港使用有所差异，但内容相同。

（1）港站收据（Dock Receipt）。港站收据相当于传统海运中的大副收据。此联在整箱货运输下是由集装箱码头堆场在验收货物后签发给货物托运人的收货凭证。在拼箱货运输下此联是由集装箱货运站在验收货物后签发给货物托运人的收货凭证。此联是货物托运人换取提单的依据。

（2）发货人副本联（Shipper's Copy）。此联是发货人送交代理公司签单确认后自留的副本。

（3）通知船长联（B/L Master）。此联相当于代理公司签发的装货通知，由船方保存。

（4）海关联（Custom's Copy）。海关联是由海关凭以验关、放行使用的。

（5）场站副本联（CY，CFS Copy）。此联由集装箱码头堆场，或集装箱货运站留存。

（6）代理公司副本（Agent's Copy）。此联由代理公司签发提单部门存查，并可据以重印提单。

（7）运费计算联（Freight Calculation Copy）。此联由代理公司计算运费部门使用。

（8）运费收据联（Freight Receipt）。此联由代理公司收取运费使用。

（9）卸货港副本联（Discharging Port Copy）。此联由装货港代理公司交卸货港代理使用。

4）集装箱提单（Bill of Loading，B/L）

普通船舶的货运提单是在货物实际装船完毕后经船方在收货单（大副收据）上签字，表明货物已装船，发货人凭船方签署的收货单去船公司或其代理公司换取已装船提单。而集装箱提单则应以码头（场站）收据换取，它同普通船舶运输下签发的提单不同，是一张收货待运提单。所以，在大多数情况下船公司根据发货人的要求，在提单上加注具体的装船日期和船名后，该提单便具有了已装船提单同样的性质。另外，集装箱提单上有集装箱的收货地点、交货地点、集装箱箱号和铅封号等内容。

5）设备交接单（Equipment Interchange Receipt）

设备交接单是供集装箱所有人与用箱人/运箱人之间划分责任的依据，同时也是用箱人/运箱人进出港区、场站进行提箱、还箱的凭证。因此设备交接单应为一箱一单、单箱同行、箱单相符。如货物在运输过程中发生短少残损，设备交接单也是进行索赔和理赔的重要单证之一。

设备交接单为一式6联，前3联是供集装箱出场时使用的，其上均印有"OUT"字样，第1、2联于发放空箱后由堆场留存，第3联由用箱人/运箱人留存。后3联是供集装箱进场时使用的,其上均印有"IN"字样。第 1、2 联交付港区道口,而后由港区将第一联转给船方掌握该箱去向,第 2 联由港区留存,第 3 联由用箱人/运箱人留存。

办理集装箱和设备交接单的手续通常都是在堆场的门口进行,出场/进场时都应由堆场的工作人员与用箱人/运箱人共同检查集装箱及设备的情况和设备交接单上所列的内容。

对空箱的交接要求是:箱体完好(指无损伤、变形、破口、擦伤等)、水密、不漏光、清洁、干燥、无味、箱号清晰、特种集装箱的机械电器运转正常。

对重箱的交接要求是:箱体完好(指无损伤、变形、破口、擦伤等)、箱号清晰、封志完好、特种集装箱的机械电器运转正常。

双方在交接时无论有无问题都需签字,并以此单作为分清双方责任的依据。

二、集装箱货物进口货运程序及货运单证

1. 进口货运程序

1)寄送货运单证

起运港的船公司或其代理应在货轮抵港前采用传真、电传或邮寄的方式向卸货港提供提单副本、舱单、装卸单、积载图、危险货物集装箱清单、危险货物说明书、冷藏箱清单等有关的必要的卸船资料。

2)分发单证

船公司或其代理应及时地将起运港寄来的有关货运单证分别送给有关的进口货代或收货人、堆场和货运站,以便各有关单位在货轮抵港前做好各项准备工作。

3)发到货通知

船公司或其代理应预告进口货代或收货人抵港日期,并应于船舶到港后发正式到货通知。

4)换取提货单

进口货代或收货人接到通知后应持正本提单向船公司或其代理换取提货单。

5)卸货提货

货箱自船上卸下后,整箱货先存放在堆场,拼箱货先运往货运站。进口代理或收货人应在规定的时间内向海关办理进口报关,在海关放行后凭提货单至堆场提箱或在堆场开箱提货,如提箱还应在提箱前交付押金和办理设备交接单的手续。对于拼箱货凭提货单至货运站提货。

2. 进口货运单证

1)提货单

提货单是收货人向集装箱码头或货运站提货的凭证,也是船公司对码头或货运站交货的通知。提货单一般一式 5 份。

2)卸箱清单

卸箱清单是由码头理货人员编制的,其作用是记录船舶卸下集装箱的数量和有关情况。

其内容主要包括：承运船公司、船名、航次、卸箱港、卸箱日期、集装箱经营人、箱号、集装箱情况、装箱港等。

3）理货单证

理货单证主要是指由码头理货人员编制的理货计数单和溢短残损单两种。理货计数单是在货运站拆箱时理货人员核对装箱单及货物舱单点验件数，分别编制理货计数单，同时还应将可能出现的异状、件数不符等情况，列入理货计数单。溢短残损单是根据卸货时所编的卸箱清单所列批注，并参照出口港的批注清单编制。

4）集装箱催提单和催提进口货清单

在卸箱作业完成后的一段时间内，如收货人没有提取，码头应编制上述二单，向有关收货人催提。

5）拆箱单

拆箱单由货运站有关人员根据理货计数单编制。其主要内容包括船公司、船名、航次、箱号、拆箱日期及起讫时间和提单号等。

第四节　集装箱运输的运费

一、集装箱货物运费的基本构成

集装箱货物在国际多式联运的条件下，由于承运人对货物承担的风险和责任有所扩大，因此，集装箱的运费一般包括从装船港码头堆场或货运站至卸船港码头堆场或货运站的全过程费用。如由承运人负责安排全程运输，所收取的运费中还包括内陆运输的费用。但从总的方面来说，集装箱运费仍由海运运费及各种与集装箱运输有关的费用组成。

1. 海运运费（Ocean Freight）

集装箱的海运运费，除包箱费率外，拼箱货一般按所装箱内货物的重量或尺码计收，但对整箱货则有最高运费和最低运费之分。

集装箱海运运费的海上运输费用，包括基本运费及各类附加费。其结构和传统件杂货班轮运费类似。海运基本运费无论是整箱货还是拼箱货在等级划分上都分为5大类，即普通货、一般化工品、半危险品、危险品、冷藏品。在普通货这一大类中可根据需要采用包箱费率，也可分大类等级。附加费的计算与传统件杂货班轮大致相同，只是在费种及计收范围上略有不同。

2. 堆场服务费（Terminal Handing Charge，THC；CY Service Charge）

堆场服务费也称码头服务费，包括两部分，即装船港堆场接收出口的整箱货以及堆存和搬运至装卸桥下的费用。同样在卸船港包括在装卸桥下接收进口箱以及将箱子搬运至堆场和堆存的费用，并包括在装卸港的单证等费用。

3. 拼箱服务费（LCL Service Charge）

拼箱服务费是指对出口货装箱、进口货拆箱所支付的费用。出口拼箱是集装箱货运站在接受发货人所托运的货物后，用班轮公司的集装箱进行装箱、堆存、保管以及运至码头堆场的工作；进口拆箱是集装箱货运站从码头堆场接收整箱货并运至货运站，随后进行拆箱、堆存、保管、交付货物给收货人的工作。

4. 集散运费（Feeder Service Charge）

集散运输又叫支线运输，是指由内河、沿海的集散港至集装箱出口堆场之间的集装箱运输。一般情况下，集装箱在集散港装船后，即可签发集装箱联运提单，承运人将这一集散而收取的费用称为集散运费。

5. 内陆运费（Inland Charge）

内陆运费有两种情况，一是由承运人负责运输，一是由货主自己负责运输。第一种情况下，其费用根据承运人的运价本和有关提单条款的规定来确定，主要包括：区域运费、无效拖运费、变更装卸地点费、装箱时间与延迟费、清扫费等。第二种情况下，其费用主要包括：集装箱装卸费、超期使用费、内陆运输费等。

按不同的交接方式，集装箱承运人应收取的费用各不相同。下面是集装箱运输中不同交接方式下的运费结构，如表 8.4 所示。

表 8.4　集装箱不同交接方式下的费用结构表

交接方式	发货地				海上运输	收货地			费用结构
	A	B	C	D	E	D	C	B	A	
Door to Door	√		√		√		√		√	A＋C＋E＋C＋A
Door to CFS	√		√		√		√	√		A＋C＋E＋C＋B
Door to CY	√		√		√	√	√			A＋C＋E＋D＋C
CFS to Door		√	√		√		√		√	B＋C＋E＋C＋A
CFS to CFS		√	√		√		√	√		B＋C＋E＋C＋B
CFS to CY		√	√		√	√	√			B＋C＋E＋D＋C
CY to Door			√	√	√		√		√	C＋D＋E＋C＋B
CY to CFS			√	√	√		√	√		C＋D＋E＋C＋B
CY to CY			√	√	√	√	√			C＋D＋E＋D＋C

注：A：内陆运费；B：拼箱服务费；C：堆场服务费；D：装卸车辆费；E：海运运费

二、集装箱海运运费的计算方法

海上集装箱运输都是采用班轮运输的营运组织方式经营的。因此，集装箱海运运费的计算办法与普通件杂货班轮运输中的运费计算办法一样，也是根据费率表中规定的费率和计算办法计算运费,并有基本运费和附加运费之分。根据目前国际集装箱海上运输的实际情况,集装箱海运基本运费的计算方法有两种:一种是与普通杂货班轮运输的基本运费计算方法相同,即对具体的航线按货物的等级及不同的计算标准计算基本运费;另一种是按包箱费率计算基本运费。

包箱费率是指按箱计收运费的费率,它又分为商品包箱费率和均一包箱费率两种。商品包箱费率是按不同商品和不同类型、尺寸的集装箱规定不同的包箱费率。均一包箱费率是每个集装箱不细分箱内所装货物种类,不计货物重量或尺码(重量在限额之内),统一收取的运费。采用包箱费率的计费方法计算集装箱海运基本运费十分方便,即只需要根据具体航线、货物等级(或不分等级)及箱型就可得出基本运费。下面就托运拼箱货和整箱货时的海运运费的计算方法作一些说明。

1. 拼箱货的海运运费计算

拼箱货海运运费的计收方法基本上与普通件杂货班轮运输运费的计算方法相同,但拼箱货费率水平是按照集装箱费率确定的。

1)拼箱货海运运费构成

拼箱货海运运费构成为基本运费与各项附加费之和,即

拼箱货海运运费 = 基本运费 + 各项附加费 = 基本运价 × 计费吨 + 各项附加费

式中,基本运价参照各航线不同等级的运价率,计费吨按运价本规定的计费标准确定,附加费以运价本规定的标准计收。

2)拼箱货计费标准

通常采用重量吨(W)、尺码吨(M)或重量与尺码择大(W/M),还有从价费率(Ad.val)几种标准。

3)拼箱货附加费

拼箱货由于是散件,直接交由集装箱货运站拼装并涉及不同的收货人,因此有超重附加费、超长附加费,而承运人不接受货主提出的有关选港或变更卸港的要求,因而不存在集装箱运输的选港附加费和变更卸货港附加费。此外,拼箱货也规定起码运费,并按提单上记载的货物计收。

2. 整箱货的海运运费计算

在由托运人自行装箱整箱托运的情况下,托运人除了可以按包箱费率计算支付运费外,还可以采用按普通杂货班轮运输海运运费的计算方法,即根据装入箱内不同等级的货物及相应航线费率来计算装箱货物的运费。下面主要说明包箱费率的内容。

包箱费率(Box Rate)是船公司根据自身情况以不同类型的集装箱为计费单位,确定整箱货的不同航线包干运费。整箱货包箱费率通常包括集装箱海上运输费用及装卸港口码头装卸费用。

1)FAK(Freight for All Kinds)包箱费率

FAK 包箱费率是只分箱型而不分箱内货物种类(指普通货物),不计箱内所装货物重量

（在本箱型规定的重量限额内）统一收取的包箱基本运价。通常在采用包箱费率的航线上对一般普通货物不分等级，但对特殊货物一般再分为 4 种：

（1）一般化工品（Chemical Non-hazardous，即无害化工品），指《国际危规》中未列名的化工品，易燃、易爆危险品出外，这类化工品通常在运价本中有附录说明。

（2）半危险品（Semi-hazardous Cargo），指列于《国际危规》的商品，《国际危规》等级为 3.2、3.3、4.1、4.2、4.3、5.1、6.1、6.2、8、9。

（3）全危险品（Hazardous Cargo），指列于《国际危规》等级为 2、3.1、5.2 的商品。

（4）冷藏货物（Reefer or Refrigerated Cargo），指需用温度控制、使用专用冷藏箱运输的货物。

FAK 包箱费率表如表 8.5 所示。

表 8.5 中国—菲律宾航线集装箱费率表（示例）

装港 PORT OF LADING	货名 COMMODITY	LCL W/M	CY－CY	
			20 英尺	40 英尺
黄浦 HUANGPU	GENERAL CARGO	64.00	850.00	1 550.00
	SEMI-HAZARDOUS	81.00	1 150.00	2 100.00
	HAZARDOUS		1 400.00	2 600.00
	REEFER		1 900.00	3 550.00
上海 SHANGHAI	GENERAL CARGO	86.00	1 250.00	2 250.00
	SEMI-HAZARDOUS	111.00	1 700.00	3 100.00
青岛 QINGDAO	HAZARDOUS		2 100.00	3 850.00
	REEFER		2 400.00	4 500.00

基本港：马尼拉　BASE PORT：MANILA

FAK 包箱费率是目前各大班轮公司使用最为普通的一种基本运费形式，由于其对普通货物一律不计箱内货物类型、等级，在实践中便于操作，省去了查找和对应货物等级的便利，较受货方欢迎。近年来由于集装箱货物中高价值的成品、半成品的比重不断增加，给 FAK 包箱费率的使用提供了一定理论基础。但其在激烈竞争的情况下，受运输市场供求关系变化影响较大，变动相对频繁。

2）FCS（Freight for Class）包箱费率

FCS 包箱费率是分箱型对货物按一定等级分类制订的包箱费率。在这种费率中，对普通货物进行分级，通常在件杂货 1~20 级中分 4 档，对传统件杂货等级进行简化，级差要大大小于件杂货费率级差。通常等级低的集装箱货物费率要高于传统件杂货低等级费率水平；等级高的集装箱货物费率要低于传统件杂货高等级费率水平；同等级的货物按重量吨计费的运价高于按体积吨计费的运价，可见船公司鼓励货方以高货价和体积货参与集装箱运输。

使用 FCS 包箱费率时应先根据货名查找货物等级，然后在航线运价表中按 FCS 包箱费率中货物分级的类别、不同的交接方式及集装箱箱型查得相应的每只集装箱的运价。FCS 包箱费率表，如表 8.6 所示。

表 8.6　中国—澳大利亚航线集装箱费率表（示例）

装港 PORT OF LADING	货名 COMMODITY	LCL W/M	CY – CY	
			20 英尺	40 英尺
上海/青岛/天津新港/大连/ 南京/南通/宁波/厦门/ 福州/张家港/广州/ 连云港	1～7	106.00	1 600.00	3 050.00
	8～10	110.00	1 700.00	3 250.00
	11～15	116.00	1 800.00	3 400.00
	16～20	128.00	2 000.00	3 800.00
	GENERAL CARGO	116.00	1 800.00	3 400.00
	SEMI-HAZARDOUS	142.00	2 250.00	4 300.00
	HAZARDOUS		3 600.00	6 850.00
	REEFER		3 100.00	5 900.00

基本港：墨尔本、悉尼、布里斯班
BASE PORT：MELBOURNE、SYDNEY、BRISBANE

3）FCB（Freight for Class& Basis）包箱费率

FCB 包箱费率是一种按货物的类别、等级和计算标准制定的包箱费率。在这种费率中即使装有同种货物的整箱货，在分别使用重量吨和尺码吨为计算单位时，其包箱费率也是不同的，它是在 FCS 包箱费率的基础上分"W"与"M"两种不同计算标准分别制定费率。这种费率因较繁杂，在实际业务中较少使用。

三、最低运费和最高运费的计算方法

在集装箱整箱货物运输的情况下，如果采用按普通杂货班轮运输运费的计算方法计收运费，集装箱运输的基本运费与一般传统的班轮一样，也是根据商品的等级不同规定有不同的费率。但在最低运费和最高运费方面有其特殊的计算规定。

1. 最低运费（Minimum Freight）的计算方法

集装箱运输下整箱货的最低运费规定与普通最低运费的规定不同，整箱货的最低运费的标准不是金额，而是运费吨。凡以整箱托运的货运，为避免运费的收入不够运费成本，对不同规格的集装箱分别规定计收运费的最低应计收的运费重量吨和尺码吨。如果实际运费低于最低运费，则运费按最低运费标准计算。但最低运费标准规定很不一致，不同的船公司都有自己的规定（但差异不大）。例如有一船公司对 20 尺标准型干货集装箱的最低运费吨为重量货 17.5 t 和尺码货 21.5 m^3；对 40 尺标准型干货集装箱规定为重量为 27.5 t 和尺码货 43 m^3。另有一些船公司对最低运费规定以百分比计算：装重量货按集装箱载货净重量的 95% 计算；装尺码货按集装箱内容积的 85% 计算。

2. 最高运费（Maximum Freight）的计算

最高运费的规定是集装箱运输所独有的特点。这是因为一个集装箱有时装有几种货类，而其中部分货类缺少正确衡量单位（多数由于托运人未提供或申报），且计费等级和费率又不相同，最高运费就是为计算这部分货物的运费而规定的。最高运费的标准是运费吨，主要是以尺码吨，至于货物重量可以通过地秤衡量，而且重量货以最大载重量计算。故无需另作规定。

目前国际上对最高计费吨的规定，一般是 20 尺集装箱为 31 m^3，40 尺集装箱为 67 m^3。如所装货物尺码低于上述规定，则按上述最低规定计收，如超过上述规定，则可免计运费。所以提高集装箱内积载技术，充分利用集装箱容积，对节省运费有很大作用。

如在整箱货运的情况下，托运人仅提供部分货物的计算运费资料，这部分运费即按规定的等级和费率计算运费，其余未提供资料的货物运费，则按最高运费吨减去已提供资料的货物运费吨计算。如这部分货物的计费等级或费率又有差异时，则按其中最高费率计算。

例如：一个 20 ft 整箱货运，内装有 8、9、10、11 级 4 种货物，托运时仅提供 10 级货物的尺码为 16 m^3，已知最高运费为 31 m^3，该集装箱运费计算公式如下：

（1）已提供资料的货物运费为

16 m^3 × 10 级费率 = 运费一

（2）未提供资料的 8，9，11 级货物的运费应为

(31 m^3 − 16 m^3) × 11 级费率 = 运费二

总运费为

(运费一) + (运费二)

由上可知，未提供资料的 8、9、11 级货物统一按较高的 11 级费率计算。

思考题

1. 与传统海运相比，集装箱运输具有哪些特点？
2. 简述集装箱货运的流程及交接方式。
3. 集装箱运输进出口货运业务包括哪些程序？
4. 在集装箱运输中，运费的基本构成是怎样的？
5. 对整箱货和拼箱货的运费如何计算？
6. 集装箱运输中，最低运费和最高运费是如何规定的？

第九章 国际多式联运与大陆桥运输

> **学习目标**
>
> 掌握国际多式联运的概念、特征和优越性。
> 了解多式联运单据的作用、主要内容。
> 熟悉国际多式联运经营人的性质,掌握国际多式联运经营人的赔偿责任制度。
> 了解国际多式联运的业务内容及国际多式联运运费构成。
> 了解大陆桥运输。

第一节 国际多式联运概述

一、国际多式联运的概念

国际多式联运(Multimodal Transport)是一种以实现货物整体运输的最优化效益为目标的联运组织形式。它通常是以集装箱为运输单元,将不同的运输方式有机地组合在一起,构成连续的、综合性的一体化货物运输。通过一次托运、一次计费、一份单证、一次保险,由各运输区段的承运人共同完成货物的全程运输,即将货物的全程运输作为一个完整的单一运输过程来安排。然而,它与传统的单一运输方式又有很大的不同。根据1980年《联合国国际货物多式联运公约》简称《多式联运公约》)以及1997年我国交通部和铁道部共同颁布的《国际集装箱多式联运管理规则》的定义,国际多式联运是指"按照多式联运合同,以至少两种不同的运输方式,由多式联运经营人将货物从一国境内接管货物的地点运至另一国境内指定地点交付的货物运输"。

二、国际多式联运的基本特征和优越性

1. 国际多式联运的基本特征

根据多式联运公约的规定和现行的多式联运业务特点,国际多式联运具备下列基本特征:

(1)多式联运经营人(Multimodal Transport Operator,MTO)必须与托运人签订多式联运合同。该合同明确规定多式联运经营人与托运人之间的权利、义务、责任、豁免的合同关系和多式联运的性质。多式联运合同是确定多式联运性质和区别于一般传统联运的主要依据之一。

(2)多式联运经营必须对全程运输承担运输负责。在实际业务中,多式联运经营人作为总承运人对发货人负有履行合同的义务,并承担自接管货物起到交付货物时止的全程运输责

任，以及对货物在全程运输中因灭失、损坏或延迟交付所造成的损失负责赔偿。这是多式联运的根本特征。

（3）多式联运必须是国际间的货物运输。多式联运经营人接管的货物必须是国际间运输的货物，即在国际多式联运方式下，货物运输必须是跨越国境的一种国际间运输方式。这不仅有别于国内货物运输，还涉及国际运输法规的适用问题。

（4）多式联运必须是使用两种或两种以上的运输方式，而且必须是不同运输方式下的连续运输。这里所指的至少两种以上的运输方式可以是海陆、陆空、海空等，这与一般传统的联运有着本质的区别。后者虽是联运，但仍是同一种运输工具之间的运输方式，不属于完整的国际多式联运。这种规定的主要目的是尊重和维持既存的国际公约和国内法律规定。

（5）多式联运的费率必须为全程单一运费费率。多式联运经营人在对发货人负责全程运输的基础上，制订一个货物从发运地至目的地全程单一的费率，并一次向货主收取。这种全程单一费率通常包括运输成本（全程各段运费的总和）、经营管理费用（通讯、制单及劳务手续费等）及合理利润。

（6）货物全程运输必须使用一份全程多式联运单据（Multimodal Transport Document，MTD）。全程多式联运单据由多式联运经营人签发，是指证明多式联运合同以及证明多式联运经营人已经接管货物并负责按照合同条款交付货物所签发的一种证据。它与传统的提单具有相同的作用，是一种物权证书和有价证券。

2. 国际多式联运的优越性

1）简化托运、结算及理赔手续，节省人力、物力和有关费用

在国际多式联运方式下，无论货物运输距离有多远，由几种运输方式共同完成，且不论运输途中货物经过多少次转换，所有一切运输事项均由多式联运经营人负责办理。而托运人只需办理一次托运，订立一份运输合同，一次支付费用，一次保险，从而省去托运人办理托运手续的许多不便。同时，由于多式联运采用一份货运单证，统一计费，因而也可简化制单和结算手续，节省人力和物力，此外，一旦运输过程中发生货损货差，由多式联运经营人对全程运输负责，从而也可简化理赔手续，减少理赔费用。

2）缩短货物运输时间，减少库存，降低货损货差事故，提高货运质量

在国际多式联运方式下，各个运输环节和各种运输工具之间配合密切，衔接紧凑，货物所到之处中转迅速及时，大大减少货物的在途停留时间，从而从根本上保证了货物安全、迅速、准确、及时地运抵目的地，因而也相应地降低了货物的库存量和库存成本。同时，多式联运系通过集装箱为运输单元进行直达运输，尽管货运途中须经多次转换，但由于使用专业机械装卸，且不涉及箱内货物，因而货损货差事故大为减少，从而在很大程度上提高了货物的运输质量。

3）降低运输成本，节省各种支出

由于多式联运可实行门到门运输，因此对货主来说，在货物交由第一承运人以后即可取得货运单证，并据以结汇，从而提前了结汇时间。这不仅有利于加速货物占用资金的周转，而且可以减少利息的支出。此外，由于货物是在集装箱内进行运输的，因此从某种意义上来

看，可相应地节省货物的包装、理货和保险等费用的支出。

4）提高运输管理水平，实现运输合理化

对于区段运输而言，由于各种运输方式的经营人各自为政，自成体系，因而其经营业务范围受到限制，货运量相应也有限。而一旦由不同的运输经营人共同参与多式联运，经营的范围可以大大扩展，同时可以最大限度地发挥其现有设备作用，选择最佳运输线路组织合理化运输。

三、国际多式联运经营人

1. 国际多式联运经营人的性质

《国际多式联运公约》对多式联运经营人的规定为："多式联运经营人是指其本人或通过其代表与托运人订立多式联运合同的任何人，他是事主，而不是发货人的代理人或代表，也不是参加多式联运的承运人的代理人或代表，负有履行合同的责任"。因此，多式联运经营人是一个独立的法律实体。由于多式联运是在国际间以多种运输方式来完成的，不可能由一个经营人自己承担全部运输任务。它往往是在接受货主的委托后，自己办理一部分运输，而将其余的运输再委托给其他承运人。但它与单一的运输方式不同，这些接受多式联运经营人委托的承运人，只是按运输合同关系对多式联运经营人负责，而不与货主发生任何直接关系。因此，多式联运经营人对货主来说是货物的承运人，同货主签订多式联运合同；对其委托的承运人来说，它又是货物的托运人，自己以托运人的身份与其他承运人签订运输合同，所以它具有双重身份。

2. 国际多式联运经营人应具备的条件

当多式联运经营人从发货人那里接管货物时起，即表明责任已开始，货物在整个运输过程中的任何区段发生灭失或损害，多式联运经营人均以本人的身份直接承担赔偿责任，即使该货物的灭失或损害并非由多式联运经营人的过失所致。因此，作为多式联运经营人应具备下列基本条件：

（1）必须依法注册。多式联运经营人必须是具有经营管理的组织机构、业务章程和具有企业法人资格的负责人，以使之能够与发货人或其代表订立多式联运合同。

（2）必须签发多式联运单据。多式联运经营人从发货人或其代理人手中接受货物后，即能够签发自己的多式联运单证，用以证明合同的订立、执行并开始对货物负责。为确保该单证的可转让性，多式联运经营人必须在国际运输中具有一定的资信或令人信服的担保。

（3）必须具有充足的自有资金。多式联运经营人要完成或组织完成全程运输，并对运输全程货物灭失、损害和延误运输负责，就必须具有开展业务所需的流动资金和足够的赔偿能力。因此，在申请国际货物多式联运经营执照时，各国工商注册登记机关多规定较高的注册资金门槛。

（4）必须具备足够的经营能力。为保证多式联运经营人履行多式联运合同义务，多式联运经营人必须具备足够的经营技术能力。这包括：建立自己的多式联运线路；拥有具备国际货物运输法律和专业知识的专业队伍；在各条联运线路上建立完整的网络机构；能够制定各条线路的多式联运单一费率；具备必要的设备和设施等。

3. 国际多式联运经营人的责任

多式联运经营人是货物运输的总承运人，对货物负有全程运输的责任。其主要责任有：

（1）托运人委托多式联运经营人装箱、计数时，对箱内货物非自身的包装和质量问题所造成的污损和灭失负有责任。

（2）托运人委托装箱时，未按托运人要求，因积载、衬垫、绑扎不良，造成货物串味、污损和因倒塌、碰撞引起的货损负责。

（3）全程运输过程中，责任期间因责任事故对货物的灭失和损坏负责。

（4）对自己的责任造成的货物延误交付负责。

国际多式联运经营人对以下原因造成的货物灭失和损坏不负责任：

（1）托运人提供的货物名称、种类、包装、件数、重量、尺码及运输标志等不实或由于托运人的过失和疏忽等造成货物灭失或损坏，托运人自行负责。对国际多式联运经营人或第三方造成损失，即使托运人已将多式联运提单转让，仍应承担赔偿责任。

（2）货物由托运人或其代理人装箱、计数或封箱的。

（3）货物品质不良、外包装完好而内装货物短缺、变质。

（4）货物装载于托运人的自备集装箱内。

（5）运输标志不清。

（6）危险品等特殊货物其说明及注意事项不清或不正确，因而造成的损失。

（7）有特殊装载要求的货物，不予标明而造成的货损。

（8）海关、商检、承运人等行使检查权所引起的货物损耗。

4. 国际多式联运经营人的赔偿责任制度

多式联运经营人的责任范围和赔偿限额根据目前国际上的做法，一般分为3种类型：

1）统一责任制（Uniform Liability）

统一责任制是指多式联运经营人对货主负不分区段运输的统一原则责任，即货物灭失或损坏，包括隐蔽损失（损失发生的区段不明），不论发生在哪个区段，多式联运经营人按一个统一原则负责，并一律按一个限额赔偿。统一赔偿限额是：多式联运中包括有海运者，每包或其他货运单位不得超过 920 记账单位（特别提款权），或按毛重每千克不得超过 2.75 记账单位，以较高者为准；如多式联运中不包括海运或内河运输，则按毛重每千克不得超过 8.33 记账单位计算。采用这种责任制，在履行合同时一般不涉及其他运输公约或有关国家法律的赔偿规定。多式联运合同一经签订，托运人就知道多式联运经营人对货损货差或延期交付等承担多大的责任，一旦发生损失，其所获赔偿通常不会因地而异。

2）网状责任制（Network Liability）

网状责任制即网状赔偿责任制，又称分段赔偿责任制，它是当前国际上多式联运业务中采用最为普遍的一种多式联运经营人的赔偿责任制。根据这种责任制，多式联运经营人的责任范围以各区段运输原有责任为限，如海上区段按《海牙规则》、铁路区段按《国际铁路货物运输公约》、公路区段按《国际公路货物运输公约》、航空区段按《统一国际航空运输某些规划的公约》（即《华沙公约》）。在不适用上述国际公约时，则按相应国家的法律规定办理。赔偿限额也是按各区段的国际公约或国家法律规定赔偿。对于不明区段的货物隐蔽损失，或按《海牙规则》办理或按专门订明的多式联运经营人赔偿责任办理。

3）修正统一责任制（Modifed Uniform Liability）

修正统一责任即修正统一赔偿责任制。它属于统一责任制范畴，但又与后者不完全相同，是在某些方面进行修正了的一种赔偿责任制。在责任范围方面与统一责任制相同，而在赔偿限额方面则与分段责任制相同。因此，它是介于上述两种责任制之间的一种责任制，故又称责任原则混合制。《联合国国际货物多式联运公约》就采用了这种赔偿责任制。

多式联运公约规定，当知道损失发生的区段，而制约该区段运输的单一方式运输公约的赔偿限额高于多式联运公约的限制时，多式联运经营人的赔偿责任就以单一运输公约的限额为依据。当损失发生在海运中，由于海运的赔偿限额均低于多式联运公约的限额，因此便以多式联运公约限额为依据；发生在其他运输中，由于公路运输限额相当于联运公约中不包括海运的限额，因此均以适用于网状责任制赔偿限额。这样规定比完全按网状责任制赔偿限额对货主更有利。

第二节　国际多式联运单证及其业务

一、多式联运单据的作用

1980年《联合国国际货物多式联运公约》将多式联运单证定义为：证明多式联运合同以及证明多式联运经营人接管货物并负责按照合同条款交付货物的单据。该公约以多式联运单证的合同证明、收据及提货凭证3项功能来进行定义。《1991年联合国贸易和发展会议/国际商会多式联运单证规则》则定义为：证明多式联运合同的单证，该单证可以在适用法律的允许下，以电子数据交换信息取代，而且以可转让方式签发，或者表明记名收货人，以不可转让方式签发。该规则将多式联运单证的证明合同功能和其种类相结合进行定义。我国目前仅在《国际集装箱多式联运管理规则（1997）》（以下简称《多式联运规划》）中有规定，"证明多式联运合同以及证明多式联运经营人接管集装箱货物并负责按合同条款交付货物的单据。该单据包括双方确认的取代纸张单据的电子数据交换信息。"该规则对多式联运单证的规定与1980年《联合国国际货物多式联运公约》基本一致。

根据上述定义可以看出，多式联运单据是多式联运经营人、实际承运人、发货人、收货人等当事人之间进行业务活动的单证，同时也具有货物收据和物权凭证的作用。这一点与海运提单类似。在所有的货运单证中，也只有多式联运单证与海运提单具有物权凭证的功能，空运单、海运单、铁路运单都不具有此项功能。

二、多式联运单据的内容

根据我国《多式联运规则》，多式联运单据一般包括：
（1）货物名称、种类、件数、重量、尺寸、外表状况、包装形式。

（2）集装箱箱号、箱型、数量、封志号。
（3）危险货物、冷冻货物等特种货物应载明其特性、注意事项。
（4）多式联运经营人名称和主营业所。
（5）托运人名称。
（6）多式联运单据表明的收货人。
（7）接受货物的日期、地点。
（8）交付货物的地点和约定的日期。
（9）多式联运经营人或其授权人的签字及单据的签发日期、地点。
（10）交接方式、运费的交付、约定的运达期限、货物中转地点。
（11）在不违背我国有关法律、法规的前提下，双方同意列入的其他事项。

多式联运单据缺少一项或数项，并不影响该单据作为多式联运单据的法律效力，但是应当能证明具有《多式联运规则》第四条第四项的规定内容。

三、国际多式联运的一般业务流程

1. 订立多式联运合同

国际多式联运经营人以契约承运人的名义与托运人签订国际多式联运合同。

托运人应根据货物运输的需要及时托运和备货，并准备各种出口所需的单证。也就是根据货物买卖合同和信用证的要求进行备货以及根据对货物品质规定的要求申请检验和出证。制作单证，单证有贸易单证和运输单证（也可委托国际多式联运经营人制作）。报关，然后向国际多式联运经营人托运。

国际多式联运经营人接受了托运后，则需要对托运货物编制运输计划。运输计划的编制要符合运输线路的合理性、经济性和稳定性要求。合理性就是运输线路短，运输工具安全可靠，运输时间短，中转快；经济性是指各种费用最少；稳定性就是运输计划确定后，一般不宜随意变动。

2. 出运地货物交接

托运人根据多式联运合同的规定，应及时将所托运的货物交至指定地点。托运人还应办理其他相关手续，如出口货物的报关，在港口交接货物时，货主可以在装运港港口办理出口报关手续；在内陆地点交接货物时，则可以由海关派员在现场监装和办理出口报关手续。通常由多式联运经营人提供集装箱，发货人可以自己装箱，也可以委托多式联运经营人代为装箱。

多式联运经营人对货物的状况等进行检验，在确认无误后接受货物。多式联运经营人根据具体运输计划和所采用的运输方式，签发多式联运单据。

3. 多式联运经营人安排货物运输

国际多式联运经营人按托运人的托运要求安排运输路线、订舱配载、接货、安排内陆运输、仓储、装箱，将装箱完毕的集装箱送至实际承运人指定的堆场或港口堆场、装运。实际承运人向多式联运经营人签发提单或运单。货物装上运输工具后,国际多式联运经营人应随时注意货物的流转并将有关信息和单证及时交目的地。

由于多式联运经营人通常不是自己或完全由自己来完成多式联运货物的全程运输,因此它会根据具体情况向适合的实际区段的承运人订舱或要求车皮进行货物运输。多式联运经营人可以向某一实际承运人一次性托运货物,再由该承运人与有关区段承运人订立区段分包运输合同;也可以与各区段实际承运人分别签订分包运输合同,以完成全程货物运输的要求。

4. 目的地交接货物

货物运抵目的地后,由多式联运经营人或其代理人将货物交给收货人。在货物运抵目的地时,多式联运经营人通常应通知收货人做好提货准备,并办理货物的进口手续。当收货人出具了多式联运单据或其他有效证明,并支付了到付的费用后,就可以办理货物的交接手续,将货物交付给收货人。

四、国际多式联运运费

国际多式联运运费直接影响多式联运经营人的经营业绩,所以费率制订水平的高低事关重大。一般情况下,多式联运的费率都是单一费率,这也是多式联运的特征之一。多式联运费率一般由以下几部分组成:

1. 运输费用

由两种以上运输方式组成的国际多式联运,需分别付各区段的运费。国际多式联运经营人一般与负责某区段运输的实际承运人订有代理协议,但也可能只有业务关系而无代理协议。有代理协议的可以从承运人那里获得比较优惠的运价。

2. 装运港包干费

装运港包干费主要有:内陆运费(如公路费用包括过桥过境费等)、市内运费(如提箱费,仓库到仓库,仓库到机场、港口、码头等费用)、仓储费用(如卸车费、进出库费、堆存费、机械费等)、装拆箱费、报关费、港建费、服务费(如通讯费、交通费、制单费、手续费)等。此外疏港、特殊情况货物的移动,还会有疏港费、移动费、翻箱费等。根据不同的情况,包干费有大包干费和小包干费之分。

3. 中途港的中转费用(包括目的地交货前的费用)

该费用是指货物到了中转港,货物由一种运输方式转移至另一种运输方式所产生的各种费用。这些费用主要有中途运费、堆存费、吊装吊卸费、必要时的拆装箱费、服务费等,大致与国内的包干费相同。另外不同的国家对相关费用的收取有所不同。

4. 特殊费用

在国际多式联运过程中,由于一些特殊情况的出现会带来一些特殊费用的支出,多式联运经营人可以根据有关规定和协议收取。

5. 利　润

国际多式联运经营人在经营过程中必须要能够取得一定的收益才能维持正常的经营活动，所以多式联运运费中包含了经营人的正常经营利润。

第三节　大陆桥运输

一、大陆桥运输的定义

所谓大陆桥运输（Land Bridge Transport），是指使用横贯大陆的铁路或公路运输系统为中间桥梁，把大陆两端的海洋连接起来的运输方式。从形式上看，大陆桥运输是海陆海的连贯运输，但实际在做法上，已经在国际集装箱运输和多式联运的实践中发展成为多种多样的形式。

大陆桥运输一般都是以集装箱为媒介，因为采用大陆桥运输，中途要经过多次装卸，如果采用传统的海陆联运，不仅增加运输时间，而且大大增加装卸费用和货损货差，以集装箱为运输单位，则可大大简化理货、搬运、储存、保管和装卸等操作环节，同时集装箱是经海关铅封，中途不用开箱检验，而且可以迅速直接转换运输工具，故采用集装箱是开展大陆桥运输的最佳方式。

二、大陆桥运输产生的历史背景

大陆桥运输是集装箱运输开展以后的产物。出现于1967年，当时苏伊士运河封闭，航运中断，而巴拿马运河又堵塞，远东与欧洲之间的海上货运船舶，不得不改道绕航非洲好望角或南美致使航程距离和运输时间倍增，加上油价上涨航运成本猛增，而当时正值集装箱运输兴起。在这种历史背景下，大陆桥运输应运而生。从远东港口至欧洲的货运，于1967年底首次开辟了使用美国大陆桥运输路线，把原来全程海运，改为海/陆/海运输方式，试办结果取得了较好的经济效果，达到了缩短运输里程、降低运输成本、加速货物运输的目的。

三、西伯利亚大陆桥

1. 西伯利亚大陆桥概况

西伯利亚大陆桥是利用俄罗斯西伯利亚铁路作为陆地桥梁，把太平洋远东地区与波罗的海和黑海沿岸以及西欧大西洋口岸连起来。此条大陆桥运输线东自海参崴的纳霍特卡港口起，横贯欧亚大陆，至莫斯科，然后分三路：一路自莫斯科至波罗的海沿岸的圣彼得堡港，转船往西欧、北欧港口；一路从莫斯科至俄罗斯西部国境站，转欧洲其他国家铁路（公路）直运欧洲各国；另一路从莫斯科至黑海沿岸，转船往中东、地中海沿岸。所以，从远东地区至欧洲，通过西伯利亚大陆桥有海/铁/海、海/铁/公路和海/铁/铁3种运送方式。

2. 西伯利亚大陆桥的营运情况及主要问题

从 20 世纪 70 年代初以来,西伯利亚大陆桥运输发展很快。目前,它已成为远东地区往返西欧的一条重要运输路线。日本是利用此条大陆桥的最大雇主,在整个 20 世纪 80 年代,日本利用此大陆桥运输的货物数量每年都在 10 万个集装箱以上。为了缓解运力紧张情况,苏联又建成了第二条西伯利亚铁路。但是,西伯利亚大陆桥也存在 3 个主要问题:

(1) 运输能力易受冬季严寒影响,港口有数月冰封期。

(2) 货运量西向大于东向约 2 倍,来回运量不平衡,集装箱回空成本较高,影响了运输效益。

(3) 运力仍很紧张,铁路设备陈旧。随着新亚欧大陆桥的正式营运,这条大陆桥的地位正在下降。

四、北美大陆桥

1. 北美大陆桥概况

北美的加拿大和美国都有一条横贯东西的铁路公路大陆桥,它们的线路基本相似,其中美国大陆桥的作用更为突出。美国有两条大陆桥运输线,一条是从西部太平洋口岸至东部大西洋口岸的铁路(公路)运输系统全长约 3 200 km,另一条是西部太平洋口岸至南部墨西哥湾口岸的铁路(公路)运输系统,长 500~1 000 km。

2. 美国的小陆桥(Mini Land Bridge)与微型陆桥(Micro Land Bridge)

美国的大陆桥运输由于东部港口拥挤等原因处于停顿状态,但在大陆桥运输的运用过程中,派生并形成小陆桥和微型陆桥两种运输方式。

所谓小陆桥运输,也就是比大陆桥的海/陆/海形式缩短一段海上运输,成为海/陆或陆/海形式。例如,远东至美国东部大西洋口岸或美国南部墨西哥湾口岸的货运,由原来全程海运,改为由远东装船运至美国西部太平洋口岸,转装铁路(公路)专用车运至东部大西洋口岸或南部墨西哥湾口岸,以陆上铁路(公路)作为桥梁,把美国西海岸同东海岸和墨西哥湾连起来。

所谓微型陆桥运输,也就是比小陆桥更短一段。由于没有通过整条陆桥,而只利用了部分陆桥,故又称半陆桥运输,是指海运加一段从海港到内陆城乡的陆上运输或相反方向的运输形式。微型桥运输近年来发展非常迅速。

3. 关于美国 OCP 运输条款

"OCP"是 Overland Common Points 的简写,意即"内陆公共点地区",简称"内陆地区"。其含义是:根据美国费率规定,以美国西部九个州为界,也就是以洛矶山脉为界,其以东地区,均为内陆地区范围,这个范围很广,约占美国全国 2/3 的地区。按 OCP 运输条款规定,凡是经过美国西海岸港口转往上述内陆地区的货物,如按 OCP 条款运输,就可享受比一般直达西海岸港口更为优惠的内陆运输费率。相反方向,凡从美国内陆地区启运经西海岸港口装船出口的货物同样可按 OCP 运输条款办理。同时,按 OCP 运输条款,还可享受比一般正常运输更低的优惠海运运费。

采用 OCP 运输条款时必须满足以下条件：

（1）货物最终目的地必须属于 OCP 地区范围内，这是签订运输条款的前提。

（2）货物必须经由美国西海岸港口中转。因此，在签订贸易合同时，有关货物的目的港应规定为美国西海岸港口，即为 CFR 或 CIF 美国西海岸港口条件。

（3）在提单备注栏内及货物唛头上应注明最终目的地 OCP×××城市。

例如，我国出口至美国一批货物，卸货港为美国西雅图，最终目的地是芝加哥。西雅图是美国西海岸港口之一，芝加哥属于美国内陆地区城市，此笔交易就符合 OCP 规定。经双方同意，就可采用 OCP 运输条款。在贸易合同和信用证内的目的港可填写"西雅图"括号内陆地区，即"CIF Seattle(OCP)"。除在提单上填写目的港西雅图外，还必须在备注栏内注明"内陆地区芝加哥"字样，即"OCP Chicago"。

五、新亚欧大陆桥

新亚欧大陆桥东起我国连云港，西至荷兰鹿特丹，跨亚欧两大洲，连接太平洋和大西洋，穿越中国、哈萨克、俄罗斯与西伯利亚大陆桥运输线重合。经白俄罗斯、波兰、德国到荷兰，辐射 30 多个国家和地区，全长 10 800 km，这条运输线与西伯利亚大陆桥相比，总运距缩短 2 000～2 500 km，可缩短运输时间 60% 左右，减少运费约 30%。

思考题

1. 什么是国际多式联运？其特征与优越性是什么？
2. 简述国际多式联运经营人的性质。
3. 简述国际多式联运的一般业务流程。
4. 国际多式联运的运费构成有哪些？
5. 什么是大陆桥运输？现有的大陆桥有哪些？

下 篇
国际货物运输保险

第十章　保险基础知识

学习目标

了解保险的定义及分类。
掌握保险利益原则的含义、作用。
理解保险合同不同于一般合同的特征，保险合同的主体和客体。

第一节　保险概述

一、保险的定义

"保险"作为一个专用的术语，其定义迄今还没有统一的认识。一般认为是一种经济补偿手段，是对危险造成的损失进行补偿的制度。可以从广义和狭义两个角度来认识。

广义的保险是指保险人向投保人收取保险费，建立专门用途的保险基金，并对投保人负有法律或合同规定范围内的赔偿或给付责任的一种经济保障制度；狭义的保险特指商业保险，即通过合同形式，运用商业手段，由专门机构向投保人收取保险费，建立保险基金，用作对被保险人在合同范围内的财产损失进行补偿、人身伤亡以及年老丧失劳动能力者给付保险金的一种经济保障制度。

可见，保险既是一种经济制度，同时也是一种法律关系。从经济角度讲，保险是以概率和大数法则为数理基础，集合多数单位和个人共同建立保险基金，用来在发生自然灾害和意外事故时，对保险人的财产损失给予经济补偿或人身伤亡给付保险金的一项制度。或者说，它是指人们为了保障日常生产和生活的稳定，对同类危险事故发生所造成的损失或经济需要，运用多数单位的力量建立保险基金并根据合理的数学计算建立的经济补偿制度或金钱给付的安排。

从法律角度讲，保险的含义是由相关法律给予明确的。《中华人民共和国保险法》（以下简称《保险法》)第 2 条对保险的定义是:"本法所称保险,是指投保人根据合同约定,向保险人支付保险费,保险人对于合同约定的可能发生的事故因其发生所造成的财产损失承担赔偿保险金责任,或者当被保险人死亡、伤残、疾病或者达到合同约定的年龄、期限时承担给付保险金责任的商业保险行为。"

二、保险的分类

迄今为止,世界各国对保险的分类尚无统一标准,只能从不同的角度进行大体上的划分。比较常见的分类标准有按保险性质、按保险标的、按保险实施形式和按风险转移层次分类。

1. 按保险的性质分类

按保险性质的不同,可分为商业保险、社会保险和政策保险 3 类。

（1）商业保险（Commercial Insurance）。指投保人与被保险人订立保险合同,根据合同约定,投保人向保险人支付保险费,保险人对可能发生的事故因其发生所造成的损失承担赔偿责任,或者当被保险人死亡、疾病、伤残或者达到约定的年龄期限时给付保险金责任的保险。目前,一般保险公司经营的财产保险、人身保险、责任保险、保证保险均属商业保险性质。

（2）社会保险（Social Insurance）。指国家通过立法对社会劳动者暂时或永久丧失劳动能力或失业时提供一定的物质帮助以保障其基本生活的一种社会保障制度。当劳动者遇到生育、疾病、死亡、伤残和失业等危险时,国家以法律的形式由政府指定的专门机构为其提供基本的生活保障,将某些社会危险损失转移给政府或某个社会组织。

（3）政策保险（Policy Insurance）。指政府由于某项特定政策的目的,以商业保险的一般做法而举办的一种保险。例如,为扶助农牧、渔业增产增收的种植业保险与养殖业保险;为促进出口贸易的出口信用保险。政策保险通常由国家设立专门机构或委托官方或半官方的保险公司具体承办。

2. 按保险的标的分类

保险标的,或称"保险对象",是指保险合同中所载明的投保对象。在商业保险中,按不同的标的,广义上可分为财产保险和人身保险两大类;狭义上保险可细分为财产保险、责任保险、信用保证保险和人身保险 4 类。

（1）财产保险（Property Insurance）。指以各种有形财产及其相关利益为保险标的的保险,保险人承担对各种保险财产及相关利益因遭受保险合同承保责任范围内的自然灾害、意外事故等风险,因其发生所造成的损失负赔偿责任。财产保险的种类繁多,主要有以下几种:海上保险（Marine Insurance）、运输货物保险（Cargo Transportation Insurance）、运输工具保险（Conveyance Insurance）、火灾保险（Fire Insurance）、工程保险（Engineering Insurance）、盗窃保险（Burg1ary Insurance）、农业保险（Agricultural Insurance）等。

（2）责任保险（Liability Insurance）。其标的是被保险人依法应对第三者承担的民事损害赔偿责任或经过特别约定的合同责任。在责任保险中,凡根据法律或合同规定,由于被保险人的疏忽或过失造成他人的财产损失或人身伤害所应负的经济赔偿责任,由保险人负责赔偿。

常见的责任保险有以下几种：公众责任保险（Public Liability Insurance）、雇主责任保险（Employer's Liability Insurance）、产品责任保险（Product Liability Insurance）、职业责任保险（Professional Liability Insurance）等。

（3）信用保证保险（Credit &Surely Insurance）。其标的是合同的权利人和义务人约定的经济信用。信用保证保险是一种担保性质的保险。按照投保人的不同，信用保证保险又可分为信用保险和保证保险两种类型。信用保险的投保人和被保险人都是权利人，所承保的是契约的一方因另一方不履约而遭受的损失；保证保险的投保人是义务人，被保险人是权利人，保证当投保人不履行合同义务或有不法行为使权利人蒙受经济损失时，由保险人承担赔偿责任。目前，信用保证保险的主要险种有：雇员忠诚保证保险（Fidelity Guarantee Policy）、履约保证保险（Performance Bond）、信用保险（Credit Insurance）等。

（4）人身保险（Personal Insurance）。指以人的身体或生命作为标的的一种保险。人身保险以伤残、疾病、死亡等人身风险为保险事故，被保险人在保险期间因保险事故的发生或生存到保险期满，保险人依照合同规定对被保险人给付保险金。由于人的价值无法用货币衡量，具体的保险金额是根据被保险人的生活需要和投保人所支付的保险费由投保人与保险人协商确定。人身保险主要包括：人寿保险（Life Insurance）、健康保险（Health Insurance）、人身意外伤害保险（Personal Accident Insurance）等。

3. 按保险的实施形式分类

按保险的实施形式，保险可分为强制保险与自愿保险。

（1）强制保险（Compulsory Insurance）。又称法定保险，是指国家或政府根据法律或行政法规的规定在投保人和保险人之间强制建立起来的保险关系。这种保险依据法律或行政法规的效力，而不是从投保人和保险人之间的合同行为而产生。

（2）自愿保险（Voluntary Insurance）。又称任意保险，是由投保人和保险人双方在平等自愿的基础上，通过协商订立保险合同并建立起保险关系的。在自愿保险中，投保人对于是否参加保险，向哪家保险公司投保，投保何种险别，以及保险金额、保险期限等均有自由选择的权利。在订立保险合同后，投保人还可以中途退保，终止保险合同。至于保险人也有权选择投保人，自由决定是否接受承保和承保金额。在决定接受承保时，对保险合同中的具体条款，如承保的责任范围、保险费率等也均可通过与投保人协商决定。自愿保险是商业保险的基本形式。

4. 按风险转移层次分类

按风险转移的层次，保险可分为原保险和再保险。

（1）原保险（Original Insurance）。是指投保人与保险人经直接订立保险合同，建立保险关系，投保人将风险损失转嫁给保险人。原保险的投保人不能是保险机构。

在原保险中，一般每笔保险业务只有一个投保人与一个保险人。根据不同需要，还可能出现共同保险与重复保险。共同保险（Co-insurance）简称"共险"，是指由两个或两个以上保险人共同承保同一标的的同一风险，而且保险金额不超过标的的保险价值的保险业务。在发生赔偿责任时，其赔款按保险人各自承保的金额比例分摊。重复保险（Double Insurance）是指投保人对同一标的、同一保险利益、同一期限内就同一标的的同一保险事故分别向两个或两个以上保险人投保,而保险金额之和不超过保险标的的实际保险价值。我国《保险法》第40条对重复保险的定义做了如下规定:"重复保险是指投保人对同一保险标的、同一保险利益、同一保险事故分别向两个以上保险人订立保险合同的保险。"我国《保险法》同时又明确规定:"重复保险的保险金额总和超过保险价值的,各保险人的赔偿金额的总和不得超过保险价值。除合同另有约定外,各保险人按照其保险金额与保险金额总和的比例承担赔偿责任。投保人在投保时应根据保险价值向保险人申报保险金额。由于保险标的本身损失不可能超过其保险价值,所以保险金额不得超过标的本身的保险价值。"我国《海商法》第220条明确规定:"保险金额由保险人与被保险人约定。保险金额不得超过保险价值;超过保险价值的,超过部分无效。"

(2)再保险(Reinsurance)。又称"分保",是指原保险的保险人为了分散本身承担的风险,在支付事先商定的保险费条件下,将所承保的风险责任的一部分转让给其他的一个或几个保险人承担。我国《保险法》第28条给再保险作了如下定义:"保险人将其承担的保险业务,以承保形式部分转移给其他保险人的,为再保险。"凡经再保险的业务,当发生保险责任范围内的损失时,原保险人在向投保人理赔时,可向再保险人取得相应部分的赔款补偿。

再保险的投保人本身就是保险人,即原保险人(Original Insurer),又称保险分出公司(Ceding Company);再保险业务中接受原保险人转让保险责任的人,为再保险人或称保险分入公司(Ceded Company)。按照我国《保险法》规定:再保险分出人应当应再保险接受人的要求将其自负责任及原保险的有关情况告知再保险接受人;再保险接受人不得向原保险的投保人要求支付保险费,原保险的被保险人或者受益人,不得向再保险接受人提出赔偿或者给付保险金的请求,再保险分出人不得以再保险接受人未履行再保险责任为由,拒绝履行或者迟延履行其原保险责任。

第二节 保险的基本原则

保险的基本原则是投保人(或被保险人)和保险人签订保险合同、办理索赔和理赔工作所必须遵守的原则。保险的基本原则主要有:可保利益原则、最大诚信原则、补偿原则、代位追偿原则、重复保险的分摊原则及近因原则等。

一、可保利益原则

1. 可保利益的概念

可保利益(Insurable Interest)。又称可保权益、保险利益,是指投保人或被保险人对于保险标的的因有利害关系而产生的为法律所承认的可以投保的经济利益。我国《保险法》对保险利益的定义是:"保险利益是指投保人对保险标的具有的法律上承认的利益。"

2. 构成可保利益的条件

在保险业务中,不是投保人或被保险人对保险标的的任何利害关系都可以投保,并获得保险保障。作为保险合同客体的可保利益必须具备以下 3 个条件：

1）可保利益必须是合法的利益

投保人或被投保人对保险标的所具有的利益必须是合法的、可以投保的利益，而不应该是违反法律规定，通过不正当的手段获得的。

2）可保利益必须是一种确定的、可实现的利益

可保利益无论是既得利益还是预期利益，都必须是确定的、客观存在的，可以实现的利益，而不是仅仅凭主观的臆测、推断可能获得的利益。

3）可保利益必须是可以用货币计量的经济利益

保险作为一种补偿手段是对被保险人遭受的损失进行经济补偿，而不是对保险标的的原样恢复或物质补偿。无论是财产保险、责任保险或保证保险，当保险事故发生造成损失时，需要保险人保险的是投保人或被保险人在经济利益上的损失。因此，可保利益必须是在经济上有价值，可以用货币来计算的利益。

3. 可保利益原则及其作用

1）可保利益原则的含义

可保利益原则是指投保人或被保险人必须对保险标的具有可保利益，才能同保险人订立有效的保险合同，如果投保人或被保险人对保险标的没有可保利益，则他们同保险人所签订的保险合同是非法的、无效的合同。我国《保险法》第 11 条明确规定："投保人对保险标的应当具有保险利益。"又规定："投保人对保险标的不具有保险利益的，保险合同无效。"对此，各国的保险立法几乎也都有类似规定。

2）可保利益原则的作用

可保利益原则在保险的实际业务中起着重要的作用，主要表现在以下几个方面：

（1）可以防止变保险合同为赌博性合同。

赌博是一种危害社会的不良行为。保险不是赌博，分辨保险合同与赌博性合同的界限就在于投保人对其投保的标的有无可保利益。如果投保人或被保险人在没有可保利益的情况下，与保险人签订了保险合同，这无异于以他人的生命和财产进行赌博，这就将保险引入了歧途；而对无利益损失的人进行赔偿，也就背离了保险的补偿宗旨。因此，可保利益原则的确立，可以从根本上避免保险合同成为赌博性合同。

（2）可以防止被保险人的道德风险。

道德风险（moral hazard），是指被保险人为获取保险赔款而故意地作为或不作为，由此有意造成或扩大保险标的损失的风险。有了可保利益原则，在保险事故发生时，保险赔款的支付以被保险人对保险标的具有可保利益为前提，因而保险标的的损坏或灭失，只能给被保险人带来利益损失，而不会带来好处，这样便可有效地防止被保险人道德风险的发生。

（3）可以限制保险补偿的程度。

投保人或被保险人投保后，当保险标的发生损失时，保险人只能按照损失时被保险人对标的物所具有的经济利益进行赔偿，即被保险人可以获得的赔偿金额，不能超过其对保险标

的所具有的可保利益的金额，否则就违背了保险经济补偿的目的，也就会诱发被保险人的道德危险。所以可保利益是保险补偿的限度，并且是保险补偿的最高限度。

3. 国际货物运输保险中可保利益的转移问题

根据国际贸易的一般做法，国际货物运输保险允许投保人在投保时可不具有保险利益，但在发生事故和向保险人索赔时，被保险人对保险标的必须具有可保利益。这一原则起源于海上贸易的习惯，即当货物在运输途中，货主可以通过交付海运提单等有物权性质的单据转移货物的所有权。因此，买方在与保险人订立保险合同时可能还不具有保险利益，但从货物所有权转移时起，即具有了可保利益，如发生保险事故造成损失时，就有权要求保险人进行赔偿。

一般情况下，在国际运输货物保险中，可保利益转移时间的确定，均以货物风险转移的时间为依据，而货物风险转移的具体时间又是随着买卖双方在买卖合同中约定使用的贸易术语的不同而有所差别的。

二、最大诚信原则

最大诚信（Utmost Good Faith）原则也称最高诚信原则，是投保人和保险人在签订保险合同时以及在保险合同有效期内必须遵守的一项原则。其基本含义可以表述为：保险合同的双方当事人在订立和履行合同时，必须以最大的诚意履行约定义务，恪守承诺，互不欺骗，互不隐瞒。

诚信就是诚实和守信用。任何合同的签订都以诚信作为基础的。保险合同作为一种补偿性合同，所需要的诚信程度更甚于其他合同，因此，在各种保险业务中，保险合同的签订都须以双方当事人"最大诚信"作为基础；当事人中的一方如以欺骗或隐瞒的手段诱使他方签订合同，一旦被发现，他方即有权解除合同，如有损害，并可要求给予补偿。

最大诚信原则主要涉及以下 3 方面的主要内容：

1. 告知与不告知

告知（Disclosure），是指被保险人在投保时把其所知道的有关保险标的重要事项告诉保险人。保险中所谓的重要事项（Material Facts）也称重要事实，是指一切可能影响一位谨慎的保险人做出是否承保，以及确定保险费率的有关情况。需要指出的是，对于重要事项的判断是以保险人对保险标的的风险分析为判断依据的，而不是以投保人或被保险人对保险标的的认识为依据。即是说，有关保险标的的情况是否为重要事项是由保险人决定的，而不是由被保险人决定的。

告知可以分为确认告知和承诺告知。前者是指投保人向保险人告知已经存在的事实与情况，属于事实的告知；后者是指投保人告知将来可能发生的事实或情况，属于承诺的告知。无论是确认告知或承诺告知，投保人对重要事项的告知义务必须严格属实，不得存在失误。

若投保时无论何种原因，投保人或被保险人对重要事项没有作说明，即构成不告知（Non-Disclosure）。如果投保人对重要事项故意不告知，或投保人对重要事项的告知有错误或不全面，则构成了保险上的隐瞒（Concealment）。对于不告知的法律后果，我国《海商法》

有下列规定：如果被保险人的不告知是故意行为，保险人有权解除合同，并且不退还保险费，合同解除前发生保险事故，造成损失的，保险人不负赔偿责任。如果被保险人的不告知不是故意所为，保险人有权解除合同或者要求相应增加保险费。保险人解除合同的，对于合同解除前发生保险事故造成的损失，保险人应当负赔偿责任，但是，未告知或者错误告知的重要情况对保险事故的发生有影响者除外。

各国保险立法关于投保人告知义务的形式不完全相同，主要有两类：一类称"无限告知"义务，即投保人应自动将其所知道的与保险标的有关的一些重要事实告知保险人，而不仅限于投保单上所列的内容。另一类称"询问告知"义务，即保险人在投保单上将自己所要了解的事项列出，由投保人逐项回答，凡属投保单上所询问的事项，均视为重要事实，投保人只需逐项如实回答，即认为已履行了告知义务。

2. 陈述与错误陈述

陈述（Representation），是指被保险人在磋商保险合同或在合同订立前对其所知道的有关保险标的情况，向保险人所作的说明。陈述是被保险人履行告知义务的一种方式。根据陈述内容的不同，陈述有下列 3 种类型：

1）对重要事实的陈述

按照国际保险市场的习惯做法，被保险人对重要事实所作陈述必须真实，如果不真实，或对保险人所询问的事项保持沉默，即视为对重要事实的错误陈述。在此情况下，保险人将以被保险人违反最大诚信原则而解除合同。

2）对一般事实的陈述

被保险人对一般事实所做的陈述，只要基本正确即视为真实。换言之，即使被保险人所作陈述与实际情况之间有一定差异，但从谨慎的保险人的角度上来看认为出入不大，即视为真实的陈述，保险合同不得解除。

3）对希望或相信发生的事实的陈述

被保险人对此类事实所作的陈述，只要出于善意和诚信，即为真实的陈述。这种陈述即使与事实有出入，保险人也不能解除合同。

如果投保人对重要事项的陈述错误，即构成了错误陈述（Misrepresentation）。只要错误陈述事实上成立，保险人即可以以此为由解除保险合同。

根据有关法律的规定，投保人的陈述可以在保险合同订立之前撤回或更正。陈述的方式可以是口头的，也可以是书面的。但书面形式的陈述可被视作一种明示保证，被保险人必须严格遵守，如有违反，不管其重要性如何，保险人均有权自违反之日起解除合同。

3. 保证与违反保证

保证（Warranty），也称担保，是指被保险人在保险合同中所做的保证要做或不做某事情，或保证某种情况的存在或不存在，或保证履行某一条件。对于保险合同中的保证条件，不论其重要性如何，被保险人均须严格遵守，如有违反，保险人可自保证被违反之日起解除义务；而且被保险人即使在损失发生之前已对其违反的保证做出了弥补，也不能以此为由为其违反保证的事实提出辩护，保险人仍可按违反保证处理。值得指出的是，被保险人违反保证，保险人虽可按规定自被保险人违反保证之日起解除义务，但对违反保证之前所发生的保险事故，仍须承担赔偿责任。

保证可以分为明示保证和默示保证两种，明示保证是指在保险单内明文表示；默示保证是指在保险单虽未明文规定，但是按照法律或惯例，不言而喻地必然包括在保险单内的保证。

三、补偿原则

保险的补偿原则是指当保险标的物发生保险责任范围内的损失时，保险人应按照保险合同条款的规定履行赔偿责任，但保险人的赔偿金额不能超过保单上的保险金额或被保险人的实际损失，保险人的赔偿不应使被保险人因保险赔偿而获得额外利益。

对补偿原则主要掌握以下几个方面的意思：

1. 赔偿金额既不能超过保险金额，也不能超过实际损失

保险价值是指保险人与被保险人双方商定的保险标的物的经济价值，它是保险人履行损失赔偿的最高限额，是确定保险金额的依据。

保险的补偿原则主要应用于财产保险中，各种财产因其在不同时期存在不同的市场价值，所以在投保时，主要采用不定值保险单的形式。所谓不定值保险单就是在指在投保时，保险人和被保险人对保险标的保险价值不加以约定，而是留待损失发生后再具体核实（对不定值保险合同下保险价值的计算方法，我国《海商法》第219条有专门规定）。在不定值保单中，保险人和被保险人双方在投保时只商定一个投保金额，当标的物发生损失时，再确定损失当时标的物的实际价值，因此常常出现超额保险，即保险金额大于标的物的实际价值；或不足额保险，即保险金额小于标的物的实际价值；或足额保险，即保险金额等于标的物的实际价值等情况。而在不同的情况下，保险人的赔偿金额是不同的。超额保险的保险赔偿不超过实际价值；不足额保险，保险赔偿不超过保险金额；足额保险，保险赔偿按实际损失赔偿。

财产保险有时也采用定值保险单，所谓定值保险单是指在投保时，保险人和被保险人双方对标的物的价值加以确定的保险单，并以这个确定的价值作为保额投保。当标的物发生损失时，则以这个确定的价值作为计算赔款的依据，不再核实标的物受损时的实际价值。因此，对定值保险单的赔偿是在保额的限额内按实际损失赔偿，最高赔偿金额不超过双方约定保险价值。

2. 被保险人必须对保险标的具有可保利益

保险人承担经济赔偿责任，是以被保险人对保险标的具有可保利益为前提条件的。同时，赔偿金额也以被保险人在保险标的中所具有的可保利益金额为限度。例如，某银行采用抵押借款方式向出口人贷款10 000元，为了使抵押品在抵押期间获得保险保障，银行以受押人名义为抵押品办理了保险。若抵押品在保险期限内遭受火灾完全焚毁，此时抵押品的实际价值即使为12 000元，也只能获得10 000元的赔偿，因为受押人（银行）对该项抵押品的可保利益只有10 000元，而不是12 000元。

3. 被保险人不能通过保险赔偿而得到额外利益

保险的赔偿是对被保险人遭受的实际损失进行补偿，使其恢复到受损前的经济状态，而不应使被保险人通过保险补偿获得额外利益。如果保险事故是由第三者责任所引起的，被保险人从保险人处获得全部损失的赔偿后，必须将其享有的向责任方追偿损失的任何权利转让给保险人，他不能从第三者那里再得到额外的赔偿，这个问题将在下面代位追偿原则中作进一步介绍。虽然一个被保险人可以其财产投保多张保单，但他不能获得超过其财产总值的赔款金额，这个问题涉及后面所述重复保险分摊问题。

四、代位追偿原则

根据保险补偿原则，保险是对被保险人遭受的实际损失进行补偿。当保险标的物发生了保险人承保责任范围内的灾害事故，并且这一保险事故是由保险人和被保险人以外的第三者承担责任时，为了防止被保险人在取得保险赔款后，又重复向第三者责任方取得补偿，获得额外利益，在保险补偿原则的基础上又产生了代位追偿的原则。所以说代位追偿原则是由补偿原则派生出来的。

1. 代位追偿的概念

代位追偿（Subrogation），是指当保险标的物发生了保险责任范围内的由第三者责任造成的损失，保险人向被保险人履行了损失赔偿的责任后，有权在其已赔付的金额的限度内取得被保险人在该项损失中向第三者责任方要求索赔的权利。保险人取得该项权利后，即可站在被保险人的地位上向责任方进行追偿。

若从被保险人的角度看，这种做法又称为权益转让，即被保险人因其保险标的遭受损失而取得保险人赔偿后，应将其享有的向第三者责任方索赔的权益转让给保险人，以便保险人进行代位追偿。

代位追偿原则根源于补偿性的保险合同。当保险标的发生保单承保责任范围内的损失时，被保险人有权向保险人要求赔偿，这种赔偿是建立在保险合同的基础之上的，是根据保险合同产生的权利。如果这项损失是由于第三者的责任造成的，被保险人就有权根据民法中有关侵权的规定，要求肇事者对损失进行赔偿，这种赔偿是建立在民法的基础上，是根据民事法律产生的权利。被保险人的这两项权利，均符合法律要求，两项赔偿请求权均受到法律的保护。就被保险人而言，他的两项债权同时成立，保险人不能以保险标的损失是由于第三者的责任所致为由而拒绝履行保险合同责任；同样，第三方也不能以受损标的已有保险为由解除自己的民事损害赔偿责任。在这两种法律权益同时依法并存的情况下，被保险人因依法享有双重损害赔偿请求的权利而获得双重的补偿。这种双重补偿无疑会使被保险人获得超过其实际损失的补偿，而出现因损失而获得额外利益的情况。这种获利不符合保险的补偿原则。为解决这个矛盾，保险法规定保险人在赔偿以后可以采取代位追偿的方式向第三者追偿，这样可以使被保险人既能即时取得保险赔偿，又可避免产生双重补偿，同时第三方也不能逃脱其应承担的法律责任。因此，代位追偿权是保险法项下特有的法律关系，它只适用于补偿性的保险合同，而不适用于非补偿性的保险合同，如人寿保险合同。

代位追偿是保险人履行了赔偿责任后而获得的一项权利,而被保险人在取得了保险赔偿后则有义务把其根据法律或合同享有的向责任方要求赔偿的权利转让给保险人。因此,利益转让就成为被保险人的一项义务。《中华人民共和国合同法》(以下简称《合同法》)及《财产保险合同条例》都规定:"被保险财产的损失,应由第三人负责赔偿的,如果投保方向保险方提出要求,保险方按照合同规定先予赔偿,但投保方必须将追偿权转让给保险方,并协助保险方向第三者进行追偿"。

2. 代位追偿权构成的条件

被保险人遭受的损失是否能构成代位追偿,有以下两个条件:

(1)损失必须是第三者因疏忽或过失产生的侵权行为或违约作为所造成,而且第三者对这种损失,根据法律的规定或双方在合同的约定负有赔偿责任。

(2)第三者的这种损害或违约行为又是保险合同中订明的保险责任。如果第三者的损害或违约行为与保险无关,就构不成保险上的代位追偿权。例如,由于第三者的侵权行为而造成保险标的受损,保险人赔付后,他就有权取代被保险人要求侵权行为人对损失进行赔偿。

3. 行使代位追偿权的时间

根据我国及国外保险法的规定,代位追偿权的行使应以保险人的赔付为先决条件,即保险人在没有赔付以前无权行使代位追偿权,只有在赔付后才可享有代位追偿权。我国《海商法》的具体规定如下:"保险标的发生保险责任范围内的损失是由第三人造成的,被保险人向第三人要求赔偿的权利,自保险人支付赔款之日起,相应转移给保险人"。

同时,被保险人在向保险公司申请赔偿前不得损害保险公司行使代位追偿的权利,并应积极协助保险公司向责任方索赔。如果保险人在赔付被保险人的损失时,发现被保险人的行为已经损害了保险人的代位追偿权利,例如被保险人事先免除了损害责任方应负的赔偿责任,或使得保险人丧失了代位追偿权,保险人可以拒赔。

4. 代位追偿权限

根据法律规定,保险人履行了赔付责任后,有权取代被保险人的一切法律及合同权,但保险人要求取代请求的数额应以其给被保险人的金额为限。例如有的国家法律规定,当向第三者责任方提起诉讼时,必须以被保险人的名义进行,法院判决的追偿金额大于保险人赔款金额的,保险人原则上只能占有自己已赔付的追偿权,超出部分应归还给被保险人。

五、重复保险的分摊原则

重复保险(Double Insurance),亦称"双重保险",是指被保险人以同一保险标的物向两个或两个以上的保险人投保了相同的保险,在保险期限相同的情况下,其保险金额的总和超过了该保险标的实际价值。

在出现重复保险的情况下,当保险标的发生损失时,如果各个保险人分别对损失进行赔偿,可能被保险人会获得超过保险标的受损价值的补偿,这有悖于保险补偿原则。为了防止被保险人所受损失获得重复赔偿,应把保险标的损失赔偿责任在各保险人之间进行分摊,使被保险人所取得的保险赔偿与其损失相当,这便是重复保险的分摊原则。重复保险的分摊原则是保险补偿原则派生出来的一项原则。

对重复保险分摊金额的计算,最常使用的方法是"比例分担责任"。所谓比例分担责任,是指在保险标的发生损失时,各保险人按各自保险单中承保的保险金额与总保险金额的比例承担保险赔偿责任。即各保险人承保保险金额占各保险人承保保险金额总和之比再乘以实际损失,得到各保险人损失分摊金额。

我国《海商法》第225条对重复保险的分摊也规定采取"比例责任"原则。同时,还规定任何一个保险人支付的赔偿金额超过其应当承担的赔偿责任的,有权向未按照其应当承担赔偿责任支付赔偿金额的保险人追偿。

除上述方法外,重复保险的损失分摊还有"限额责任分摊"和"顺序责任分摊"等方式。

六、近因原则

1. 近因与近因原则

在保险理赔工作中,还有一项必须遵循的基本原则就是近因(Proximate Cause)原则,它是在保险标的发生损失时,用来确定保险标的所受损失应否获得保险赔偿的一项重要依据。

保险人承担的对保险标的的损失赔偿责任仅限于保单承保风险所造成的损失,然而保险标的发生损失的原因是多种多样的,要确定保险人的赔偿责任,就必须弄清造成损失的原因。

所谓的近因是指对损失的发生具有支配力的、最主要的、最有影响的原因,亦即在结果上损失最接近的原因,而不一定是指在时间或空间上最接近损失的原因。所谓近因原则是指保险人一般只对承保风险与货物损失之间有直接因果关系的损失负赔偿责任,而对不是由保单承保风险造成的损失,不承担赔偿责任。它对保险理赔工作中的判定责任、履行义务和减少争议都具有重要的意义。

2. 近因的一般判断标准

在实际业务中,造成损失的原因往往不是一种,而是多种错综复杂的原因,因此区别损失的近因和远因就成为一个复杂的问题。一般可从以下几方面来进行分析判断。

1)只有一个单独的损失原因

如果损失的发生没有被其他原因所介入而中断,这唯一的原因就是损失的近因。如果它属保险单承保的风险,保险人对损失应予赔偿,反之则不赔。

2)由两种或两种以上的原因同时发生造成损失

(1)如果这些原因都是承保风险,则保险人对损失负责赔偿。

(2)如果同时出现的原因既有承保风险,又有非承保的风险时,原则上保险人要承担全部损失的赔偿责任。即承保风险优先于非承保风险。

(3)如果同时出现的风险既有承保风险又有除外责任时,总的原则是除外责任优先于承保风险,当然还要具体分析承保风险与除外责任之间的关系。

当能确定承保风险造成的损失责任大小时,保险人只负责由承保风险造成的那部分损失;当承保风险和除外责任造成的损失不能划分清楚时,保险人对损失不负赔偿责任。

3)由两种或两种以上的原因连续发生造成损失

这种情况是指在保险标的物发生损失之前有两个以上的前因而且每个前因都与后因有着直接的因果关系。在这种因果关系中,最前面的起因就是近因,如果它是属于承保的风险,保险人应对保险标的所受损失负赔偿责任;反之,如果它不属承保的风险,则保险人对损失便不负赔偿责任。

4)在连续发生的原因中有新的独立的原因介入,使连锁关系中断并造成损失

在这种情况下,新介入的独立原因取代前面的原因而发生作用,对于以前的原因是否为承保的风险,它们对新的独立原因产生的影响如何,都可能不加考虑,只须考虑新介入的原因是否属于承保的风险,如果属于承保的风险。保险人应负赔偿责任,反之,不负赔偿责任。

第三节 保险合同

一、保险合同的概念

合同是平等主体的自然人、法人、其他组织之间设立、变更和终止民事法律关系的协议。保险合同属于合同的一种,是保险关系双方当事人为实现经济保障目的,明确相互之间权利、义务的一种具有法律约束力的书面协议。按照协议,投保人向保险人支付保险费,保险人在保险标的遭受约定事故时,承担经济赔偿责任,或者在约定时间出现时,履行给付保险金的义务。

保险合同一般分为两种不同的类型:一种是补偿性合同,是以补偿经济损失为目的。当保险标的遭遇约定的保险事故的时候,由保险人根据保险合同的规定,对被保险人的损失给予补偿,比如财产保险合同。另一种是给付性合同,它是以支付保险金为目的。当发生保险合同约定的事件或保险期限届满时,由保险人根据保险合同的规定,向被保险人或受益人给付保险金,比如人寿保险合同。

二、保险合同的特征

保险合同属于合同的一种,一经成立便受法律保护。因此,保险合同具有经济合同所共有的一般法律特征:

(1)保险合同必须具有双方当事人,即投保人和保险人,且双方当事人必须具有民事行为能力,法律地位平等。

(2)保险合同必须经双方当事人意思表示一致才能成立。

(3)保险合同是合法的法律行为。

(4)保险合同是互为有偿的合同。

保险合同也是一种特殊的经济合同，除了具有上述一般合同的特征外，还具有自身的特征，主要有以下几点：

1. 保险合同是双务合同

合同有单务合同和双务合同（Bilateral Contract）之分。在单务合同中，当事人一方仅享有权利，另一方仅负有义务。而双务合同则是当事人双方都享有权利和承担义务，一方的权利即为对方的义务，保险合同属于双务合同。保险合同的投保人负有按约定给付保险费的义务，保险人则负有当保险事故发生时给付保险金的义务。但保险合同与一般的双务合同有所不同，在一般的双务合同，比如买卖合同中，买方给付价金之后，卖方应依合同规定给付标的物，不存在其他任何条件。但保险合同的保险人在投保人给付保险费之后，只有在保险事故发生后，才履行保险金给付义务。换言之，保险人履行保险金给付义务以保险事故作为停止条件，因此，保险合同是附停止条件的合同。

在国外，英美法学系的有些学者认为保险合同是一种单务合同。理由是在保险合同成立时，仅有投保人一方负有给付保险费的义务；保险合同成立后，保险人一方承诺在保险事故发生后给付保险金，而不能强制投保人有任何义务，因此是单务合同。

2. 保险合同是射幸性合同

射幸性合同（Aleatory Contract），是指合同当事人一方的履行有赖于偶然事件的发生。保险合同是射幸性合同，对投保人来说，其支付一定数额的保险费，在保险事故发生时，可获得大大超过所付保险费数额的保险金；如果保险事故不发生，则丧失所交付的保险费。对于保险人来说，保险事故发生后，其支付的保险金数额将大大超过保险费的收入；如果保险事故不发生，则获得保险费的利益，而无支付保险金的责任。保险合同的射幸性是由危险事故的不确定性决定的，这在财产保险合同中表现得尤为明显，而在人寿保险中，因为保险人给付保险金的义务是确定的，只是时间问题，故其具有储蓄性，射幸性较弱。

保险合同虽是一种射幸性合同，但它与赌博有着本质的区别。因为这种射幸性质是对单个保险合同而言的，保险事业并非投机性的事业。就保险业承保的全部保险合同来看，保险费总额与保险金总额的关系是以精确的数理计算为基础的，原则上收入与支出保持平衡。因此，从总体上来看，保险合同不存在偶然性。

3. 保险合同是最大诚信合同

合同的订立及履行要遵守诚实信用原则。保险合同的诚信度要比一般的合同高，故称为最大诚信合同（Contract of the Utmost Good Faith）。诚实信用原则要求投保人对订立和履行保险合同过程中的一切重要事实和情况作出真实、可靠的陈述，不能有任何隐瞒和虚假。

对保险合同的最大诚信要求，在最早的海上保险中就已存在。海上保险的标的是海上运输中的财产，危险性较大，而且远在海外，保险人在承保前无法进行实际勘察，只能根据投保人提供的情况予以承保，这就要求当事人具有超过一般交易合同的最大诚信。目前，各国的保险立法亦对此做出了明确规定。《中华人民共和国经济合同法》第46条规定：投保方如隐瞒被保险财产的真实情况，保险方有权解除合同或不负赔偿责任。另外，在《财产保险合同条例》中，对投保人的如实告知义务、危险增加的通知义务、出险的通知义务等作出了具体规定，这些都是保险合同的最大诚信要求在立法中的体现。

4. 保险合同是要式合同

合同有要式合同和不要式合同之分。要式合同是在法律上具备一定形式和手续的合同。反之，在法律上不要求具备一定形式和手续的合同，称为不要式合同。各国的保险惯例是均将保险合同作成保险单，而且在保险立法上亦有规定。《财产保险合同条例》第 5 条规定："投保方提出投保要求，填具投保单，经与保险方商定交付保险费办法，并经保险方签章承保后，保险合同即告成立，保险方应根据保险合同及时向投保方出具保险单或者保险凭证。"由此可见，保险合同是采取书面形式的要式合同，换言之，保险合同是以保险单或保险凭证作为保险合同的书面形式。

值得说明的是，强调保险合同为要式合同，并非指保险合同在做成或交付保险单或保险凭证后才能成立。首先，保险合同在当事人双方意思表示一致时即告成立。其次，在实践中，如果保险合同当事人在意思表示一致后，保险单或保险凭证做成交付之前即发生保险事故，保险人仍应承担保险责任。如果强调保险合同于保险单或保险凭证做成之后生效，则与保险分散危险、消化损失、维护社会经济生活稳定的宗旨相违背。保险合同即属于这类要式合同。

5. 保险合同是附合性合同

附合性合同（Contract of Adhesion）是由一方当事人提出合同的主要内容，另一方只是作出取与舍的决定，一般没有商议变更的余地。保险合同就是具有这种特点的合同：保险人依一定的根据，制定出保险合同的基本条款；投保人依照该条款，或同意接受，或不同意投保，但无权修改通用的某项条款。如果有必要修改或变更保险单的某项内容，也只准采用保险人事先准备好的附加条款或附属保险单，而不能依自己的意思自由规定保险合同的内容。

随着保险事业的发展，以及各国保险业务的交流与协作的加强，保险的业务量大量增加，要求保险手续迅速、简洁。同时由于保险经营的特殊性，保险合同逐渐趋向技术化、标准化和定型化。但这一发展同时也使合同自由受到限制，保险单或保险凭证从某种意义上只是保险人一方的片面文件，其中一些内容很难解释为当事人双方经自愿协商意思表示一致的结果。因此，在司法实践中，保险人与被保险人对于保险合同发生纠纷时，法院要作出有利于被保险人的解释，以保护被保险人的利益。而且要求保险单的制定要力求周密、合理，经主管机关审批后方能实施。

三、保险合同的主体和客体

1. 保险合同的主体

保险合同的主体，是指参加保险合同并且享有权利和承担义务的人，包括保险合同的当事人和关系人。

1）保险合同的当事人

（1）保险人（Insurer），也称为承保人，是保险合同当事人的一方，是设计保险合同、收取保险费并且在保险事故发生时，对被保险人承担损失赔偿或给付保险金的主体。我国《保险法》第10条规定：保险人是指与投保人订立保险合同，并按照合同约定承担赔偿或者给付保险金责任的保险公司。

（2）投保人（Applicant），也称为要保人，是保险合同当事人的另一方，是与保险人订立保险合同并负有交纳保险费义务的主体。投保人既可以是法人，也可以是自然人。

2）保险合同的关系人

（1）被保险人（Insured），是受保险合同保障的人，也就是保险事故发生后有权按照保险合同的规定，向保险人要求赔偿或领取保险金的人。被保险人与投保人的关系分两种情况：一种是投保人为自己的利益而签订的保险合同，在这种情况下，投保人就是被保险人；另一种是投保人为他人的利益而签订的保险合同。

（2）受益人（Beneficiary），是保险合同中由被保险人或投保人指定，在被保险人死亡后有权领取保险金的人。投保人、被保险人都可以是受益人。受益人一般存在于人身保险合同中。

（3）保险代理人（Insurance Agent）。我国《保险法》第117条规定：保险代理人是根据保险人的委托，向保险人收取佣金，并在保险人授权的范围内代为办理保险业务的机构或者个人。在实际业务中，保险代理人主要是根据保险人的授权招揽保险业务，出立暂保单，代收保险费，代理查勘损失以及代理理算赔款等。

（4）保险经纪人（Insurance Broker）。我国《保险法》第118条规定：保险经纪人是基于投保人的利益，为投保人与保险人订立保险合同提供中介服务，并依法收取佣金的机构。在实际业务中，保险经纪人是为投保人寻找最合适的保险人，代其向保险人商榷保险合同事宜，从而获取佣金的人。

（5）保险公估人（Notary），又称保险公证行或保险公估行，是指向保险人或被保险人收取费用，为其办理保险标的评估、查勘、鉴定、估损、理算等业务，并且予以证明的人。

2. 保险合同的客体

保险合同的客体，是指保险人和被保险人双方权利与义务共同指向的对象。保险合同的客体并不是保险标的本身，而是投保人或被投保人对保险标的所具有的可保利益。

四、保险合同的内容和形式

1. 保险合同的内容

保险合同的内容，是保险人与被保险人的权利和义务。保险人与被保险人的权利和义务，具体体现在保险合同的条款上。根据我国《保险法》第18条的规定，保险合同应包括下列各项内容：

（1）保险人名称和住所。
（2）投保人、被保险人、受益人名称和住所。
（3）保险标的。
（4）保险责任和责任免除。
（5）保险期间和保险责任开始时间。
（6）保险金额。

（7）保险费及支付办法。

（8）保险金赔偿或给付办法。

（9）违约责任和争议处理。

（10）订立合同的年月日。

2. 保险合同的形式

（1）投保单（Application）。投保人申请保险的一种书面形式，是投保人提出的订立保险合同的书面要约。投保单一经保险人承诺，就成为保险合同的一部分。投保单一般是保险人根据不同险种的需要事先设计内容格式，由投保人在投保时按所列内容进行填写，保险人据此核实情况，决定承保后记载在保险合同上，同时投保单也构成保险合同的法律文件之一。

（2）暂保单（Cover Note，Binder）。又称临时保险书，是在保险单或保险凭证还没有出立之前，向投保人签发的临时单证。暂保单的内容比较简单，一般只载明保险标的等一些重要事项，以及除保险单通常内容之外的特约保险条件。暂保单一般都载明有效起讫日期，通常在30天以内。正式保险单签发后，暂保单即行失效。暂保单是正式保险单签发前保险合同订立的证明。

（3）保险单（Policy，Insurance Policy）。俗称大保单，是保险人与被保险人之间订立保险合同的一种正式证明，是保险合同中最重要的书面形式。保险单载明当事人双方在法律上的权利、义务与责任，是由保险人制定和出具的。

（4）保险凭证（Insurance Certificate）。俗称小保单，也是保险合同的一种书面证明，但只在少数几种保险业务中使用，比如货物运输保险和机动车第三者责任保险等。保险凭证实际上是一种简化了的保险单，只包括保险单的正面内容，背面没有载明保险条款的详细内容。凡保险凭证上没有列明的内容，均以同类保险单上所载内容为准。保险凭证与保险单具有同样的效力。

案例思考

原告是某进出口公司（以下简称原告），被告是中国某保险股份有限公司（以下简称被告）。原告作为卖方，根据美国客户的订单于2002年8月委托某船公司作为承运人向美国发运一批货物。贸易合同规定的价格条款为CIF美国波士顿，付款条件是T/T。2002年8月8日，原告向被告投保海上货物运输险，承保的险别是一切险。同年8月10日，上述货物被装入集装箱运送到青岛港。装船时，集装箱底脱落，货物从集装箱内落下掉到甲板上，发生全损。美国买方在知道货物发生全损后，以货物不能满足合同的要求、不能实现合同目的为理由，拒绝支付货款。原告向被告索赔保险金，而被告认为不应当向其赔偿，因此成讼。

1. 案件争议焦点

本案的事实较为清楚：原告作为被保险人，依据保险合同索赔。货物损害发生在保险人责任期间，货物损害的原因是集装箱底发生脱落造成货物全损。因此，本案涉及原告是否具有本案诉权的法律问题便成了焦点问题。被告认为，根据最新的《国际贸易术语解释通则》A5关于风险转移的规定，在CIF价格条件下，美国买方承担货物越过船舷后的风险，卖方已无任何风险且保险单已经背书转让，原告已经不享有保险利益，也就不享有本案诉权。被告还认为,虽然货物所有权尚未发生转移,但原告并不因享有货物所有权就当然地享有案件索赔权。因为索赔权是一个独立的权利,其并不跟随所有权的转移而转移。从本质上讲,本案涉及的是海上货物保险中的一个重要的基本原则——保险利益原则。如何理解保险利益与货物风险转移及所有权转移之间的关系是决定本案原告是否具有诉权的关键因素。

2. 保险利益与货物所有权及货物风险的关系

(1)国际贸易中货物所有权的转移作为国际惯例,国际法协会制定的关于CIF合同的《华沙—牛津规则》的相关规定,当事人没有明确约定货物所有权何时转移,则提单的转让被视为所有权转移的标志。

(2)国际贸易中货物风险的转移国际商会最新制定的《国际贸易术语解释通则》中对相关的贸易术语作了详细的规定。如国际贸易中最为常见的价格条款FOB、CIF、CFR,都规定由买方承担货物在运输过程中的风险,即货物从越过船舷时起,风险转移到由买方承担。

(3)保险利益与货物所有权及货物风险的关系就海上货物保险而言,保险利益取决于货物所有权/风险的转移。如果货物的所有权与风险没有分离,那么只有货物的所有权人对货物享有保险利益。但如果所有权并未发生转移,而货物的风险发生转移(如本案所述情形),是货物所有人与承担货物风险的买方同时对货物具有保险利益还是只有承担货物风险的买方具有保险利益?这是确定谁有权索赔的一个至关重要的问题。根据赔偿原则,货物发生灭失、损害时,应当仅仅有一方有权索赔并得到索赔,因此在一票货上,应当只有一方对该货物享有保险利益。当风险与所有权分离时,货物风险转移后,应当是对货物承担风险的买方享有保险利益,而卖方丧失了对货物的保险利益,即使卖方还享有货物的所有权,也对货物不具有保险利益。

3. 保险利益回转

在解决保险利益与货权及货物风险转移的关系后,我们就可以清楚地知道,当货物越过船舷后,只有买方承担货物风险并具有保险利益。一般情况下就只有买方可以向保险人进行索赔,而卖方因没有保险利益,而无权向保险人进行索赔。但有一种例外情况,即买方退单、拒收货物、拒付货款时,买方的此种行为将产生保险利益回转的法律后果。关于保险利益回转,我国的《保险法》《海商法》都没有明确的条文规定。但我国《合同法》第148条规定了货物风险转移的情况,具体为"因标的物的质量不符合质量要求,致使不能实现合同目的的,买受人可以拒绝接受标的物或者解除合同。买受人拒绝接受标的物或者解除合同的,标的物毁损、灭失的风险由出卖人承担"。虽然《国际货物销售合同公约》也没有就保险利益回转作明确规定,但我们还是可以通过以上分析得出如下结论:因为收货人/买方拒绝收货,货物的风险由买方又转移到卖方,因此,保险利益发生了回转。由以上分析可以看出,国际货物买卖中,保险利益的有无与风险的转移紧密联系在一起,保险利益的回转是随着货物风险的再次转移而发生回转的。

4. 结 果

法院最终判决,原被告之间存在合法有效的海上货物保险合同关系。因货物的保险利益发生回转,作为卖方的原告取得该票货的保险利益而享有诉权。因此,被告应当承担原告货物灭失的赔偿责任。

思考题

1. 如何理解保险的含义?
2. 怎样理解最大诚信原则?
3. 怎样理解可保利益原则?
4. 如何理解近因原则?
5. 如何理解补偿原则?
6. 简述代位追偿原则的主要内容。
7. 简述重复保险的含义及分摊方法。

第十一章　海洋运输货物保险保障范围

> **学习目标**
>
> 了解海运货物保险保障风险的分类,掌握狭义海上风险、外来风险的分类和各自的含义。
> 了解海洋运输货物保险保障损失的分类。
> 掌握全部损失和部分损失的分类和各自的含义。
> 了解海洋运输货物保险保障费用的分类。
> 掌握实际全损和推定全损的区别,以及单独海损和共同海损的区别。
> 掌握共同海损的构成条件。

第一节　海运货物保险保障的风险

随着航海技术的不断进步和海上保险的发展,在海运货物保险实践中,通常将保险保障的风险分为海上风险和外来风险两大类。

一、海上风险

海上风险一般是指船舶或货物在海上航行中发生的或随附海上运输所发生的风险。在现代海上保险业务中,保险人所承保的海上风险是有特定的含义和范围的,一方面它并不包括一切在海上发生的风险,另一方面它又不局限于航海中所发生的风险。保险人承保的海上风险都在保单中或保险条款中明确规定,保险人只负责由保单列明的风险造成的保险标的损失。因此,正确理解各种风险的确切含义就显得十分重要。

我国现行的海运货物保险条款及英国伦敦保险协会海运货物保险新条款所承保的海上风险,从性质上划分,主要可分为自然灾害及意外事故两大类。

1. 自然灾害

所谓自然灾害(Natural Calamities),就一般意义上讲,是指不以人的意志为转移的自然界的力量所引起的灾害。但在海上货物运输保险业务中,自然灾害并不是泛指一切由于自然界力量引起的灾害。按照我国的《海洋运输货物保险条款》的规定,所谓自然灾害仅指恶劣气候、雷电、海啸、洪水等人力不可抗拒的灾害。根据英国《协会海运货物保险条款》的规定,属自然灾害性质的风险有:雷电、地震、火山爆发、浪击落海,以及海水、湖水、河水进入船舶、驳船、运输工具、集装箱、大型海运箱或储存处所等。上述各种自然灾害及其造成的损失的主要含义如下:

1）恶劣气候（Heavy Weather）

一般指海上飓风（8级以上的风）和大浪（3 m以上的浪）引起的船体颠簸倾斜，并由此造成船体、船舶机器设备的损坏，或者因此而引起的船上所载货物的相互挤压、碰触所导致的货物的破碎、渗漏、凹瘪等损失。

2）雷电（Lightening）

雷电常在积雨云层中产生，若云层之间、云层和地面之间电位差增大到一定程度时，就会发生猛烈的放电现象，这就是雷电。云层之间以及云和空气之间的放电，一般不会危及人的生命和财产；而云层和地面之间的放电，往往会危及人的生命和财产，并造成损失。

海上货运保险承保的雷电，指货物在海上或陆上运输过程中由于雷电所直接造成的或者由于雷电引起的火灾造成的货物的灭失和损害。

3）海啸（Tsunami）

海啸是由地震或风暴而造成的海面的巨大涨落现象，按其成因可分为地震海啸和风暴海啸两种。地震海啸是伴随地震而形成的，即海底火山爆发或海岸附近地壳发生断裂、引起剧烈的震动，产生高达十余米的大浪，从而造成船、货的损失。风暴海啸为强大低气压系统（如台风）通过时，海水异常升起的现象，它也会对在海上航行的船舶、货物造成损失。

4）洪水（Flood）

洪水是指偶然的、意外的大量降水在短时间内汇集河槽而形成的特大径流造成的船货损失，包括山洪爆发、江河泛滥、潮水上岸或暴雨积水成灾造成海上航行的船舶及货物被淹没、浸泡、冲散及冲毁的损失。

5）地震（Earthquake）

地震是指由于地壳发生急剧的自然变化，使地面发生震动、坍塌、地陷、地裂等导致船货的直接损失或由此引起的火灾、爆炸、淹没等损失。

6）火山爆发（Volcanic Eruption）

火山爆发是指由于强烈的火山活动，喷发固体、液体及有毒气体造成的船货损失，海底的火山爆发也会引起海啸，从而导致航行中的船舶及所载货物受损。

7）浪击落海（Washing Overboard）

通常指存放在舱面上的货物在运输过程中受海浪冲击而落海造成的损失。

8）海水、湖水或河水进入船舶、驳船、运输工具、集装箱、大型海运箱或储存处所（entry of sea, lake or river water into vessel, craft, hold conveyance, container, lift-van or place of storage）

这种风险不仅包括由于海水，而且也包括由于湖水和河水进入船舶等运输工具或储存处所造成的保险货物的损失，这里对"储存处所"的范围未加限定，可以理解为包括陆上一切永久性的或临时性的、有顶篷的或露天的储存处所。

2. 意外事故

意外事故（Accident）一般是指人或物体遭受到外来的、突然的、非意料之中的事故。

但在海上保险业务中，所谓意外事故并不是泛指海上发生的所有意外事故。按照我国《海洋运输货物保险条款》的规定，意外事故是指：运输工具遭受搁浅、触礁、沉没、互撞、与流冰或其他物体碰撞以及失火、爆炸等；根据英国伦敦保险协会海运货物保险条款，除了船舶、驳船的触礁、搁浅、沉没、倾覆、火灾、爆炸等属意外事故外，尚有陆上运输工具的倾覆或出轨也属意外事故的范畴。

在海上保险业务中，各种意外事故都有其特定的含义。现将海上货运保险承保的各种意外事故的含义分别说明如下：

1）火灾（Fire）

火灾是指由于意外、偶然发生的燃烧失去控制，蔓延扩大而造成的船、货的损失。海上货物运输保险不论是直接被火烧毁、烧焦、烧裂，或者间接被火熏黑、灼热或为救火而致损失，均属火灾风险。

货物在运输过程中常因下列原因引起火灾：

（1）由于闪电、雷击引起船货火灾。
（2）货物受海水浸湿温热而致起火。
（3）船长、船员在航行中的过失引起火灾。
（4）船舶遭遇海难后，在避难港修理，由于工作人员操作不当引起火灾，如电焊引起火灾。

凡因上述原因及其他不明原因所致的火灾损失，保险人均负责赔偿。

但是，由于货物固有瑕疵或在不适当的情况下运送引起的货物自燃，或船长失职或船员有意纵火以及战争导致的火灾，或由于战争行为所致的火灾属战争风险而非意外事故等，这些均不属海上风险，不属保险人的承保责任范围。

2）爆炸（Explosion）

一般是指物体内部发生急剧的分解或燃烧，迸发出大量气体和热力，致使物体本身及其周围的其他物体遭受猛烈破坏的现象。

3）搁浅（Grounding）

指船舶在航行中，由于意外或异常的原因，船底与水下障碍物紧密接触牢牢地被搁住，并且持续一定时间失去进退自由的状态。

4）触礁（Stranding）

指船舶在航行中触及海中岩礁或其他障碍物，如木桩、渔栅等造成的一种意外事故。

5）沉没（Sunk）

指船舶在航行中或停泊时，船体全部沉入水中，失去浮力，无法继续航行的状态，或虽未构成船体全部沉没，但已大大超过船舶规定的吃水标准，使应浮于水面的部分浸入水中无法继续航行，由此造成保险货物的损失，属沉没责任。如果船体只有部分浸入水中而仍能航行，则不能视为沉没。

6）碰撞（Collision）

货物运输保险承保的碰撞风险是指载货船舶同水以外的外界物体，如码头、船舶、灯塔、流冰等，发生的猛烈接触，由此造成船上货物的损失。

7）倾覆（Capsized）

指船舶在航行中遭受自然灾害或意外事故导致船体翻倒或倾斜，失去正常状态，非经救助不能继续航行的状态。由此造成的保险货物的损失，属倾覆责任。

8）投弃（Jettison）

投弃也称抛货，是指船舶在海中航行遭遇危难时，为了减轻船舶的载重，以避免全部受损，而将船上的货物或部分船上用具有意地抛入海中的行为。

按照伦敦保险协会旧的《协会货物条款》的规定，投弃仅指共同海损行为的投弃，不包括非共同海损行为的投弃。但现行新的《协会货物条款》已取消了这一限制，规定凡因投弃造成的损失，保险人都予以赔偿，而不问其是否为共同海损的行为所致。我国现行的海运货物保险条款同伦敦保险协会旧的《协会货物条款》一样，仅指共同海损的投弃。

9）船长、船员的恶意行为（Barratry of Master and Mariner）

船长、船员的恶意行为是指船长、船员背着船东或货主故意做出的有损于船东或货主利益的恶意行为。比如丢弃船舶、纵火焚烧、非法出售船舶或货物、违法走私而造成船舶被扣押或没收等。

二、外来风险

外来风险是指海上风险以外的其他外来原因所造成的风险。外来风险同样必须是意外的和偶然的。外来风险可分为一般外来风险和特殊外来风险。

1. 一般外来风险

一般外来风险是指货物在运输途中遭遇意外的外来因素导致的事故。通常包括以下风险：

（1）偷窃（Theft）。偷窃是指整件货物或包装内的部分货物被人暗中偷走的损失，并不包括公开的暴力抢劫行为所致的损失。

（2）提货不着（Non-delivery）。提货不着是指货物在运输途中由于不明原因而被遗失，造成整件货物未能运抵目的地，无法交付给收货人。

（3）短量（Short Delivery）。短量是指货物在运输途中或抵达目的地后发现包装内货物部分短少或散装货物重量短缺。

（4）雨淋（Fresh Water and Rain Damage）。雨淋指货物由于被雨水淋湿所造成的损失。

（5）混杂（Intermixture）。混杂是指货物在运输途中因与其他货物混杂在一起，难以辨认和分开而导致的损失。例如在大米中混入砂石等杂质。

（6）沾污（Contamination）。沾污是指货物在运输途中因被其他货物污染而导致的损失。例如服装沾上柏油而致损失。

（7）渗漏（Leakage）。渗漏是指盛在容器中的流质或半流质货物在运输途中由于外来原因造成容器损坏而引起的渗漏损失，或用液体盛装的货物，例如酱菜，因液体外流而引起的货物的变质、霉烂等损失。

（8）碰损（Clash）。碰损是指货物在运输途中因受震动、颠簸或碰撞、挤压等而导致的凹瘪、变形损失。

（9）破碎（Breakage）。破碎是指易碎品在运输途中因搬运、装卸不慎以及受到震动、颠簸或碰撞、挤压而引起的货物本身破裂和破碎。

（10）串味（Taint of Odor）。串味是指货物因受到其他带异味的物质的影响，引起串味而使价值受损。例如茶叶和樟脑丸放在一起，会使茶叶吸收樟脑丸的气味而失去饮用价值。

（11）受潮受热（Sweating and Heating）。受潮受热是指由于气温变化或船上通风设备失灵而使船舱内水汽凝结，货物因此发潮或发热而致霉烂等损失。

（12）钩损（Hook Damage）。钩损是指袋装或捆装货物在装卸、搬运过程中吊钩操作而遭受的损失。

（13）锈损（Rust）。锈损是指金属或金属制品在运输中因氧化而生锈所造成的损失。

2. 特殊外来风险

特殊外来风险是指除一般外来风险以外的其他外来原因导致的风险，往往是与政治、军事、社会动荡以及国家行政措施、政策法令等有关的风险。常见的特殊外来风险主要有战争风险、罢工风险、进口国有关当局拒绝进口的风险或没收风险等。

（1）战争风险（War Risks）。战争风险是指由于战争行为、敌对行为及由此引起的捕获、拘留、扣留、禁止及各种常规战争武器所引起的货物损失。

（2）罢工风险（Strikes Risks）。罢工风险是指由于罢工者、被迫停工工人或参加工潮、暴动、民众斗争的人员的行动所造成的货物损失。

（3）拒收风险（Rejection Risks）。拒收风险是指货物由于在进口港被进口国的政府或有关当局拒绝进口或没收所造成的损失。

以上列举的是一些主要的海上风险，海运货物保险承保其中的一种或数种风险，每份保险单上一般均具体列明承保的风险和除外的风险。

第二节 海运货物保险保障的损失

在海运货物保险中，保险人承保的由于上节所述的海上风险和外来风险造成的损失，按照损失程度划分，可分为全部损失与部分损失。

一、全部损失

全部损失（Total Loss）简称"全损"，是指被保险货物由于承保风险造成的全部灭失或视同全部灭失的损害。

在海上保险业务中全部损失分为实际全损和推定全损。

1. 实际全损（Actual total Loss，ATL）

实际全损也称绝对全损，我国《海商法》第245条规定：保险标的发生保险事故后灭失，或者受到严重损坏完全失去原有形体、效用，或者不能再归被保险人所拥有的，为实际全损。

构成被保险货物的实际全损有下列 4 种情况：
（1）被保险货物的实体已经完全灭失。
（2）被保险货物遭到严重损害，已丧失了原有的用途和价值。
（3）被保险人对保险货物的所有权已无可挽回地被完全剥夺。
（4）载货船舶失踪，达到一定时期（我国海商法规定为 2 个月）仍无音讯。

保险标的发生实际全损时，被保险人无需办理任何法律手续即可向保险人请求按保险金额获得全损赔偿。

2. 推定全损（Constructive Total Loss，CTL）

也称商业全损，是指被保险货物在海上运输中遭遇承保风险之后，虽未达到完全灭失的状态，但是可以预见到它的全损将不可避免；或者为了避免全损，需要支付的抢救、修理费用加上继续将货物运抵目的地的费用之和将超过保险价值（现行英国保险条款规定为"将超其到达目的地时的价值"）。

从上述定义可知，判断货物的推定全损有两个相互独立的标准：一是实际全损不可避免；二是为避免实际全损，所需支付的费用和续运费用之和超过保险标的价值。

在推定全损的情况下，被保险人获得的损失赔偿有两种情况：一种是被保险人获全损的赔偿；另一种是被保险人获得部分损失的赔偿。如果被保险人想获得全损的赔偿，他必须无条件地把保险货物委付给保险人。

3. 委 付（Abandonment）

所谓委付，是指被保险人在保险标的处于推定全损状态时，向保险人声明愿意将保险标的的一切权益，包括财产权及一切由此产生的权利与义务转让给保险人，而要求保险人按全损给予赔偿的一种行为。

在具体做法上，被保险人应以书面或口头方式向保险人发出委付通知（Notice of Abandonment），一方面向保险人表示其希望转移货物所有权，以获得全损赔偿，另一方面便于保险人在必要时能及时采取措施，避免全损或尽量减少被保险货物的损失。因此，被保险人一旦得知货物受损处于推定全损状态并愿按委付方式处理时，应立即发出委付通知。保险人在接到被保险人的委付通知后，一般都是拒绝接受的，因为委付一经接受，便不能撤销并须承担由于所有权转移而相应产生的义务，例如在船舶委付的情况下，对船舶残骸及海上油污的消除等。保险人在对受损货物在致损原因及损失程度经过调查后，确定损失是由保单承保危险造成的，并且货物受损程度很严重，可以构成推定全损，这时，保险人有两种选择：一是对被保险人全损进行赔偿，并接受委付。这种情况下，保险人员将取得受损保险标的的一切权利，并有权处置残余的货物而得到全部处理收益，即使处理收益大于他赔付给被保险人的赔款也是可以的；二是对被保险人按全损进行赔偿，但不接受委付。这种情况下，受损货物的一切权益仍归被保险人。根据我国海商法的规定，对于被保险人所提出的委付要求，保险人无论是否接受，他都应在合理的时间内做出决定并通知被保险人。

由于委付是海上货物运输保险中处理索赔的一种特殊做法，各国保险法都对委付有严格的规定，一般地讲，委付的构成必须符合下列条件：委付通知必须及时发出；委付时必须将被保险货物全部进行委付；委付不能附带任何条件；委付必须经过保险人的承诺才能生效。

4. 实际全损与推定全损的区别

实际全损和推定全损的区别主要有以下几点：

（1）损失的情况不同。实际全损是指保险标的遭受保险事故后，确实已经灭失、损毁或失去原有用途和使用价值，不能再恢复原样或不再能收回，强调全部损失已经出现，无法补救；推定全损则是指保险标的已经受损，但当时并未完全灭失，将来会出现全部损失，或是可以修复或收回保险标的，只是因此所需支出的费用将超过保险标的的价值，强调全部损失是将来的或可以补救的。

（2）赔偿情况不同。发生实际全损后，被保险人无须办理任何法律手续，即可向保险人要求按保险金额赔付全部损失；但在推定全损情况下，被保险人在要求保险人按全损赔偿前，必须先发出委付通知，将保险标的委付给保险人。

虽然实际全损和推定全损之间的区别是客观存在的，但在实践中，实际全损和推定全损之间并无绝对的界限，保险标的到底属于实际全损或推定全损并不取决于被保险人是否已经向保险人委付保险标的，而是往往取决于法院或仲裁庭的裁决。如果法院或仲裁庭认为损失为实际全损，委付失去意义，这并不影响被保险人按实际全损索赔的权利，因而在海上保险实务中，几乎在每一个全损案件中，被保险人都向保险人发出委付通知，作为推定全损处理。

此外，在有些情况下，保险标的所遭受的损失虽未达到全损的程度，但基于维持保险人与被保险人之间良好业务关系等因素考虑，双方一致认为如以全部损失为基础进行赔偿，更有利于对保险合同条款的理解，有利于保险业务的开展。此时，保险合同双方也可约定按全部损失进行赔偿，这种做法称为协议全损（Compromise Total Loss）。协议全损是发生损失后，保险人处理某些损失赔偿的一种方式，并非指保险标的真正达到全损程度。

二、部分损失

部分损失（Partial Loss）亦称分损，是指由保单承保风险直接造成的保险标的的没有达到全部损失程度的一种损失。任何损失如果不属于全部损失，即为部分损失。根据英国《1906年海上保险法》的规定，货物的部分损失可分为货物的一部分全损和货物的一部分或全部遭受部分损失这两种情形。区分全部损失和部分损失的法律意义在于保险人对这两者在赔偿处理时有所区别，例如有的保险单仅承保货物的全部损失，对部分损失不予赔偿；又如保险人按全损赔偿后，可取得保险标的的全部权利和义务。所以，在保险理赔实践中，应明确货物的损失程度。

按照损失的性质来划分，部分损失可以分为单独海损和共同海损。

1. 单独海损（Particular Average，PA）

单独海损是指保险标的在海上运输中，由于保单承保风险直接导致的船舶或货物本身的部分损失。例如，载货船舶在海上航行中遭遇暴风巨浪，海水进入船舱致使部分货物受损，此项由承保风险造成的货物的部分损失即为货方的单独海损。单独海损是一种特定利益方的部分损失，它不涉及其他货主或船方。

构成单独海损应具备下述条件：一是单独海损必须是意外的、偶然的海上风险事故直接导致的损失；二是单独海损由受损货物的货主或船方自行承担，并不影响他人的利益。另外，单独海损仅指保险标的本身的损失，并不包括由此引起的费用损失。

2. 共同海损（General Average，GA）

1）共同海损的定义

共同海损是指载货运输的船舶在同一海上航程中遭遇自然灾害、意外事故或其他特殊情况，使航行中的船东、货主及承运人的共同安全受到威胁，为了解除共同危险，维护各方的共同利益或使航程继续完成，由船方有意识地合理地采取抢救措施所直接造成的某些特殊的货物牺牲或支出的额外费用。

共同海损包括两个组成部分：一是共同海损行为导致的船舶、货物等本身的损失，称为共同海损牺牲（General Average Sacrifice）；二是为采取共同海损行为而支付的费用，称为共同海损费用（General Average Expenditures）。遭受共同海损牺牲的一方以及共同海损费用的支付方均有权向其他利益方请求按比例分摊其损失，这就是共同海损分摊。共同海损的损失应由有关的利害关系方按其获救财产的价值或获益大小的比例共同分摊。

共同海损行为是一种非常措施，这种措施在正常航行中是不会采用的。例如正常航行中船方有保管货物的责任，应谨慎地使货物处于安全状态，然而在特殊的危险状态中，为了船舶和货物的共同安全，船长可下令把货物部分抛入海中以减轻船舶载重，因而导致的货物损失为共同海损牺牲；又如船舶搁浅，雇佣拖轮拖带，使之起浮脱险，因此支付的费用为共同海损费用。

2）构成共同海损的条件

根据共同海损的定义，共同海损的成立必须符合下列条件：

（1）导致共同海损的危险必须危及船舶与货物共同安全，而且是真实的和不可避免的。

首先，船舶和货物遇到的危险必须是真实的、实际存在的和紧迫的。船舶无须处于或近于因危险而引起的灾难之中，例如，船舶在大海上航行时丢失了螺旋桨，船舶与货物可能暂时没有紧迫的、灾难性的危险，但危险肯定会到来。所以这时船长命令船舶驶入附近的港口进行修理而产生的港口费和修理费应为共同海损费用。又如，船舶货舱起火，如不及时补救，火势就会蔓延，波及全船，所以因救火所造成船舶或货物的损失应为共同海损牺牲。

应当注意的是，臆测的危险不能构成共同海损的危险。例如，船舶虽为恶劣气候所围困，但未遭受损害并仍能照常行驶，在此情况下，船舶驶往锚地避风，就不是共同海损行为，因其仅仅是担心有危险。又如，在航行中，船长看到货舱的通风孔冒气，误认为是烟，便往货舱灌水，船抵目的港后，发现并未发生过火灾，舱内无任何着火痕迹，因此造成的货物损失不能称为共同海损。

其次，危险必须是不可避免的。这是指船舶发生事故或特殊情况时并未危及船货的共同安全，但如不采取措施，最后将不可避免地会出现给船货带来共同灾难的危险。例如，船舶在海上遭遇恶劣气候，逆风行驶，船速剧减，船舶在海上航行日数意外增加，船上携带的燃油消耗过多，剩余部分已不足用于驶往原定港口加油，船舶很快就会处于主机熄火、失去控制的状态，后果不堪设想。因此，发现船上燃油不足以驶往目的港的同时，危险虽不是紧迫的，但根据情况判断，如果不采取应急措施，危险将是不可避免的，故采取的绕航避难措施是共同海损措施，由此支出的额外费用为共同海损费用。

再次，危险必须是危及船舶和货物的共同安全的，如果不及时采取措施，会使船舶和货物同时受到很大的损失。如果只是为了船舶或货物一方的利益而采取的行为，不能作为共同海损行为。例如，船舶在航行途中搁浅，船底出现裂缝，海水大量涌入舱中，若不采取措施，船舶将会沉没，这时船舶和货物确实处于共同危险中。又如船上冷冻机发生故障，使船上货物面临变质危险，为了该货物的安全，船舶驶入附近港口以修理冷冻机，由于没有危及船舶安全，不能构成共同海损。

（2）共同海损的措施必须是为了解除船货的共同危险，而人为地、有意识地采取的合理措施。

所谓"有意识"是用以区别意外的损失，船舶在航行中遭遇到的意外损失由受害者自行负担，而有意识采取措施造成的损失，应由受益各方共同分摊。例如，船舶搁浅、船底划破、货物遭受海水水渍属意外事故，修船费用和货物损失由船东和货主各自承担。但如果是为了起浮船舶，抛弃船上的货物以及减轻船载，被抛弃的货物损失是有意做出的，应由船方、货方共同分摊。

所谓"合理"，是指在采取措施的当时看来，措施是可以有成效和节约的，因而也是符合全体利害关系方的利益的。例如，为减轻船载所抛弃的货物应是体积重、价值低同时从积载的角度讲便于抛弃的货物和物料。但如果抛弃的货物不合理，由此而引起的不合理的损失和费用不得列为共同海损，应由作出错误决定的责任方承担。有时采取的措施不一定全部行之有效，但只要他们确实是经过慎重考虑才做出的决定，也应被认为是合理的。

（3）共同海损的牺牲是特殊性质的，费用损失必须是额外支付的。

从上述第（2）条可以看出，共同海损不是海上危险直接导致的损失，而且恰巧相反，它正是为了解除这项危险而人为造成的另一种性质的损失，这是一种特殊性质的损失，因此判断一项损失是否属于共同海损，必须从造成损失的原因进行分析。

可以列为共同海损的费用必须是额外支付的。所谓额外支付，是指船舶的正常营运核算以外的费用。例如船舶在航行中发生严重机损影响船货的共同安全，为了解除危险，驶靠避难港修理，由此而支付的船员工资、燃料、物料费用，不在正常的营运费用范围之内，属额外支付性质的，因此可以列为共同海损费用。但如上述避难港就是船舶航行计划中的中途停靠港口，则只要驶往该港口的费用不超过原定的营运费用，则不成为额外支付。如果超过，则只有超过部分是额外支付的，可列为共同海损。

（4）共同海损的损失必须是共同海损措施的直接的、合理的后果。

共同海损行为的后果是多方面的，有些是直接产生的，有些是间接产生的，但是只有共同海损行为直接导致的合理的牺牲和费用才属于共同海损。例如，船舶在航行中发生共同海损事故，船底受损需要修理，为了修理船舶必须将船舱内的货物卸下，由于卸货造成的货物损失，是共同海损措施的直接结果，可列为共同海损。但如果货物在避难港存仓期间，仓库起火，造成货物的损失，不是共同海损措施的直接后果，不能列为共同海损。

（5）造成共同海损的共同海损措施最终必须有效果。

所谓最终有效，是指经过抢救措施以后，船舶或货物的全部或一部分安全抵达航程的终点或目的港，从而避免了船和货同归于尽的局面。因为共同海损将由各受益方进行分摊，而分摊又是以航程结束时的船、货价值来确定的,如果全船覆没,船与货遭受全损,那么既没有获救财产,也不会有受益方,因而共同海损分摊便失去了基础,共同海损也就不能成立。

以上各项是构成共同海损所必须全部具备的条件,这些条件是一个统一的整体,缺一不可。之所以严格规定构成共同海损的条件,就是为了避免船方将由于自己的责任造成的货物损失,及在航行中船方应当承担的正常费用支出列为共同海损的分摊项目。

3) 共同海损的理算

船舶发生共同海损事故后,对于共同海损案件是否能成立,哪些海损或费用属于共同海损范围,哪些不属于共同海损范围;属于共同海损范围内的损失和费用,应由哪些利益方按照什么标准予以分摊?这是一项复杂细致的调查研究和计算工作。习惯上都由船东委托专业理算机构或人员进行理算,这种机构和人员称为共同海损理算人。他们负责办理共同海损的审核、损失估计和损失费用的补偿分摊工作。经理算人计算出各项牺牲应获得的补偿金额,以及有关利益方应分摊的共同海损金额,然后编制出理算报告分送到船、货各方和保险人,凭此结算。

世界上各海运国家,对共同海损的理算依据,都在本国海商法中列入共同海损一章,作了原则规定。但这种法律只适用于同本国有关的海上运输,对在外国发生的案件或牵涉外国人权益的就难以管辖。为此,在海洋运输契约中,一般都订有共同海损理算条款,载明按什么理算规则,在什么地方理算。由于国际贸易的海洋运输遍及世界各地,一条船上所装的货物分属不同的货主,船舶又停泊不同国家的港口,如果理算的规则不统一,就会给理算带来很大困难。因此,国际上共同海损的理算一般按《约克-安特卫普规则》(York-Antwerp Rules)办理。这项规则最初是英、美和一些欧洲大陆海运国家的理算、航运和保险界等方面的代表于1860年在英国格拉斯哥港召开会议共同制订的。其后于1864、1877年分别在英国的约克城和比利时的安特卫普港召开会议加以修订,故名《约克-安特卫普规则》。此后,于1890年、1924年、1950年、1974年及1990年作了多次修改。目前国际上普遍使用的是1974年及1990年的规则。但1925年、1950年的旧规则仍可继续使用。

《约克-安特卫普规则》虽不是强制性的国际公约,但已为国际海运、贸易和保险界所广泛接受。现在国际上的大部分租船合同、海运提单、海洋船舶和货运险的保险单上都规定按此规则理算。根据这个规则开头部分的规定,在采用该规则时,凡与该规则相抵触的法律和习惯均视为无效。

在我国,中国国际贸易促进委员会在总结我国共同海损理算工作经验的基础上,参照国际作法,制定了《中国国际贸易促进委员会共同海损理算暂行规则》(简称《北京理算规则》),并于1975年1月1日正式公布施行。目前,我国各海运船队在提单或其他运输合同中都规定:"如发生共同海损,按北京理算规则办理"。

对共同海损理算应适用的规则问题,我国《海商法》第十章有下列规定:"共同海损的理算,适用合同约定的理算规则,合同未约定的,适用本章的规定。"该章对共同海损的范围、共同海损牺牲金额的计算、共同海损的分摊等问题均有具体规定。

3. 共同海损与单独海损的区别与联系

共同海损与单独海损的区别主要表现在:

（1）在造成损失的原因上，单独海损是由承保的自然灾害或意外事故等海上风险所直接造成的船、货的损失；共同海损则是为了解除或减轻承保风险而人为造成的一种损失。

（2）在损失承担的方式上，共同海损的损失是由各受益方按获救财产价值的大小比例分摊，如果已经投保有关的海运保险，保险人应按保险合同的规定承担对被保险人分摊金额的赔偿责任；而单独海损的损失一般由受损方自己承担，如果已经投保有关的海运保险，保险人应按保险合同的规定承担赔偿责任，如果损失是由第三者责任造成，则可向责任方进行追偿。

共同海损与单独海损之间有密切的内在联系。一般地说，单独海损先发生进而引起共同海损，在采取共同海损措施之前的部分损失，一般可列为单独海损。

第三节 海运货物保险保障的费用

海上风险除了会造成被保险货物的损失，还会带来大量的费用支出。在海运货物保险中，保险人负责赔偿的费用主要有以下几种。

一、施救费用（Sue & Labor Charges）

施救费用，也称诉讼及营救费用或损害防止费用，是指被保险货物在遭遇承保责任范围内的灾害事故时，被保险人或其代理人、雇佣人员和受让人为了避免或减少货物损失而采取各种抢救、防护、整理措施所支出的合理费用。

对于施救费用，其构成必须符合3个条件：

（1）对保险标的进行施救的必须是被保险人或其代理人、雇佣人或受让人，其目的是减少标的物遭受的损失，其他的与被保险人无关的人员采取此项措施必须是受被保险人委托的，否则不视为施救费用。

（2）保险标的遭受的损失必须是保单承保风险造成的。否则，被保险人对其进行抢救所支出的费用不能作为施救费用得到补偿，保险人不予承担责任。

（3）施救费用的支出必须是合理的、必要的。如果施救行为不当，因此而支付的费用不能作为施救费用，保险人不予赔偿。

为了鼓励被保险人对受损货物积极采取抢救措施，减少灾害事故对被保险货物的损坏和影响，防止损失的进一步扩大，减少保险赔款的支出，我国和世界各国的保险法规或保险条款一般都规定：保险人对被保险人所支付的施救费用应承担赔偿责任，赔偿金额以不超过该批货物的保险金额为限。

海运货物保险合同中有关施救费用的规定，是一项补充性的保险合同或独立的协议，因而施救费用的赔付不受保险标的损失赔款的影响。对此，我国《海商法》第240条有下列规定："被保险人为防止或者减少根据合同可以得到赔偿的损失而支出的必要的合理费用，应当由保险人在保险标的的损失赔偿之外另行支付。"

根据以上规定，如果保险标的受损，经被保险人等进行抢救并支付了费用，但仍未能获救而遭受全部损失时，保险人除了应支付保险标的全部损失的赔款之外，还应在另一保险金额的限度内赔偿被保险人因抢救保险标的而支付的施救费用，亦即保险人对保险标的损失的赔偿和对施救费用的赔偿两者之和不得超过两个保险金额。

二、救助费用（Salvage Charges）

1. 救助费用的定义

救助费用是指海上保险财产遭遇承保范围内的灾害事故时，由保险人和被保险人以外的第三者自愿采取救助措施并获成功，由被救方付给救助方的一种报酬。

救助费用一般都可列为共同海损的费用项目，因为通常它是在船、货各方遭遇共同危难的情况下，为了共同安全由其他船舶前来救助而支出的费用。在各国保险法或保险公司的保险条款中，一般都列有保险人对救助费用负赔偿责任的规定。

海上救助是建立在人道主义基础之上的。按照国际惯例，任何海上航行的船舶都有义务和责任援助其他遇难船舶。根据国际法原则，如果对遇难船舶见危不救，轻者吊销船长、船员的资格证书，重者给予刑事处分。鉴于救助人进行救助工作时，常冒巨大风险并消耗大量人力和物力，有关救助的国际公约和各国法律都有给予救助人以报酬的明文规定。

2. 救助费用成立的条件

海上救助的成立和救助费用的产生必须具备以下几个条件：

（1）被救的船舶或货物必须处于不能自救的危险境地。例如船舶发生碰撞、搁浅或是机器发生故障等，都会使船舶处于危险境地。但它与共同海损的不同之处在于只要船舶或货物的一方遇难，海上救助即可成立。

（2）救助人必须是与被保险人和保险人无关的第三方。船上人员作为被保险人的雇佣人所进行的救助而支付的费用不得视为救助费用，但是一旦船长宣布弃船，原船上的人员对船舶、货物自愿进行的救助，可被视为第三者的救助行为。

（3）救助行为必须是自愿的，救助人必须是没有救助义务的第三者。这是指救助人救助遇难船舶并不是因为他对该船舶负有法律义务或合同规定的义务。例如船东担心甲船在航行时发生事故，在开航时就雇佣乙拖船对其进行拖带，在途中遇到大风浪，甲船遇难，乙船拖带甲船脱离险境，安全抵达目的地，这是合同规定的义务，不应视为救助行为。

（4）救助行为必须有实际效果。这是指遇难船舶或货物经救助全部或部分获救，但并非要求救助必须完全成功。救助如果取得效果，救助方就有权获得适当的报酬。

海上救助行为可以是多种多样的，无论是采取具体的救助措施或是提供劳务，甚至是提供某项建议，只要能使遇难船舶、货物得以脱险，均可认为是救助行为。

3. 救助合同

在海上救助中，为明确双方的权利和义务，以使救助工作顺利进行，救助人和被救助人一般均在救助开始前或救助过程中订立救助合同。救助合同有两种，一种是雇佣性的救助合同，另一种是"无效果，无报酬"（No cure, No pay）的救助合同。

1）雇佣性救助合同

雇佣性救助合同是指遇难船舶事先与救助人约定对前来救助的船舶按约定的费率，即按固定的金额或工作时间给付救助报酬，而不管救助行为有无效果，而且救助工作由遇难的船舶进行指挥，在救助过程中发生的风险均由被救助方承担。雇佣救助费用一般以救助人所需花费的人力和设备以及救助时间为依据。雇佣性救助合同在实际中应用较少，一般只适用于遇险船距离港口不远，只需一般拖带作业的场合。

2）"无效果，无报酬"救助合同

"无效果，无报酬"救助合同是指由遇难船舶与救助人约定只有在救助取得效果时，才能获得救助报酬的救助合同。其特点是：救助费用是在救助完成之后，根据救助的效果，获救财产的价值、救助工作的难度和危险程度，以及救助工作时间和耗费的费用等，通过协商或仲裁来确定，但最多不得超过获救财产的价值，如果救助没有效果，便不给报酬。救助人为了保证其在救助之后获得报酬，一般都要求被救方提供担保，对未提供担保的被救财产，救助人享有留置权。

采用"无效果，无报酬"为原则订立救助合同，可以使救助工作迅速展开，避免因在救助前争论报酬金额而延误救助时机，防止救助人乘遇难船舶危急之际索取高额的不合理的报酬，同时又可解除救助人得不到合理救助报酬的担心。长期以来，在国际海上救助中普遍采用的救助合同格式是英国的以"无效果，无报酬"为原则的"劳合社救助合同标准格式"。不过，近年来，由于海上石油运输数量不断增加，海上污染严重，为了鼓励救助人对危及环境的船、货进行施救，以保护海洋环境，防止或减轻环境污损，根据有关方面的要求，劳合社已在其 1980 年的救助合同格式中，对"无效果，无报酬"的原则作了一些例外的规定：对于遇难的油船，救助人只要没有过失，即便救助无效，也可以获得合理的报酬。此外，在联合国国际海事组织 1989 年 4 月主持召开外交会议通过的《1989 年国际救助公约》中，对救助报酬的问题也作了若干新的规定，大意如下：如果救助人对危及环境的船、货所进行的救助没有效果，按规定虽然得不到救助报酬，但救助人对其在救助中所支出的费用，有权要求被救船船东给予特别补偿；如果救助人的救助防止或减轻了环境污染损害，被救船船东支付的特别补偿可以增加到救助人支出费用的 130%，而且，若法院或仲裁庭认为公平合理，特别补偿最高可增加到救助人支出费用的 200%。但是，特别补偿总额仅在超过救助报酬的情况下，方能支付给救助人，支付金额是特别补偿总额超过救助报酬的差额部分。

在我国，中国贸易促进海事仲裁委员会也制订有"海上救助契约格式"，这个格式所采用的也是"无效果，无报酬"的原则。

4. 施救费用与救助费用的区别

（1）采取行为的主体不同。施救是由被保险人及其代理人等采取的行为，而救助是保险人和被保险人以外的第三者所采取的行为。

（2）给付报酬的原则不同。施救费用是施救不论有无效果，都予赔偿，而救助一般是"无效果，无报酬"。

（3）保险人的赔偿责任不同。施救费用可在保险货物本身的保额以外，再赔一个保额；而保险人对救助费用的赔偿责任是以不超过获救财产的价值为限，亦即救助费用与保险货物本身损失的赔偿金额二者相加，不得超过货物的保额，而且是按保险金额与获救的保险标的价值的比例承担责任。

（4）救助行为一般总是与共同海损联系在一起，而施救行为则并非如此。

三、续运费用（Forwarding Charges）

续运费用是指因保单承保风险引起的被保险货物的运输在非保单载明的目的港或地方终止时，保险人对被保险货物的卸货费用、仓储费用及继续运往保单载明的目的港口的费用等额外费用，其目的是为防止或减轻货物的损害。如果货物遭受的风险属于保险责任，因此而支付的费用保险人也予以负责。

四、额外费用（Extra Charges）

额外费用是指为了证明损失索赔的成立而支付的费用，包括保险标的受损后，对其进行检验、查勘、公证、理算或拍卖受损货物等支付的费用。一般只有在索赔成立时，保险人才对额外费用负赔偿责任，但如果公证、查勘等是由保险人授权进行的，不论索赔是否成立，保险人仍需承担该项额外费用。

案例思考

"亨利"号货轮一波三折

1990 年 10 月 20 日，我国 A 公司与新加坡 B 公司签订购买 52 500 t 饲料的 CFR 合同。A 公司开出信用证，装船期限为 2000 年 1 月 1 日至 1 月 10 日。由于 B 公司租来运货的"亨利"号在开往某外国港口运货途中遇到飓风，结果 2000 年 1 月 20 日才完成装货。承运人在取得 B 公司出具的保函的情况下，签发了与信用证条款一致的提单。"亨利"号途经某海峡时起火，造成部分饲料烧毁。船长在命令救火过程中又造成部分饲料湿毁。由于船在装货港口的迟延，使该船到达目的地时赶上了饲料价格下跌，A 公司在出售余下的饲料时价格不得不大幅度下降，给 A 公司造成很大的损失。

此次的问题包括：途中烧毁的饲料损失属什么损失，应由谁承担？途中湿毁的饲料损失属什么损失，应由谁承担？A 公司可否向承运人追偿由于饲料价格下跌造成的损失？承运人可否向托运人 B 公司追偿责任？

上述案例是一个典型的共同海损案件，根据有关海损的国际法规：

（1）因为途中烧毁的饲料不属共同海损，而依 CFR 术语，此时的在途货物已由 A 公司即买方承担风险，因此是单独海损，应由 A 公司承担。

（2）因为船舶和货物遭到了共同危险，船长为了共同安全，有意又合理地造成了饲料被湿毁，因此属共同海损。此项损失由 A 公司与船舶公司分别承担，这是共同海损的结果。

（3）因为承运人延迟装船，又倒签提单，当然应对买方的损失负责。

（4）因为 B 公司出具保函，承运人可以向托运人 B 公司追偿责任。

思考题

1. 简述一般外来风险与特殊外来风险的种类。
2. 怎样理解实际全损?
3. 如何理解推定全损?
4. 实际全损与推定全损的区别是什么?
5. 怎样理解单独海损?
6. 如何理解共同海损?其构成条件是什么?
7. 单独海损与共同海损的区别是什么?
8. 如何理解施救费用与救助费用?

第十二章　海洋运输货物保险条款

学习目标

掌握我国海洋运输货物保险基本险的保险责任范围、除外责任、责任起讫、被保险人义务和索赔期限，熟悉我国海运保险的"仓至仓"条款。

掌握我国海洋运输货物保险附加险的分类和主要内容。

熟悉伦敦保险协会 2009 年颁布的 ICC（A）条款、ICC（B）条款、ICC（C）条款的主要内容及其之间的区别。

了解伦敦保险协会海运货物战争险条款和罢工险条款的承保风险和除外责任。

由于海洋运输具有运量大和运费低廉的优点，国际贸易中大部分货物的交付是通过海上运输来实现的。但货物在运输途中可能会遇到各种风险事故而造成损失，为避免经济损失和贸易中断，货主通常希望能通过保险的方式将损失转嫁给保险公司承担，于是海洋运输保险应运而生，它作为一种有效的补偿手段，促进了国际贸易的蓬勃发展。

海运货物保险条款是指保险组织（保险公司）在其保险单内所载明的有关保险人承保的责任范围、除外责任、保险人的义务及其他有关事项的条款。在对外贸易中，为了适应不同保险人对保险的不同要求，各国保险组织或保险公司将承保风险范围的不同划分为不同的险别，并以条款形式分别予以确认。被保险人在办理保险时，只需申明投保险别名称即可。

第一节　我国海洋运输货物保险条款

我国现行的《海洋运输货物保险条款》是由中国人民保险公司于 1981 年 1 月 1 日修订实施的，可分为基本险、附加险和专门险三大类。每一险别一般均包括 5 个部分：责任范围、除外责任、责任起讫、被保险人义务和索赔期限。现将中国海洋运输货物保险险别种类以图 12.1 表示如下。

一、海运货物保险基本险

基本险，又称主险，是可以独立投保，不必依附于其他险别项下的险别。我国现行的《海洋运输货物保险条款》中规定的基本险有平安险、水渍险和一切险 3 种。下面分别介绍它们的责任范围、除外责任、责任起讫、被保险人义务和索赔期限。

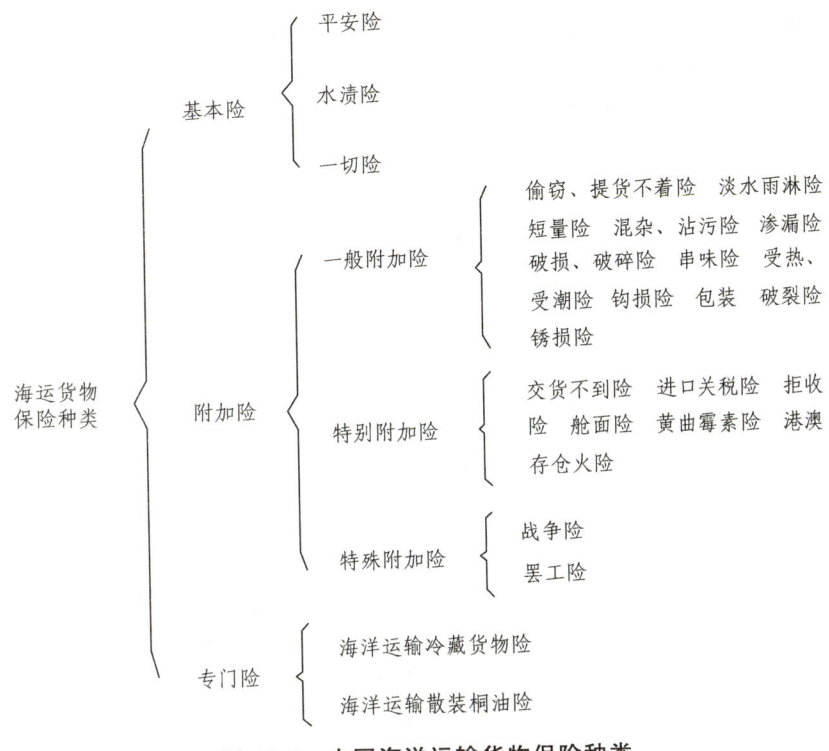

图 12.1 中国海洋运输货物保险种类

1. 责任范围

1）平安险（FPA）的责任范围

平安险在3个基本险中承保责任范围最小，其英文原文是"Free from Particular Average, F.P.A."，意指不负责单独海损。随着国际保险界对平安险条款的不断修订补充，平安险的承保责任已与其原义不相吻合，保险人对意外事故等原因造成的单独海损也予以负责。因此，平安险不能从险别名称字面上理解成为货物在运输途中一旦遇到风险事故发生损失而不平安，就可以获得保险赔偿，或是理解成为凡是单独海损概不负责。根据我国《海洋运输货物保险条款》的规定，平安险的承保责任如下：

（1）被保险货物在运输途中由于恶劣气候、雷电、海啸、地震、洪水等自然灾害造成整批货物的全部损失或推定全损。

（2）由于运输工具遭受搁浅、触礁、沉没、互撞、与流冰或其他物体碰撞以及失火、爆炸意外事故造成货物的全部或部分损失。

（3）在运输工具已经发生搁浅、触礁、沉没、焚毁意外事故的情况下，货物在此前后又在海上遭受恶劣气候、雷电、海啸等自然灾害所造成的部分损失。

（4）在装卸或转运时由于一件或数件货物整件落海造成的全部或部分损失。

（5）被保险人对遭受承保责任内危险的货物采取抢救，防止或减少货损的措施而支付的合理费用，但以不超过该批被救货物的保险金额为限。

（6）运输工具遭遇海难后，在避难港由于卸货所引起的损失以及在中途港、避难港由于卸货、存仓以及运送货物所产生的特别费用。

（7）共同海损的牺牲、分摊和救助费用。

（8）运输契约订有"船舶互撞责任"条款，根据该条款规定由货方偿还船方的损失。

从平安保险责任的具体内容可以看出，平安险主要是对自然灾害造成的全部损失和对意外事故造成的全部及部分损失予以赔偿；对于海上意外事故发生前后，由于自然灾害造成的部分损失也予以赔偿。

在保险实务中，平安险一般适用于低值的大宗货物，例如铁丝、钢板、建筑用的板材、沙石等。

2）水渍险（With Particular Average，W.A/W.P.A）的责任范围

"水渍险"原文的含义是"负单独海损责任"。它的承保责任范围是：

（1）平安险所承保的全部责任。

（2）被保险货物在运输途中，由于恶劣气候、雷电、海啸、地震、洪水等自然灾害所造成的部分损失。

从具体责任范围也可以看出，这个险别的两种名称，即"水渍险"与"负单独海损责任"也没有能确切反映它所承保的内容，并且易使人发生误解。实际上，这个险别的责任范围包括了由于海上风险（自然灾害或意外事故）所造成的全部损失（实际全损或推定全损）和部分损失（单独海损或共同海损），并不是仅对货物遭受海水水渍的损失负责，也不是仅对单独海损负责。

若对水渍险与平安险的承保责任细加比较，我们还可以发现水渍险与平安险的差异并不大。因为被保险货物如果因承保风险造成全部损失，无论是水渍险或平安险，保险人都是要负赔偿责任的，只有在发生部分损失的情况下，两者才有所不同；水渍险对不论是自然灾害或意外事故所造成的部分损失均予负责；平安险对由于意外事故所造成的部分损失负责，对由于自然灾害所造成的部分损失一般不予负责，但在运输过程中如运输工具虽经发生过搁浅、触礁、沉没、焚毁的情况，即使是自然灾害所造成的损失也予负责。

水渍险一般适用于不大可能由于其本身的特性或外部环境变化而造成品质变化的货物，如五金工具等。

3）一切险（All Risks）的责任范围

一切险是3个基本险中责任范围最大的险种，英文名称是"All Risks"。根据现行《海洋运输货物保险条款》规定，一切险除包括平安险和水渍险的各项责任外，还包括货物在运输途中由于外来原因所致的全部或部分损失。这里所说的"外来原因"，并非运输途中的一切外来风险，而是指一般外来风险，并不负责由于特别外来风险造成的损失。具体来说，一切险的责任范围是平安险、水渍险和一般附加险责任范围的总和。因此，一切险的责任范围也不是"一切（all）"风险损失，其字面名称与实际内涵也不相符。

由于一切险提供的保障范围比较全面，所以适用于各类货物，例如纺织品、工艺品、精密仪器等。

平安险、水渍险和一切险保险责任范围的关系如图12.2所示。

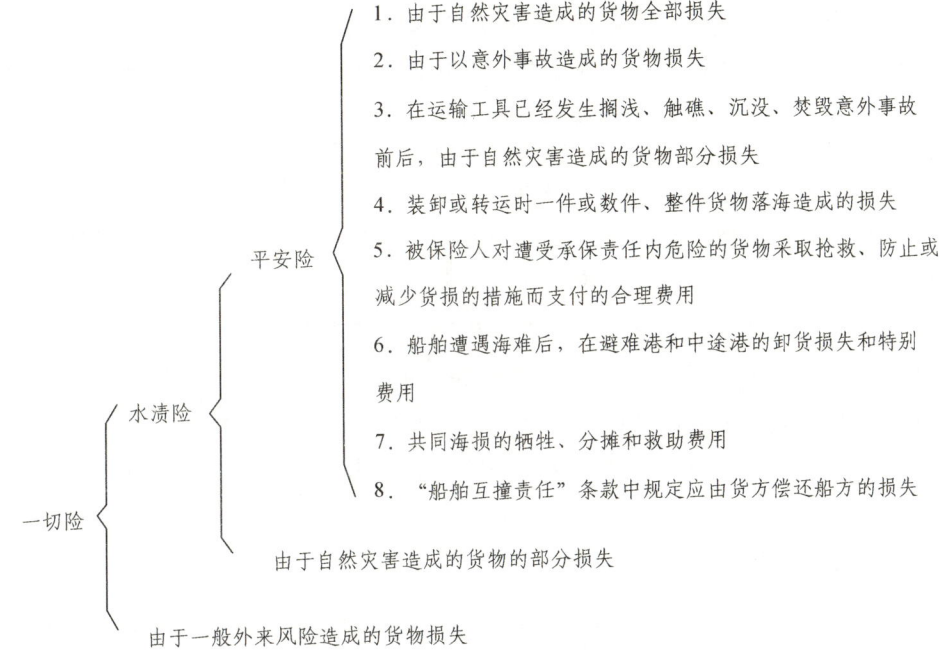

图 12.2　基本险责任范围

2. 除外责任

除外责任是保险人列明的不予承保的损失和费用，除外责任中所列的各项致损原因，一般都是非意外和不具有偶然性的，或是比较特殊的，保险人通过将其列入除外责任，进一步明确了保险人的责任范围。中国海运货物保险条款中的除外责任简明扼要，共包括以下 5 条：

1）被保险人的故意行为或过失造成的损失

这里所说的被保险人是指被保险人本人或其代表，并不包括其代理人或普通雇员。在海运保险中，保险单合法持有者即为被保险人。由于法律不允许任何人由于本身的故意行为而获利，所以本条将被保险人的故意行为作为除外风险。例如被保险人指使船员把完好的货物抛弃并谎称发生海难，对此抛货损失，保险人并不负责。又如发生火灾时被保险人如果采取措施本可减少损失，但被保险人见火不救致使损失扩大，对此扩大的损失保险人不予赔偿。

2）属于发货人责任引起的损失

属于发货人责任引起的损失是多方面的，主要包括发货人准备货物时包装不足或不当，不能经受航程中的通常风险，使货物在运输途中因此而损坏；由于标志错误，使货物运到非原定目的地；发货人发错货物引起的损失等。对上述损失，保险人均不负责。

3）在保险责任开始前，被保险货物已经存在的品质不良或数量短差所造成的损失

对保险责任开始前便存在的货物损失，保险人并不负责，例如铁丝在装运前就存在严重的锈损现象，货主如果提出索赔，保险人有权拒赔。为避免对损失时间的确定引起争议，保险人往往规定装船前须进行检验。另外，提单上有关货物状况、数量的记载也是保险人据以判断货物损失时间的证明。

4) 被保险货物的自然损耗、本质缺陷或特性以及市价跌落、运输延迟所引起的损失或费用

本条包括以下几方面内容：一是对货物的自然损耗不予赔偿，自然损耗具体表现为水分蒸发、渗漏、扬尘、易碎品破碎、散装货短量等；二是对货物本质缺陷或特性所致货物本身损失和支出的费用，保险人不予负责；三是对货物市价跌落引起的损失不予赔偿。货物的市价跌落不是直接物质损失，而是商业风险损失，保险人不予负责；四是运输延迟所引起的损失和费用，保险人也不负责。运输延迟可能导致鲜活商品的变质和死亡，也可能导致时令性商品，例如节日礼物，因过了节日而市价跌落的损失。不管导致运输延迟的原因是否属保险责任，凡是运输延迟所引起的损失，均作为间接损失，保险人一律不予承保。

5) 海洋运输货物战争险条款和罢工险条款规定的责任范围和除外责任

战争风险和罢工风险属于特殊风险，凡与此有关的原因造成保险标的的损失，如果仅投保基本险，保险人均不负责赔偿。此外，本条还明确将战争险和罢工险条款的除外责任也作为海运货物保险主险的除外责任。

3. 责任起讫

保险的责任起讫，又被称为"保险期限"（Duration of Insurance），指保险人对运输货物承担保险责任的起讫时限。我国海运货物保险基本险的责任起讫以运输过程为限，在保险实务中通常被称为"仓至仓"条款（Warehouse to Warehouse Clause，W/W Clause），它规定保险人对保险货物的责任自被保险货物运离保险单所载明的起运地仓库或储存处所开始运输时生效，包括正常运输过程中的海上、陆上、内河和驳船运输在内，直到该项货物运抵保险单载明的目的地收货人的最后仓库或储存处所或被保险人用作分配、分派或非正常运输的其他储存处所为止。

根据我国《海洋运输货物保险条款》的规定，保险责任的起讫时间可分为正常运输和非正常运输两种情况。

1) 正常运输情况下的保险责任起讫

正常运输是指将货物从保单载明起运地至目的地的整个航程所需要的正常的运输，包括用正常的运输工具、按正常的航线行驶并停靠港口以及途中正常的延迟和转道，包括为完成海运所需的，与之相关联的陆上、内河或驳船运输在内。

按基本险的条款规定，自被保险货物运离保险单所载明的起运地仓库或储存处所开始运输时，海运保险责任开始生效。至于集装箱货，在货物从起运地运往集装箱货运站及在货运站装箱过程中发生的损失，均属于保险期内的损失，保险人应予负责。

按照"仓至仓"条款的规定，在正常运输情况下，海运货物险的保险责任至保险货物运达保险单所载明的目的地收货人最后仓库或储存处所时为止。一旦货物运抵收货人的最后仓库，或被保险人用作分配、分派或非正常运输的其他储存处所，保险责任即行终止。

在实际业务中，由于保险货物所运往的目的港或目的地的情况往往不一样，货物经过正常运输，到保险单中载明的目的港卸下海轮后，其责任终止有以下几种情况：

（1）以卸货港为目的地，被保险人提货后，将货物运到其在卸货港仓库时，保险责任即行终止；以内陆为目的地，被保险人提货后将货物运到其在内陆的仓库时，保险责任即终止。此后如果被保险人将货物出售或分配，保险人不再承担责任。

(2) 以卸货港为目的地，被保险人提货后不将货物运往自己的仓库而是将其进行分配、分派或分散转运，保险责任从开始分配、分派或转运时终止。

(3) 以内陆为目的地，被保险人提货后没有将货物直接运往自己在内陆目的地的仓库，而是先行存入另一仓库，然后在该仓库对货物进行分配、分派或分散转运，保险人的赔偿责任自货物到达此仓库时全部终止，而不管其中是否有部分货物最终运到了保险单所载明的内陆目的地仓库。

上述行为都必须在货物卸离海轮后 60 天内完成，否则，自货物卸离海轮满 60 天保险责任即终止。

2）非正常运输情况下的保险责任起讫

非正常运输是指在运输过程中出现的被保险人无法控制的运输延迟、船舶绕道、航线变更、运输合同终止等异常情况以及由此引起的货物在途中被迫卸下、重新装载或转载、货物运到非保险单所载明的地点等非正常情况。

出现上述被保险人无法控制的海轮绕航、被迫卸货、重新装载或转载等的非正常运输情形，如果被保险人及时将具体情况通知保险人，并在必要时加缴一定的保险费，在此期间，保险合同继续有效。

出现非正常运输，货物可能继续运往目的地，也可能在途中被处理或将其运往其他地方，保险责任的终止应视具体情况而定：

(1) 承运人运用运输合同赋予的权限，作出航海上的变更或在中途终止运输合同后，保险货物如果在中途被出售，保险责任至交货时终止。

(2) 发生非正常运输后，保险货物如果继续被运往原定目的地，则保险责任的终止与正常运输情况下相同。

(3) 发生非正常运输后，保险货物如果转运其他目的地，则保险责任自转运时终止。

上述行为应在货物卸离海轮后 60 天内完成，否则，自货物卸下海轮后满 60 天保险责任即终止。

4. 被保险人义务

海运货物保险合同是保险人与投保人或被保险人共同签订的合同，在享有权利的同时，双方均需按合同的规定履行各自的义务。保险人在收取保险费以后，应承担货物因发生保险事故而遭受的损失的赔偿责任。与此相对应，被保险人为获得保险赔偿，必须履行保险合同中规定的有关义务和支付保险费，否则，保险事故发生时，保险人可以拒赔损失。

投保人在投保时，应如实告知保险货物的情况及相关事实，不得隐瞒或虚报。合同订立后，投保人或被保险人如果发现实际航程有所变动或保险单所载明的货物数量、船舶名称等有错误，应立即通知保险人，并在必要时加缴保险费。如果在订立合同时，投保人或被保险人作了保证，就应自始至终遵循该项保证。

按我国海洋运输货物保险条款规定，被保险人应承担的义务有以下几个方面：

(1) 当保险货物运抵保险单所载明的目的港（地）后，被保险人应及时提货。因为能否及时提货关系到保险人的责任期限；货物存放在卸货码头仓库或海关仓库时间越长，发生损失的可能性就越大。

（2）保险货物遭受责任内的损失时，被保险人应迅速采取合理的抢救措施，防止或减少货物损失的进一步扩大。被保险人采取此项措施，不应视为放弃委托的表示。该规定目的在于防止损失的扩大，是确保保险人和被保险人双方利益的积极步骤。

（3）如遇航程变更或发现保险单所载明的货物、船名或航程有遗漏或错误时，被保险人在获悉这种情况后应立即通知保险公司，若有必要还应加缴一定保险费，以使保险继续有效。

（4）若保险货物遭受损失，被保险人向保险人索赔时，必须提供下列单证：保险单正本、提单、发票、装箱单、重量单、货损差证明、检验报告及索赔清单等。若涉及第三者责任，还需提供向责任方追偿的有关函电或其他必要单证或文件。

（5）被保险人在在获悉有关"船舶互撞责任"条款的实际责任后，应及时通知保险人。

5. 索赔期限

保险索赔期限（the Time of Validity of a Claim），又称保险索赔时效，是指保险货物发生保险事故损失时，被保险人根据保险合同向保险人要求保险赔偿的有效期间。

我国《海洋运输货物保险条款》第 5 条规定，保险时效从被保险货物在最后卸载港全部卸离海轮后算起，最多不超过 2 年。一旦过了索赔时效，被保险人就丧失了向保险人请求赔偿的权利。但我国的《海商法》第 264 条规定，上述索赔时效是自保险事故发生之日起计算。

二、海运货物保险的附加险

国际贸易货物在运输过程中可能遭遇到的风险和损失除了前面基本险所承保的由于自然灾害和意外事故所造成的风险损失之外，往往还有其他许多外来原因所引起的风险损失。为了满足投保人的需要，保险人在基本险条款之外制订了各种附加险条款。附加险是基本险的扩展，它不能单独投保，而必须在投保主险的基础上加保，它承保的是外来风险引起的损失。按承保风险的不同，附加险又可分为一般附加险、特别附加险及特殊附加险。

1. 一般附加险（General Additional Risks）

一般附加险负责赔偿一般外来风险所致的损失，我国《海运货物保险条款》规定的一般附加险有 11 种，其条款内容非常简单，一般只规定承保的责任范围。由于一般附加险已包括在一切险中，所以若已投保一切险，则无需加保。

1）偷窃、提货不着险（Theft，Pilferage and Non-delivery Clause，TPND）

本险别主要承保两类损失：一是承保保险货物由于偷窃行为所致的损失，货物被偷走的损失和因偷窃而致货物的损坏均属承保范围（但偷窃与抢劫不同，偷窃指暗中进行的偷摸、窃取行为，而抢劫则是使用公开的暴力手段的抢夺，对于抢劫造成的损失，不属于本险别的承保责任）；二是承保被保险人未能在目的地提取整件货物或全部货物的损失，但本险别并非对任何原因所致的提货不着均予负责，例如货物在中途被作为危险品扣押，被保险人并不能据此险别获得赔偿。对提货不着损失，被保险人需向有关责任方取得整件提货不着的证明。

2) 淡水雨淋险（Fresh Water &/or Rain Damage Clause，FWRD）

本险别承保货物因直接遭受雨淋或淡水所造成的损失。雨淋所致损失包括雨水及冰雪融化造成的货物损失；淡水所致损失包括船上淡水舱或水管漏水以及舱内水汽凝结而成的舱汗造成的货损，它是相对于海水而言的，由于海水所致损失一般均包括在平安险或水渍险的承保范围内，不需要另保附加险。

3) 短量险（Shortage Clause）

本险别承保被保险货物在运输途中数量短少和重量短缺的损失。如果是包装货，必须以包装是否破裂、裂口、脱线等异常现象为依据判断是否由于外来原因造成短量，散装货则一般以装船重量和翻船重量的差额作为短量依据。至于运输途中的正常损耗，并不属短量险的责任范围，必须事先扣除，因此双方往往在保险单中约定一个免赔额，保险人仅赔付超过免赔额部分的损失。

4) 混杂、沾污险（Intermixture & Contamination Clause）

本险别承保两类损失。一是承保货物在运输途中因和其他货物混杂而致的损失。例如装过矿砂的干货舱没有清扫干净，以致另一航程运送黄豆时导致砂石混入豆中，造成黄豆杂质过多而只能降价出售，或为清除杂质而必须支付一笔费用，保险人对此贬值损失或清理费用予以负责。二是承保货物在运输途中受其他货物沾污所致的损失，例如服装被油类沾污而只能降价出售，导致损失，本险别对此损失予以负责。

5) 渗漏险（Leakage Clause）

本险别承保两类损失。一是承保装在容器中的液体、流质类货物由于容器损坏而引起的渗漏损失，例如装在铁桶中的汽油由于铁桶破裂而漏出桶外造成的损失；二是承保用液体储存的货物因液体渗漏而引起货物腐败变质等损失，例如装在坛中的酱菜由于坛子破裂，酱菜汁的渗漏而变质致损。

6) 碰损、破碎险（Clash & Breakage Clause）

本险别承保货物在运输过程中因碰撞、震动、受压所造成的破碎和变形等损失。金属和木质货物往往会发生碰损，搪瓷器皿因受到震动颠簸而致脱瓷、凹瘪、变形，漆木家具因运输途中受挤压而致表面刮坏、破损、凹瘪，玻璃器皿、陶瓷器皿、大理石、玉制工艺品等易碎货物在运输途中容易因运输途中的震动、撞击、颠簸而致破裂或破碎。对于上述货物的损失，本险别均予承保。

7) 串味险（Taint of Odor Clause）

本险别承保食用物品、中药材、化妆品原料等货物在运输过程中因受其他物品的影响而引起的串味损失。例如茶叶在运输途中与皮革、樟脑等有异味的物品存放在同一货舱内，茶叶极有可能混入异味无法饮用而遭受损失。如果货物串味损失的原因是由于船方配载不当直接所致，保险人在赔偿被保险人的损失后，有权向船方进行追偿。

8) 受潮受热险（Sweat & Heating Clause）

承保货物在运输过程中因气温突然变化或由于船上通风设备失灵致使船舱内水汽凝结，引起货物发潮或发热所造成的霉烂、变质等损失。例如船舶经过炎热潮湿的赤道地带，舱内的谷物霉烂发生损失，被保险人可向保险人索赔，但同时被保险人须负举证之责，证明货物是由于外界原因而非本身缺陷致损。

9）钩损险（Hook Damage Clause）

承保货物在装卸过程中因使用钩子而使外包装破裂导致货物损失，或钩子直接钩及货物而致损失。此外，本险别还对必要的包装修补或调换所支付的费用负责赔偿。袋装水泥、粮食及捆装布、纸张等货物均可能遭遇此类损失，一般应加保钩损险。

10）包装破裂险（Breakage of Packing Clause）

承保货物在运输途中因装卸或搬运不慎，使外包装破裂而造成的货物损失。对于为继续运输而支付的必要的外包装修补和调换费用，本险别也予以负责。包装破裂险与钩损险的承保内容有所重叠，但侧重点并不相同，首先，它仅适用于包装货物，其次它不限于货物在装卸过程中使用吊钩或手钩所致的损失。

11）锈损险（Rust Clause）

承保金属及其制品在运输途中因各种外来原因所致的生锈损失。只要货物的锈损发生在保险期限内，保险人均予以负责。由于有些裸装的金属板、块、条、管以及习惯装在舱面的体积庞大的钢铁制品等在运输途中非常容易生锈，保险人对此类货物一般不愿接受锈损险的投保。

2. 特别附加险（Special Additional Risks）

特别附加险所承保的风险大多与国家的行政措施、政策法令、航海贸易习惯有关，它并不包括在基本险中，必须另行加保才能获得保障。

1）交货不到险（Failure to Deliver Clause）

承保货物装上船后，如果在预定抵达目的地日期起满 6 个月仍未运到目的地交货的损失。交货不到险所承保的风险与提货不着险承保的风险并不相同，提货不着险承保的是因运输上的原因导致整件货物提货不着的损失，对此类损失交货不到险不予承保。此外，交货不到险对战争险项下应予负责的交货不到损失也不负责。交货不到险所承保的损失往往是政治风险所致，例如运输途中货物被中途国政府当局禁运而被迫卸货，导致货主收不到货而产生的损失即属于交货不到的责任范围。此时，被保险货物并没有实际全损，因此保险人按全损赔付时都特别要求被保险人将货物的权益转让给自己。保险人负责赔偿交货不到的损失以被保险人获得一切进口所需许可证为条件，如果被保险人由于未能获得许可证而致货物不能如期交到目的地，保险人不予负责。

2）进口关税险（Import Duty Clause）

承保货物由于遭受保险事故损失，但被保险人仍需按完好货物价值缴纳进口关税所造成的损失。各国政府对在运输途中受到损失的进口货物在征收进口税时的政策并不相同。有的国家规定受损货物可按货物受损后的实际价值减免关税，有的国家规定要区别货损发生在进口前还是进口后，前者可以减免关税，后者则不能；还有的国家规定不论货物抵达目的港时是否完好，一律按发票上载明的货物价值或海关估价征收关税。进口关税险承保货物不论是进口前或进口后发生损失，按进口国法律规定，仍须按完好货物价值纳税而致的关税损失，但该保险货物在运输途中所遭遇的损失必须是属于保险责任范围内的。

进口关税险的保险金额应为货主须缴纳的关税，和货物本身的保险金额并不相同，因此须根据进口国的关税税率确定，一般是按货物发票金额的若干成投保，并在保险单上注明，以免和主险的保险金额相混淆。当被保险人索赔关税损失时，必须提交关税证明。

3）舱面险（On Deck Clause）

承保载于舱面的货物因遭受保险事故而致的损失以及抛弃和浪击落海损失。海运货物一般都是装在船舱内进行运输的，保险人对海运货物保障范围的确定和保险费率的制订也均以舱内货物为对象，因此，载于甲板上的货物，其损失并不属于保险责任范围。如果有些货物因为体积大、有毒性或易燃易爆而必须装载于舱面时，这些货物除了会遭到舱内货物可能遭遇到的风险外，还可能被海浪冲击落水，如需对此类货物遭遇的风险损失予以保障，就有必要加保舱面险。

投保了舱面险，保险人除了承担保险单中载明的风险外，还需承担抛弃及浪击落水的损失。但对于载于集装箱船甲板上的封闭式集装箱货物等习惯装于甲板上的货物，按照保险习惯做法，可视为普通载于舱内的货物，无需加保舱面险即可得到保险保障。

因为货物装于舱面运输极易受损，保险人为限制自身承担的风险，防止责任扩大，往往只愿接受在平安险基础上加保舱面险，而不愿接受在一切险基础上加保舱面险。

4）拒收险（Rejection Clause）

承保货物在进口时由于各种原因被进口国政府或有关当局（如检验检疫部门）拒绝进口或没收所造成的损失。保险人的赔偿金额为被拒绝进口或没收货物的保险价值。为得到本险别的保障，被保险人必须保证被保险货物的生产、质量、包装和商品检验等符合产地国和进口国的有关规定，还必须具有必需的有效的进口许可证或特许证，才可以在货物被拒收时根据本保险获得赔款。如果货物起运前进口国已经宣布禁运或禁止，保险人对拒收不负责任；如果货物起运后但未到目的港时进口国宣布实行禁运或禁止，保险人负责赔偿运回出口国或转口到其他目的地而增加的运费，但最多不超过该批货物的保险价值。

由于市价跌落，货物标志错误，或与贸易合同不符等原因造成买方拒收货物，并不属于本险别的承保责任。

5）黄曲霉素险（Aflatoxin Clause）

承保货物在保险责任有效期内，在进口港或进口地经当地卫生当局检验，证明黄曲霉素的含量超过进口国对该毒素的限制标准，因而被拒绝进口、没收或强制改变用途的损失。

6）出口货物到香港（包括九龙）或澳门存仓火险责任扩展条款（Fire Risks Extension Clause〈for storage of cargo at destination Hongkong, including Kowloon or Macao〉, F.R.E.C.）

这一条款专门适用于出口到港澳地区且内地在港澳的银行办理押汇的出口运输货物。它承保货物抵达香港或澳门卸离运输工具后，直接存放于保单载明的过户银行指定的仓库时发生火险造成的损失。

内地出口到港澳地区的货物，如果进口人向内地在港澳的银行办理进口押汇，在进口人未向银行偿还货款之前，货物的权益属于银行，在保险单上必须注明货物过户给放款银行。如果货到目的地货主仍未还款，货物往往就存放在过户银行指定的仓库里，此时运输险的责任已经终止,为避免在此期间货物发生损失而损害银行及货主的利益,就需要加保本保险。本险别的责任自运输险责任终止时开始,责任的终止则有两种情形,一是银行收回押款解除对货物的权益为止,二是自运输险责任终止时起计满30天为止,两者以先发生者为准。

3. 特殊附加险（Specific Additional Risks）

特殊附加险也不包括在任何基本险中,需另行加保才能获得保障。特殊附加险主要承保战争和罢工的风险。

1）海运货物战争险（Ocean Marine Cargo War Risks Clause）

海运货物战争险承保直接由于战争、类似战争行为和敌对行为、武装冲突或海盗行为所致的损失及由此引起的捕获、拘留、扣留、禁制、扣押所造成的损失;各种常规武器,包括水雷、鱼雷、炸弹所致的损失;战争险责任范围引起的共同海损的牺牲、分摊和救助费用。海运货物战争险的除外责任是对由于敌对行为使用原子或热核制造的武器所致的损失和费用不负责任;对根据执政者、当权者或其他武装集团的扣押、拘留引起的承保航程的丧失和挫折而提出的索赔也不负责。

海运货物战争险的保险期限与海运货物基本险的保险期限有所不同,它是以"水上危险"为限,即自被保险货物装上保险单所载起运港的海轮或驳船时开始。至于保险责任的持续和终止具体可分为以下几种情况:

（1）保险责任到货物卸离保险单所载明目的港海轮或驳船时为止。但如果海轮到目的港后货物未卸船,则最长期限为海轮到达目的港当日午夜起算满15天。

（2）如果货物在中途港转船,不论货物在当地卸载与否,保险责任以海轮到达该港或卸货地点的当日午夜起算满15天为止,一旦再装上续运海轮时恢复有效。

（3）如果运输合同在保险单所载明的目的地以外的地点终止,该地即视为本保险目的地,保险责任仍按货物抵达保险单载明的目的地的有关规定终止。如货物需运往原目的地或其他目的地,被保险人于续运前通知保险人并加缴保险费的情况下,保险责任自装上续运的海轮时重新有效。

（4）如运输发生绕道,改变航程或承运人运用运输契约赋予的权限所作的任何航程上的改变,在被保险人及时将获知情况通知保险人并在必要时加缴保险费的情况下,保险继续有效。

战争险只承保战争风险造成的直接物质损失,对由于战争风险所致的附加费用并不予以承保。例如因战争而致航程中断,引起卸货、存仓或转运等额外支出的费用,并不属于战争险的承保责任。如果被保险人希望保险人对这些附加费用也予以负责,可再加保战争险的附加费用险（Additional Expenses Ocean Marine Cargo war Risks）,它实际上是对战争险责任范围的扩展。

2）罢工险（Cargo Strike Clause）

罢工险承保货物由于罢工者、被迫停工工人或参加工潮、暴动、民众斗争的人员的行为,或任何人的恶意行为所造成的直接损失和上述行动和行为引起的共同海损的牺牲、分摊和救助费用。

罢工险只承保罢工行为所致的被保险货物的直接物质损失。如果因罢工造成劳动力不足或无法使用劳动力,而使货物无法正常运输、装卸以致损失,属于间接损失,保险人不予负责。

罢工险的保险期限和海运货物基本险相同，都是以"仓至仓"条款为依据，保险人负责货物从卖方仓库起运到存入买方仓库为止的整个运输过程的风险。

如果投保人在投保海运货物保险基本险的基础上已加保战争险，如再加保罢工险，根据国际保险市场习惯，不需另行缴纳罢工险的保险费。若仅要求加保罢工险，则按战争险费率缴付保险费。

从上面所述各种基本险和附加险的承保责任中，可以看出风险、损失和险别三者的关系。风险是造成损失的原因，险别是保险人对风险与损失的承保责任范围，三者的关系如表12.1所示。

表 12.1　海洋运输货物保险险别、风险与损失的关系

风险和险别		损失	海损			其他损失	
			全损	部分损失		一般其他损失	特别特殊损失
				共同海损	单独海损		
风险	海上风险		√	√	√		
	外来风险	一般外来风险				√	
		特殊外来风险					√
险别	基本险	平安险	√	√	（注）		
		水渍险	√	√	√		
		一切险	√	√	√	√	
	附加险	一般附加险				√	
		特别特殊附加险					√

注：单独海损因意外事故造成者负责，因自然灾害造成者一般不予负责（除非船舶发生过触礁搁浅、沉没、焚毁事故）

三、海运货物专门保险款

1. 海洋运输冷藏货物保险条款 [Ocean Marine Insurance Clause (Frozen Products)]

本险别是根据冷藏货物的特性而专门设立的。对于新鲜的水果、蔬菜、肉类以及水产品等货物，为保持新鲜程度，运输时均须置于专门的冷藏箱，根据其特点保持一定的冷藏温度。这些冷藏货物在运输途中，除和一般货物一样，可能会遭遇各种海上灾害事故而受损，还可能因冷藏机发生故障，无法正常运转保持必要的温度而致腐烂、变质，因而需要通过投保海运冷藏货物保险以得到全面保障。

1）海洋运输冷藏货物保险险别

海洋运输冷藏货物保险分为冷藏险（Risks for Frozen Products）和冷藏一切险（All Risks for Frozen Products）两个险别，两者均可单独投保。冷藏险的责任范围包括由于冷藏机器停止工作连续达到 24 h 以上所造成的货物腐烂或损失和水渍险的承保责任，即对被保险的冷藏

货物在运输途中由于自然灾害或意外事故造成的腐败和损失予以赔偿。这里所说的冷藏机器包括载运货物的冷藏车、冷藏集装箱及冷藏船上的制冷设备。冷藏一切险的责任范围更广，在承保冷藏险的各项责任基础上，还负责被保险鲜货在运输途中由于外来原因所致的腐烂或损失。

2）海洋运输冷藏货物保险的除外责任

海洋运输冷藏货物保险的除外责任在海运货物保险条款的基础上稍有改变，一是增加了一项除外责任，将"被保险鲜货在运输途中的任何阶段，因未存放在有冷藏设备的仓库或运输工具中，或辅助运输工具没有隔湿设备所造成的鲜货腐烂的损失"列入除外责任；二是将海运货物保险条款除外责任中的"在保险责任开始前，被保险货物已经存在的品质不良或数量短差所造成的损失"改为"被保险鲜货在保险责任开始时，因未保持良好状态（包括整理加工和包扎不妥，冷冻上的不合规定及骨头变质）所引起的货物腐败和损失。"

3）海洋运输冷藏货物保险的责任起讫

海洋运输冷藏货物保险的责任起讫与海运货物保险的保险期限大致相同，区别仅在于冷藏险关于责任终止期限的规定根据冷藏货物的特点和储藏条件的特定要求有所差异，具体表现为：

（1）货物到达保险单载明的最后目的港后，须在30天内卸离海轮，否则保险责任终止。而在海运保险中没有此种限制。

（2）货物全部卸离海轮并存入冷藏仓库，保险人负责货物卸离海轮后10天内的风险。但在上述期限内，货物一经移出冷藏仓库，保险责任即终止。而在海运保险中，自货物卸离海轮后，保险人最多可负责60天，但一旦货物存入目的地指定收货人仓库，保险责任即终止。

（3）如果货物卸离海轮后不存入冷藏仓库，保险责任至卸离海轮时即终止。而在海运保险中，货物如果未运往目的地指定仓库，保险责任自货物分派、分配或转运时才终止。

关于被保险人的义务和索赔的时效与海洋运输货物保险条款的规定相同。

2. 海运散装桐油保险条款[Ocean Marine Insurance Clause(Wood oil Bulk)]

本险别是根据散装桐油的特点而专门设立的，可以单独投保。桐油作为油漆的重要原料，是我国大宗出口商品之一。桐油因自身特性，在运输过程中容易受到污染、变质等损失。为此，它需要不同于一般货物保险的特殊保障，海运散装桐油保险条款就是为桐油提供全面保障而制订的。

1）海运散装桐油保险的责任范围

海运散装桐油保险只有一个险别，负责不论任何原因所致的桐油超过保险单规定免赔率的短少、渗漏损失和不论任何原因所致的桐油的污染或变质的损失。

2）海运散装桐油保险的责任起讫

海运散装桐油保险的责任起讫与海运基本险的保险期限基本一致，具体规定如下：

（1）在正常运输情况下，海运散装桐油保险的责任自桐油运离保险单载明的起运港的岸上油库或盛装容器开始，包括整个运输过程，至保险单载明的目的地岸上油库责任终止，而且最多只负责海轮到达目的港后15天。

（2）在非正常运输情况下，被保险桐油应在运到非保险单载明的港口的15天内卸离海轮，保险责任在桐油卸离海轮后满15天终止。如在15天内货物在该地被出售，保险责任在交货时终止。

（3）被保险桐油如在上述15天内继续运往保险单所载明的原目的地或其他目的地时，保险责任的终止按（1）款的规定终止。

3）特别约定

由于散装桐油非常容易损失，而且保险人承保的责任广泛，对于任何原因造成的桐油变质、污染、短少、渗漏损失均须负责，为控制自身承保的风险，避免承担桐油装运前的质量缺陷及容器的不洁导致的损失，保险人在保险条款中对桐油的检验规定了一系列严格的要求：

（1）被保险人在起运港必须取得船上油仓的清洁合格证书，桐油装船后的容量、重量、温度的证书和装船桐油的品质检验合格证书。

（2）如果发生意外，必须在中途港卸货时，同样必须在卸货前对桐油进行品质检验，取得证书，还要对接受所卸桐油的油驳、岸上油库及重新装载桐油的船舶油舱等接受容器进行检验并取得合格证书。

（3）桐油到达指定目的港后，在卸货前，桐油还须由保险单指定检验人对油舱温度、容量、重量及品质进行检验，出具证书。被保险人必须取得上述检验证书，才能在桐油发生品质上的损失时获得保险赔款。

除了为决定赔款额而支付的检验和化验费用由保险人负责之外，散装桐油在运输过程中的其他一切检验和化验费用均由被保险人负担。海运散装桐油保险的除外责任以及被保险人的义务等内容与海洋运输货物保险条款的规定相同。

除了上述保险之外，在我国海运货物保险中，还有一种被称为"买方利益险"的险别。卖方利益险是一种供中国出口企业在采用托收方式并按FOB或CFR术语成交出口时，为保障卖方利益而设立的一种独立险别。在这种险别下，如被保险货物在运输途中由于承保范围内的风险造成损失，国外买方既不付款赎单，又拒绝支付货物受损部分的损失时，保险公司对买方拒绝赔付受损或灭失部分的损失负赔偿责任。在这种情况下，卖方应将其向买方或第三方追偿的权利转移给保险公司。如卖方已将这种追偿的权利转让给其他方，则保险公司解除其应负的全部责任。

第二节　伦敦保险协会海运货物保险条款

英国是近代世界海上保险的中心，在国际海上贸易航运和保险业中占有很重要的地位，许多国家的海上保险业与英国海上保险市场有密切的联系，它所制定的海运保险的多种规章制度和条款对其他国家有着广泛的影响。劳合社的S.G.保险单格式的说明规则被英国的《1906年海上保险法》列为附则，以后逐渐成为国际海上保险单的范本。

为适应国际海上贸易航运业的发展，伦敦保险协会的"技术与条款委员会"（Technical and Clause Committee）于1912年制定了《协会货物条款》（Institute Cargo Clause, ICC），对沿用已久的S.G.保险单的内容进行了修改和补充，作为S.G.保险单的重要组成部分，以加贴条款的形式附于 S.G.保险单的背面,经过多次修改后,于 1963 年形成了一套完整的海上运输货物保险标准条款,即 ICC 旧条款,该条款包括平安险、水渍险和一切险 3 套条款,中国人民保险公司现行的海洋运输货物保险条款正是参照该条款而制定的。

为了能适应日益发展的国际贸易对保险的需要,以及保持英国在世界海上保险市场的中心地位,英国保险业于 20 世纪 80 年代初对 S.G.保险单作了彻底的改变,制定了新的保险单及相应的保险条款。新的《协会货物条款》自 1982 年 1 月 1 日起在英国保险市场开始使用,并采用新的劳合社保险单格式,原协会货物条款和劳合社 S.G.保险单已于 1983 年 3 月 31 日起在英国保险市场停止使用。

2008 年 11 月 24 日,英国又对 ICC1982 加以修订,并于 2009 年 1 月 1 日起生效。ICC2009 与 ICC1982 在结构上并没有发生变化,主要对保险公司引用免责条款作出一些限制,扩展了保险责任起讫,对条款中容易引起争议的词作出了更加明确的规定。新条款中的文字、结构等更加简洁、严密。

伦敦协会货物条款有 6 种,分别是:协会货物条款(A)、协会货物条款(B)、协会货物条款(C)、协会战争条款、协会罢工条款、恶意损害条款。

除恶意损害条款外,各条款均包括承保范围(Risks Covered)、除外责任(Exclusions)、保险期限(Duration)、索赔(Claims)、保险利益(Benefit of Insurance)、减少损失(Minimizing Losses)、防止延迟(Avoidance of Delay)与法律和惯例(Law and Practice)8 部分,其中前 3 部分各不相同,后 5 部分完全相同。

一、ICC2009(A)的主要内容

1. 承保风险

A 条款采用"一切风险减去除外责任"的方式,对约定和法定的除外事项,在"除外责任"部分全部予以列明,对于未列入"除外责任"项下的损失,保险人均予负责。从承保范围看,A 条款主要承保海上风险和一般外来风险,责任范围广泛。同时,A 条款还承保共同海损和救助费用,对根据运输合同中"船舶互撞责任"条款规定的由被保险人承担比例责任的部分,保险人也予负责。

2. 除外责任

A 条款的除外责任包括法定除外责任和约定除外责任两大类,内容全面详尽,条理清晰,分为一般除外责任、不适航不适货除外责任、战争除外责任和罢工除外责任 4 个条款。

1)一般除外责任

本保险对以下各项不予承保:

(1)可归因于被保险人故意不法行为所造成的损失、损害或费用。

本条规定对被保险人本人的恶意不法行为所致的损失后果保险人不负责任,但被保险人以外的任何其他人,包括其代理人或雇员等的恶意行为所致的损失,不在本条之列,故属于保险人承保的责任。

(2)保险标的的自然渗漏、重量或容量的自然损耗或自然磨损。

由于货物的自然损耗、自然磨损、自然渗漏不是意外的、外来风险所致，而是属于运输途中的必然性损失，故保险人将该项损失予以除外。

（3）由于保险标的包装不固或包装不当或配装不当造成无法抵抗运输途中发生的通常事故而产生的损失或费用。

本款意义上，"包装"视为集装箱内的积载。但仅适用于该种包装或配载是由被保险人或其受雇人完成或该种包装或配载是在本保险责任开始前完成。（本条所称的"雇员"，不包括独立合同商。）

货物的包装均有一定的标准，如果因包装不符合要求，经不起运输或装卸等操作而致货物损失，保险人无需负责。

（4）保险标的固有缺陷或特性所引起的损失、损害或费用。

由于货物的固有缺陷及特性造成的损失属于货物的内在原因，而非外来风险所致，故保险人对此损失予以除外。

（5）由于延迟包括承保风险引起的延迟所造成的损失、损害和费用。

本条明确规定任何原因造成的延迟损失均属保险除外责任。

（6）由于船舶所有人、经理人、承租人或经营人破产或不履行债务所引起的灭失、损害或费用。

本条适用于在保险标的装上船舶之时，被保险人知道或被保险人在正常经营中应当知道，此种破产或不履行债务会导致该航程被取消。

（7）由于使用任何原子或核子裂变和（或）聚变或其他类似反应或放射性物质的武器或设备直接或间接造成的损失或费用。

本条对核战争武器所致的损失后果一概除外不保，但对于民用的核风险，并没有予以除外，对因此而致的损失保险人应予负责。

2）不适航、不适货除外责任（Unseaworthiness and Unfitness Exclusion Clause）

（1）被保险人在货物装船时已经知道船舶或驳船的不适航，及船舶或驳船不适合安全运输保险标的所引起的损失或费用。（本条款不适用于：当保险合同已经善意转移给另一方，即另一方已经购买或同意购买保险标的或受合同约束。）

（2）在本保险合同生效前，装载已经开始或已完成，或被保险人或其受雇人在装载时已经知道集装箱或运输工具不适合安全运输保险标的。

（3）保险人放弃运载保险标的至目的地的船舶违反适航或船舶适货的任何默示保证。

船舶必须适航是海上运输中承运人应履行的义务，作为托运人的被保险人和船方并没有密切关系，一般并不知晓船舶是否适航，更无法保证船舶是适航的，因此保险人在海运保险中放弃船舶必须适航的默示保证，即如果货方不知情，保险人对因船舶不适航导致的损失予以负责。但如果被保险人是知情的，按本条规定保险人对损失不予赔偿。

3）战争除外责任（War Exclusion Clause）

对下列原因造成的损失、损害或费用，保险人不予负责：

（1）战争、内战、造反、叛乱或由此引起的内乱或针对交战方的任何敌对行为。

（2）捕获、拘留、扣留、禁制、扣押（海盗除外）以及这种行动的后果或这方面的企图、威胁。

（3）被遗弃的水雷、鱼雷、炸弹或其他被遗弃的战争武器。

战争除外责任规定对战争行为、敌对行为以及由此引起的捕获、禁制或扣押等造成的损失后果和战争武器所致的损失不予负责。其中须注意的是，关于海盗风险，在战争除外责任中被明确剔除，这说明在协会条款中，海盗风险属于一般的外来风险而非战争风险，故应该是 A 条款的承保风险，由此引起的损失，保险人负责赔偿。而在我国海运货物战争险条款中，海盗风险属于战争险责任范围。

4）罢工除外责任（Strikes Exclusion Clause）

对下列原因造成的损失、损害或费用，本保险不予负责：

（1）罢工者、被迫停工工人或参加工潮、暴动或民变人员造成。

（2）罢工、被迫停工、工潮、暴动或民变引起。

（3）恐怖主义行为，或与恐怖主义行为相联系，任何组织通过暴力直接实施的旨在推翻或影响法律上承认的或非法律上承认的政府的行为引起的。

（4）任何人出于政治、信仰或宗教目的实施的行为引起的。

罢工除外责任规定对罢工者及罢工行为引起的损失不予负责，同时对恐怖分子或有政治动机的人员造成的损失也予以除外。

3. 保险期限（Duration）

伦敦协会货物保险条款中，对保险期限的规定包括 3 个条款，分别是运输条款（Transit Clause）、运输合同终止条款（Termination of Carriage Clause）和航程变更条款（Change of Voyage Clause）。2009 版协会条款扩展了保险责任起讫期限。

1）运输条款

本保险责任自保险标的为了开始航程立即搬运至运输车辆或其他运输工具，开始进入仓库或储存处所（本保险合同载明的地点）时生效，包括正常运输过程，直至运到下述地点时终止：在本保险合同载明的目的地最后仓库或储存处所，从运输车辆或其他运输工具完成卸货；在本保险合同载明的目的地任何其他仓库或储存处所，或在中途任何其他仓库或储存处所，从运输车辆或其他运输工具完成卸货。上述任何其他仓库或储存处所是由被保险人或者其雇员选择用作：在正常运送过程之外的储存货物，或分配货物，或分派货物。被保险人或其雇员在正常运输过程之外选择任何运输车辆或其他运输工具或集装箱储存货物，自保险标的在最后卸货港卸离海轮满 60 天为止。上述情况以先发生者为准。

运输条款还规定了若上述保险责任终止的 3 种情况还未发生时可以导致保险责任终止的情况。如果保险标的在最后卸货港卸离海轮后，但本保险责任终止前，需被转运至非保单载明的其他目的地时，本保险在依然受上述有关终止条款规定所制约的同时，截止于该项保险标的开始转运之时。

此外，在被保险人无法控制的任何运输延迟、任何绕航，被迫卸货，重新装载、转运以及承运人运用运输合同授予的权力所作的任何航海上的变更的情况下，本保单仍然继续有效。

2）运输合同终止条款

运输合同终止条款规定，如果由于被保险人不能控制的情况，运输合同在非保险单载明的目的地终止，保险合同也终止，但如被保险人迅速通知保险人，提出续保要求，保险合同继续有效。这和我国《海运货物保险条款》的规定是一致的。

3）航程变更条款

航程变更条款规定，当保险责任开始后，若被保险人改变了目的地，则被保险人必须立即通知保险人，保险人按照重新商定的保险费率和保险条件对该保险货物予以续保。而在我国《海运货物保险条款》中，规定若航程有所变更时，被保险人应在获悉后立即通知保险人，并在必要时加缴保险费，保险继续有效。显然，《协会货物条款》和我国《海运货物保险条款》对航程变更的规定是有区别的。

4. 索 赔

被保险人在保险标的发生事故而向保险人索赔时，适用以下4个条款：

1）保险利益条款

（1）发生损失时，被保险人对保险标的必须具有保险利益，否则不能获得保险赔款。

（2）除另有规定外，被保险人有权获得在保险期间发生的承保损失的赔偿，尽管该损失发生在本保险合同订立之前，除非当时被保险人知道该项损失而保险人不知道。

2）续运费用条款（Forwarding Charges Clause）

续运费用条款规定，由于承保责任范围内的风险导致运输在非保险单载明的港口或处所终止时，保险人应赔偿由此产生的卸货、存仓及续运保险标的至保险单载明目的地而产生的合理的额外费用，但不包括由被保险人或其雇员的过错、疏忽、破产或经济困境而引起的费用。由此可见，如果航程的终止是由于保险风险所致，其所引起的续运费用应由保险人负责。例如由于途中船舶触礁，无法完成航程，只好在中途转船，由此支出的额外费用保险人予以赔偿。但如果航程中止是除外风险引起，如由于承运人的经济困境所致，保险人并不负责。

3）推定全损条款（Constructive Total Loss Clause）

推定全损条款重申了推定全损的概念，即规定如果由于实际全损看来不可避免，或因为恢复、整理和续运保险标的到保险目的地的费用会超过其抵达目的地的价值，经过委付，被保险人可得到推定全损赔偿。

4）增值条款

增值条款是货物在投保增值保险的情况下对有关赔偿问题的规定。

由于货物的价值会随着市场行情的变动而发生变化，在投保货运保险后，卖方按保险价值投保的金额可能低于买方期望在出售后得到的金额，在这种情况下买方往往希望另行购买保险，对此差额予以保险。增值保险正是指买方估计所买进的货物在到达目的地时的完好价值将比卖方投保原始保险的保险金额要高，而将两者之间的估计差额另行投保（一般在原保险单基础上按原保险条件投保）的保险。

本条款规定，若货物投保增值保险，则货物的保险价值应为原始保险的保险金额和所有增值保险的保险金额的总和，发生损失时，每一保险人的赔偿责任以其保险单中载明的保险金额占总保险金额的比例计算。这改变了英国《1906年海上保险法》中关于原保险单中约定的保险价值约束保险合同的双方当事人，任何一方不得推翻该价值的规定，并使原保险人和增值保险的保险人在支付赔款和享受向第三者责任方追偿的权利时处于平等地位。

5. 被保险人的义务

《协会货物条款》（A）对被保险人义务的规定主要体现在"被保险人义务条款"（Duty of Assured Clause）和"合理迅速处置条款"（Reasonable Dispatch Clause）中。前者的主要内容是，发生保险责任范围内的损失时，被保险人及其雇员和代理人应尽可能地采取合理措施以避免或减少货物的损失，并适当地保留和行使对第三者责任方的追偿权利，而保险人负责赔偿被保险人履行上述义务时支付的合理费用。后者的内容是被保险人应在力所能及的情况下合理迅速地行动，避免出现延迟。

6. 其他内容

1）弃权条款

本条款规定当保险标的发生损失时，被保险人和保险人为拯救、保护或恢复保险标的所采取的措施不得视为放弃或接受委付，或影响任何一方的权利。这条规定是为鼓励被保险人在货物受损之后积极履行施救义务，明确了保险合同双方当事人中的任何一方对受损保险标的进行施救，并不会影响自身的权利，即保险人不能把被保险人的施救行为看作是放弃委付权利的表现，被保险人也不能把保险人为减少保险标的损失而采取的措施视为已接受委付的表示。

2）不受益条款

本条款规定承运人或其他受托人不得享受本保险的利益。这个条款的目的是为防止承运人或其他受托人通过在货物运输合同或委托合同中订立享有保险利益条款（Benefit of Insurance Clause）来摆脱对货物损失应承担的责任。享有保险利益条款的主要内容是：对于应由承运人或受托人负责的损害，如另有保险可获赔偿时，承运人或受托人可以要求享受保险利益。按此条款，保险人在向被保险人支付保险赔款后，将丧失向承运人或其他委托人行使代位追偿的权利，而不受益条款否定了承运人和其他受托人享受保险利益的权利，避免了保险人代位追偿权的丧失。

3）法律与惯例条款

本条款规定本保险适用于英国法律和惯例，明确《协会货物条款》受英国法律和惯例管辖。

二、ICC2009（B）的主要内容

1. 承保风险

B条款承保的责任范围比A条款小，它采用列明风险的方式将所保的风险逐一罗列，对下述原因所致的保险标的的损失和损害负责赔偿：

（1）火灾或爆炸。

（2）船舶或驳船搁浅、擦浅、沉没或倾覆。

（3）陆上运输工具倾覆或出轨。

（4）船舶、驳船或运输工具与水以外的任何外界物体碰撞或接触。

（5）在避难港卸货。
（6）地震、火山爆发或闪电。
（7）共同海损牺牲。
（8）抛弃或浪击落海。
（9）海水、湖水或河水进入船舶、驳船、运输工具、集装箱、吊装车厢（Lift van）或储存处所。
（10）货物在装卸时落水或坠落而造成的整件货物的全部损失。

此外，保险人还承保共同海损分摊和救助费用，但导致共同海损的原因必须不是本保险所除外的风险。

由此可见，B条款主要承保自然灾害和意外事故所致的损失，同时还承保共同海损的牺牲、分摊和救助费用。和我国《海运货物保险条款》水渍险相比，B条款明确将承保危险扩大到陆上，对发生在保险期内的陆上运输工具的意外倾覆、出轨予以负责。其次，根据B条款，货物在运输途中或陆上储存期间若被海水、湖水或河水浸湿，只要发生在保险期内，均可获赔，而不必具体确定由何种风险所致。此外，B条款仅承保货物在装卸过程中跌落造成的整件货物的全部损失，与水渍险的规定有所区别。

2. 除外责任

B条款的除外责任和A条款大致相同，只有两点区别。

（1）在"一般除外责任"条款中，增加了"由于任何个人或数个人的错误行为对保险标的或其组成部分故意损害或破坏，保险人不负责任"的规定，这意味着在B条款中，保险人不但对被保险人的蓄意不法行为所致的损失不负责任，对任何其他人的故意非法行为所致损失也不负责任。

（2）在"战争险除外责任"条款中，B条款规定"捕获、拘押、扣留、禁制或以及此种行为的后果或这方面的企图"造成的损失、损害或费用不予承保。在A条款中加上了"海盗行为除外"这几个字，明确将海盗风险从除外责任中剔除，即将海盗风险作为承保风险，而B条款中对于海盗风险并未作为除外风险，但也没有列入承保风险。由于B条款采取列明风险的方法确定承保风险，所以按照B条款的规定，保险人对海盗风险不予负责。

3. 其他内容

B条款关于保险期限、索赔、被保险人义务的规定和其他内容在字面上均与A条款相同。

三、ICC2009（C）的主要内容

C条款是A、B、C 3种条款中保险人责任范围最小的条款。与B条款相同，C条款的承保风险也是采用逐一列明的方式。

1. 承保风险

保险人对下列原因造成的保险标的的损失负责：

（1）火灾或爆炸。
（2）船舶或驳船遭受搁浅、擦浅、沉没或倾覆。
（3）陆上运输工具倾覆或出轨。
（4）船舶、驳船或其他运输工具与水以外的任何外界物体碰撞或接触。
（5）在避难港卸货。
（6）共同海损牺牲。
（7）抛弃。

此外，保险人对非除外风险所致的共同海损的分摊和救助费用负责赔偿。由此可见，C条款的承保范围比 B 条款更小，主要承保意外事故所致的损失以及共同海损和救助费用，对于自然灾害造成的损失，一律不予负责。和我国《海运货物保险条款》平安险相比，C 条款的承保风险范围显然较小。

2. 其他内容

C 条款关于除外责任、保险期限、索赔、被保险人的规定和其他内容在字面上与 B 条款完全一致。

为了便于理解，上述 3 种条款中承保人承保的风险列表进行比较，如表 12.2 所示。

表 12.2　ICC2009（A）、（B）、（C）中保险人承保风险范围

承保风险	ICC（A）	ICC（B）	ICC（C）
火灾、爆炸	√	√	√
船舶、驳船的搁浅、触礁、沉没、倾覆	√	√	√
陆上运输工具的倾覆或出轨	√	√	√
船舶、驳船或运输工具同除水以外的任何外界物体的碰撞或触碰	√	√	√
在避难港卸货	√	√	√
地震、火山爆发或雷电	√	√	×
共同海损牺牲	√	√	√
共同海损分担和救助费用	√	√	√
运输合同中定有"船舶互撞责任条款"，根据该条款的规定，应由货方偿还船方损失	√	√	√
抛弃	√	√	√
浪击落海	√	√	×
海水、潮水或船舶进入船舶、驳船、运输工具、集装箱或储存处所	√	√	×
货物在装卸船舶时落海或跌落，造成任何整件的全损	√	√	×
由于被保险人以外的其他人（如船长、船员等）故意违法行为所造成的损失或费用	√	×	×
海盗行为	√	×	×
由一般外来原因所造成的损失	√	×	×

四、协会货物战争险条款（Institute War Clause（Cargo））

2009年启用的协会货物战争险条款由8项内容组成，具有完整的结构体系，故可以单独投保。下面主要介绍承保风险、除外责任和保险期限这3部分的内容。

1. 承保风险

协会货物战争险条款承保的风险包括以下两部分：
（1）负责下列原因造成的保险标的的损失或损害：
① 战争、内战、造反、叛乱、暴动或由此引起的内乱或任何交战方之间的敌对行为；
② 由上述承保风险引起的捕获、拘留、扣留、管制或扣押及其后果，或任何进行这种行为的有关企图、威胁；
③ 被遗弃的水雷、鱼雷、炸弹或其他被遗弃的战争武器。

从上述规定可知，协会货物战争险条款仅对战争行为及战争武器导致的保险标的的直接损失负责，不负责因此而致的费用损失。此外，海盗风险并不属于承保风险。

（2）对为避免承保风险所造成的共同海损和救助费用，予以负责。

2. 除外责任

战争险条款的除外责任包括"一般除外责任"和"不适航、不适货除外责任"两部分。
（1）一般除外责任。该部分和协会货物（A）条款相比，增加了"航程挫折条款"，表明保险人对货物本身没有受损，但由于航程受阻或航海上的损失引起的货物的索赔不予负责，也就是说，保险人只承保货物本身损失，而不承保其运输航程的完成。此外，在战争险条款中，"核武器除外责任"的内容为"由于敌对性地使用核战争武器所致损失不予负责"。
（2）不适航、不适货除外责任。战争险条款的"不适航、不适货除外责任"和A条款中的有关规定完全一致。

3. 保险期限

协会战争险关于保险期限的规定比较复杂，主要包括以下几面：
（1）保险期限以"水上危险"为限，即保险责任自货物装上海轮开始，直到卸离海轮时为终止，若货物不及时卸离海轮，以海轮到达最后港口或卸货港当日午夜起满15天为限，保险责任终止，如果在中途港转运，也以到港15天为限。
（2）当保险责任中途终止时，如果货物继续运往保险单载明目的地，通过支付保险人所要求的额外保险费，自续运开始后，保险可以重新恢复效力。
（3）如果由驳船向海轮装卸货物，保险人承保装卸时的水雷和鱼雷风险，但最长不超过货物卸离海轮后60天。

五、协会货物罢工险条款（Institute Strike Clause（Cargo））

2009年启用的协会货物罢工险条款也是由8部分组成，结构完整，可以单独投保。

1. 承保范围

罢工险对下列原因造成的保险标的的损失或损害负责：

（1）罢工者、被迫停工工人或参与工潮、暴动或民变的人员所造的损失。

（2）任何恐怖分子或任何出于政治目的采取行动的人所致的损失。

（3）任何人出于政治、信仰或宗教目的实施的行为引起的灭失或损害。

（4）协会罢工险条款也承保为避免承保风险所致的共同海损和救助费用。

2. 除外责任

罢工险的除外责任包括"一般除外责任"和"不适航、不适货除外责任"两部分。

（1）一般除外责任。

该部分和《协会货物条款》（A）相比，增加了下列内容：

① 由于航程或航海上的损失或受阻的索赔，保险人不负责；

② 由于罢工、关厂、工潮、暴动或民变造成的各种劳动力缺乏、短缺或抵制引起的损失，保险人不负责；

③ 对战争风险所致的损失后果，保险人不负责。

另外，其中"核战争武器除外责任"仅对敌对性使用核战争武器所致的损失后果予以除外。

（2）不适航、不适货除外责任。

罢工险的"不适航、不适货除外责任"和 A 条款中的有关规定完全一致。

六、协会货物恶意损害险条款（Institute Malicious Damage Clause）

协会恶意损害险条款开始使用的时间是 1983 年 8 月 1 日，它是新的协会货物条款的附加险条款，作为补充性的协会条款，它没有完整的结构，不能单独投保，而是供双方当事人在本条款基础上加保使用。

恶意损害险主要承保除被保险人以外的其他人的故意损害、故意破坏、恶意行为所致保险标的的损失或损害。如果恶意行为出于政治动机，则不属于本条款的承保范围，但可以在罢工险条款中得到保障。

协会 A 条款只把被保险人的恶意行为列入除外责任，显然已将恶意损害险的内容包括在其承保范围之内，而在 B 条款和 C 条款中，被保险人以外的任何他人的恶意行为所致的损失均属于除外责任，因此，若想得到恶意损害风险的保障，除非已经投保 A 险，否则须加保恶意损害险。

案例分析

1995 年 11 月 2 日，厦门某贸易公司作为被保险人向某保险公司投保了货物运输保险，保单载明：保险期间自香港至泉州，承保险别为一切险，采用中国人民保险公司 1981 年 1

月1日修订的海运货物保险条款。

同年11月14日，被保险货物运抵泉州后渚港。装有被保险货物的集装箱卸船后堆放于港口的仓库堆场（该堆场既可以用于海关验货，同时也是港口作业场所，收货人在报关、海关查验后，货主可在此堆场提货、转运、储货等）。11月15日，该贸易公司持海运提单向海关报关并履行完所有海关手续。次日上午，贸易公司来港口提货并打算将货物运至福州，第一件货物由叉车安全叉离集装箱，但第二件货物在叉离集装箱的过程中，因叉车司机操作不当，致使货物在叉出过程中倾倒并严重损坏，损失118 000美元。

被保险人向保险公司索赔，保险公司拒赔，认为货物损失发生时，保险责任已终止，双方因此引起纠纷。试分析保险公司对此损失是否负责。

（本案例中保险单载明，保险期间自香港至泉州，承保条件一切险。1982年中国人民保险公司的《海洋运输货物保险条款》对于保险期间规定如下：本保险负仓至仓责任，自保险货物运离保险单所载明的起运地仓库或储存处所开始运输时生效，包括正常运输工具在内，直至该项货物运达保险单所载明目的地收货人的最后仓库或储存处所或被保险人用作分配、分派或非正常运输的其他储存处所为止。

本案保险单中列明的目的地为泉州，并非货物最后实际将运往的福州，因此当货物运抵泉州港的后渚港的仓库堆场后，由于该堆场"既可以用于海关验货，同时也是港口作业场所，货主可在此堆场提货、转运、储货等"，因此认为泉州后渚港的仓库堆场正是保险条款中规定的"目的地收货人的最后仓库或储存处所"，因此保险责任到此为止。保险责任已终止，保险人无须赔付。）

思考题

1. 我国海运货物保险基本险别有哪几种？简述3种基本险别主要承担的风险损失。
2. 我国海运货物保险一般附加险、特别附加险和特殊附加险包括哪些险别？
3. 简述"仓至仓"原则。
4. 简述ICC2009（A）承保责任范围和除外责任。
5. 伦敦保险协会2009年颁布的ICC（A）、ICC（B）和ICC（C）的承保范围和除外责任之间有什么区别？
6. ICC2009战争险和罢工险能否单独投保？为什么？
7. 试比较中英两国海运货物条款。
8. 解释伦敦保险协会条款中的"不适航、不适货除外责任"的含义。

第十三章 其他运输货物保险

学习目标

掌握我国陆上运输货物保险的陆运险和陆运一切险的承保范围、责任起讫、保险期限和索赔时效。了解陆运冷藏险和陆运货物战争险的主要内容。

掌握我国航空运输险和航空运输一切险的承保范围和责任起讫。了解航空运输战争险的主要内容。

了解我国邮政包裹运输货物保险条款的主要内容。

随着运输技术的发展以及各国间经贸往来的增加，陆运、空运、邮包运输及多式联运等运输方式下的货物保险在国际保险业务中的地位也在日益提高。由于现代陆上、航空、邮包等运输保险业务都是在海上保险的基础上发展演变而来的，因而它们与海运货物保险在基本概念、原则及具体规定等方面有诸多相同或相似之处。但是，由于陆运、空运、邮包运输具有与海运不同的特点，货物在运输途中可能遭遇的风险损失与海运也有所不同，因而保险人对陆运、空运及邮包运输等运输方式在承保风险、险别、责任范围和保险期限等方面与海运货物保险亦均有所差异。

第一节 陆上运输货物保险

陆上运输货物保险始于 19 世纪末期，第一次世界大战爆发后得到较快发展。陆上运输货物保险（Overland Transportation Cargo Insurance）主要承保以火车、汽车等陆上运输工具进行货物运输的保险。与海洋货物运输可能遭受的风险不同，陆上货物运输的风险有其自身的特点。常见的陆上货物运输的风险主要有：运输工具碰撞、倾覆、出轨；公路、铁路坍塌、桥梁折断、道路损坏及失火、爆炸等意外事故；暴风、雷电、洪水、地震、泥石流、山体滑坡等自然灾害。此外，在海洋运输中由于外来原因可能造成的风险，陆上运输也同样存在。按照保险业的习惯，在陆上运输货物保险业务中，只要因发生承保责任范围内的风险所导致的损失，保险人一般都予赔偿，因此陆运货物保险不再区分全部损失和部分损失。这就决定了陆上运输货物保险的基本险别与海洋运输货物的险别有所区别。

根据中国人民保险公司 1981 年 1 月 1 日修订的《陆上运输货物保险条款》的规定，陆上运输货物保险的基本险别分为陆运险（Overland Transportation Risks）与陆运一切险（Overland Transportation All Risks）两种。适用于陆运冷藏货物的专门保险，即陆上运输冷藏货物险[Overland Transportation Insurance（Frozen Products）]，其性质也属基本险。在附加险中，除仅适用于火车运输的陆上运输货物战争险（火车）条款外，海运货物保险中的附加险，陆运货物保险也均适用。

一、陆运险与陆运一切险

1. 责任范围

陆运险的承保责任范围与海洋运输货物保险条款中的"水渍险"相似。保险公司负责赔偿被保险货物在运输途中遭受暴风、雷电、洪水、地震等自然灾害或由于运输工具遭受碰撞、倾覆、出轨或在驳运过程中因驳运工具遭受搁浅、触礁、沉没、碰撞;或由于遭受隧道坍塌、崖崩或失火、爆炸等意外事故所造成的全部或部分损失。此外,被保险人对遭受承保风险的货物采取抢救、防止或减少货损的措施而支付的合理费用,保险公司也负责赔偿,但以不超过该批被救货物的保险金额为限。

陆运一切险的承保责任范围与海上运输货物保险条款中的"一切险"相似。保险公司除承担上述陆运险的赔偿责任外,还负责被保险货物在运输途中由于一般外来风险所造成的损失。以上责任范围均适用于火车和汽车运输,并以此为限。

陆运险与陆运一切险的除外责任与海洋运输货物险的除外责任基本相同。

2. 责任起讫

陆上运输货物险的责任起讫也采用"仓至仓"责任条款。保险人负责自被保险货物运离保险单所载明的起运地仓库或储存处所开始运输时生效,包括正常运输过程中的陆运和与其有关的水上驳运在内,直至该项货物运达保险单所载目的地收货人的最后仓库或储存处所或被保险人用作分配、分派的其他储存处所为止。如未运抵上述仓库或储存处所,则以被保险货物运抵最后卸载的车站满60天为止。

陆上运输货物险的索赔时效为:从被保险货物在最后目的地车站全部卸离车辆后起算,最多不超过2年。

二、陆上运输冷藏货物险

陆上运输冷藏货物险是陆上运输货物险中的一种专门保险。

1. 责任范围

陆上运输冷藏货物险主要责任范围除负责陆运险所列举的自然灾害和意外事故所造成的全部或部分损失外,还负责赔偿由于冷藏机器或隔温设备在运输途中损坏所造成的被保险货物解冻融化以致腐败的损失。

2. 责任起讫

陆上运输冷藏货物险的责任自被保险货物运离保险单所载起运地点的冷藏仓库装入运送工具开始运输时生效,包括正常的陆运及与其有关的水上驳运在内,直至货物到达保险单所载明的目的地收货人仓库为止。但是最长保险责任的有效期限以被保险货物到达目的地车站后10天为限。(中国人民保险公司的该项保险条款还规定:装货的任何运输工具,必须有相应的冷藏设备或隔温设备;或供应和贮存足够的冰块使车厢内始终保持适当的温度,保证被保险冷藏货物不致因融化而腐败,直至目的地收货人仓库为止)

陆上运输冷藏货物险的索赔时效为：从被保险货物在最后目的地全部卸离车辆后起计算，最多不超过2年。

3. 除外责任

陆上运输冷藏货物险对于因战争、罢工或运输延迟而造成的被保险冷藏货物的腐败或损失，以及被保险冷藏货物在保险责任开始时未能保持良好状况，包括整理、包扎不妥，或冷冻上的不合规定及骨头变质所造成的损失则除外。一般的除外责任条款也适用本险别。

三、陆上运输货物战争险

陆上运输货物战争险（Overland Transportation Cargo War Risk）是陆上运输货物保险的一种特殊附加险，只有在投保了陆运险或陆运一切险的基础上方可加保。这种陆运战争险，国外私营保险公司大都不予承保，但为适应外贸业务需要，我国保险公司接受加保，但目前仅限于火车运输，若使用汽车运输则不能加保。

加保陆上运输货物战争险后，保险公司负责赔偿在火车运输途中由于战争、类似战争行为和敌对行为、武装冲突所致的损失，以及各种常规武器包括地雷、炸弹所致的损失。但是，由于敌对行为使用原子或热核武器所致的损失和费用，以及根据执政者、当权者或其他武装集团的扣押、拘留引起的承保运程的丧失和挫折而造成的损失除外。

陆上运输货物战争险的责任起讫与海运战争险相似，以货物置于运输工具时为限。即自被保险货物装上保险单所载起运地的火车时开始，到卸离保险单所载目的地火车时为止。如果被保险货物不卸离火车，则以火车到达目的地的当日午夜起计算，满48 h为止；如在运输中途转车，则不论货物在当地卸载与否，保险责任以火车到达该中途站的当日午夜起计算满10天为止。如货物在此期限内重新装车续运，仍恢复有效。但需指出，如运输契约在保险单所载目的地以外的地点终止时，该地即视作本保险单所载目的地，在货物卸离该地火车时为止，如不卸离火车，则保险责任以火车到达该地当日午夜起计算满48 h为止。

陆上运输货物保险的特殊附加险，除战争险外，还可加保罢工险。陆上运输罢工险的承保责任范围与海洋运输货物罢工险的责任范围相同。在投保战争险前提下，加保罢工险不另收费。如仅要求加保罢工险，则按战争险费率收费。

第二节　航空运输货物保险

航空运输货物保险是以飞机为运输工具的货物运输保险。利用飞机进行国际间的货物运输始于20世纪初，第一次世界大战前一两年，伦敦签发第一份航空保单，承保机体坠落险及第三人责任险。近年来，随着航空技术的迅速发展，航空运输在国际贸易货物运输中的重要性日益显著，航空运输货物保险也随着蓬勃发展起来。

由于航空运输与其他运输方式相比较为复杂，加上航空运输货物保险起步较晚，致使航空运输货物保险迄今未能发展成为一个完整、独立的体系。为适应航空货物运输及保险业务的顺利开展，伦敦保险协会直至1965年才对实际业务中最常用的航空运输货物一切险制定了一份比较完整的《协会航空运输货物一切险条款》[Institute Air cargo (All Risks)]。该条款于1982年重新修订，现为《协会货物险条款（航空）（邮包除外）》。此外，伦敦保险协会还制定了《协会战争险条款（航空货物）（邮包除外）》和《协会罢工险条款（航空货物）》两种协会空运货物保险条款。目前，国际保险市场较多采用上述条款进行航空运输货物保险。

为了满足我国外贸业务发展的需要，中国人民保险公司也接受办理航空运输货物保险业务，并制定"航空运输险"和"航空运输一切险"两种基本险条款以及"航空运输货物战争险"的附加险条款。此外，海洋运输货物保险中的附加险别也可在航空运输货物保险中有选择地使用。

一、航空运输险和航空运输一切险

1. 责任范围

航空运输险（Air Transportation Risks）的承保责任范围与海洋运输货物保险条款中的"水渍险"大致相同。保险公司负责赔偿被保险货物在运输途中遭受雷电、火灾、爆炸或由于飞机遭受恶劣气候或其他危难事故而被抛弃，或由于飞机遭受碰撞、倾覆、坠落或失踪等自然灾害和意外事故所造成的全部或部分损失。

航空运输一切险（Air Transportation All Risks）的承保责任范围除包括上述航空运输险的全部责任外，保险公司还负责赔偿被保险货物由于被偷窃、短少等一般外来原因所造成的全部或部分损失。

航空运输险和航空运输一切险的除外责任与海洋运输货物险的除外责任基本相同。

2. 责任起讫

航空运输货物险的两种基本险的保险责任也采用"仓至仓"条款，但与海洋运输险的"仓至仓"责任条款有所不同。

货物运达保险单所载明目的地而未运抵保险单所载明的收货人仓库或储存处所，则以被保险货物在最后卸载地卸离飞机后满30天为止。如在上述30天内被保险货物需转送到非保险单所载明的目的地时，则以该项货物开始转运时终止。

由于被保险人无法控制的运输延迟、绕道、被迫卸货、重新装载、转运或承运人运用运输契约赋予的权限所作的任何航行上的变更或终止运输契约，致使被保险货物运到非保险单所载目的地时，在被保险人及时将获知的情况通知保险人并在必要时加缴保险费的情况下，本保险单继续有效，保险责任按下述规定终止：

（1）保险货物如在非保险单所载目的地出售，保险责任至交货时为止。但不论任何情况，均以被保险货物在卸载地卸离飞机后满30天为止。

（2）被保险货物在上述30天期限内继续运往保险单所载原目的地或其他目的地时，保险责任仍按上述的规定即在保险单所载目的地或其他目的地卸离飞机后满30天终止。

二、航空运输货物战争险

航空运输货物战争险（Air Transportation Cargo War Risks）是航空运输货物险的一种特

殊附加险，只有在投保了航空运输险或航空运输一切险的基础上方可加保。

加保航空运输货物战争险后，保险公司承担赔偿在航空运输途中由于战争、类似战争行为、敌对行为或武装冲突以及各种常规武器和炸弹所造成的货物的损失，但不包括因使用原子或热核武器所造成的损失。

航空运输货物战争险的保险责任起讫是自被保险货物装上保险单所载明的启运地的飞机时开始，直到卸离保险单所载明的目的地的飞机时为止。如果被保险货物不卸离飞机，则以飞机到达目的地当日午夜起计算满 15 天为止；如果被保险货物需在中途转运时，则保险责任以飞机到达转运地的当日午夜起计算满 15 天为止；后装上续运的飞机，保险责任再恢复有效。

航空运输货物保险的特殊附加险除战争险外，还可加保罢工险。与海运、陆运险相同，在投保战争险前提下，加保罢工险不另收费。如仅要求加保罢工险，则按战争险费率收费。航空运输罢工险的责任范围与海洋运输罢工险的责任范围相同。

第三节　邮包运输货物保险

邮包运输是一种比较简便的运输方式，但由于邮包运输一般须经过海、陆、空辗转运送，在运送过程中遭受自然灾害和意外事故而导致损失的可能性较大。由于邮包运送可能同时涉及海、陆、空 3 种运输方式，因此保险公司在确定承保责任范围时，必须同时考虑这 3 种运输方式可能出险的因素。各国保险公司针对邮包运输而使用的险别名称条款不尽相同，比较常见的是沿袭海洋运输货物险的"平安险"（FPA）、"水渍险"（WPA）与"一切险"（All Risks）的险别名称，但具体条款与海洋运输货物险的同名险别不完全相同。英国伦敦保险协会迄今只对邮包战争险制定了《协会战争险条款（邮包）》，而未制定邮递货物保险的标准条款。

在我国，中国人民保险公司参照国际上的通行做法，结合我国邮政包裹业务的实际情况，于 1981 年 1 月 1 日修订并公布了一套较为完备的邮包运输保险条款，具体包括"邮包险"、"邮包一切险"及"邮包战争险" 3 种。现将有关条款介绍如下。

一、邮包险和邮包一切险

1. 责任范围

邮包险（Parcel Post Risks）的承保责任范围是负责赔偿被保险邮包在运输途中由于恶劣气候、雷电、海啸、地震、洪水、自然灾害或由于运输工具搁浅、触礁、沉没、碰撞、出轨、倾覆、坠落、失踪，或由于失火和爆炸意外事故造成的全部或部分损失；另外，还负责被保险人对遭受承保责任范围内风险的货物采取抢救、防止或减少货损的措施而支付的合理费用，但以不超过该批被救货物的保险金额为限。

邮包一切险（Parcel Poet All Risks）的承保责任范围除包括上述邮包险的全部责任外，还负责被保险邮包在运输途中由于一般外来原因所致的全部或部分损失。

2. 责任起讫

邮包险和邮包一切险的保险责任是自被保险邮包离开保险单所载起运地点寄件人的处所运往邮局时开始生效,直至被保险邮包运达保险单所载明的目的地,邮局发出通知书给收件人当日午夜起算满15天为止,但在此期限内邮包一经递交至收件人的处所时,保险责任即行终止。

3. 除外责任

邮包险和邮包一切险的除外责任包括:保险人因对战争、敌对行为、类似战争行为、武装冲突、海盗行为、工人罢工所造成的损失;直接由于运输延误或被保险物品本质上的缺陷或自然消耗所造成的损失;属于寄件人责任和被保险邮包在保险责任开始前已经存在的品质不良或数量短差所照成的损失;被保险人的故意行为或过失所造成的损失。

二、邮包战争险

邮包战争险(Parcel Post War Risks)是邮政包裹保险的一种特殊附加险,只有在投保了邮包险或邮包一切险的基础上,经投保人与保险公司协商方可加保。

加保邮包战争险后,保险公司负责赔偿在邮包运输过程中由于战争、类似战争行为、敌对行为、武装冲突、海盗行为以及各种常规武器包括水雷、鱼雷、炸弹所造成的损失。此外,保险公司还负责被保险人对遭受以上承保责任内危险的物品采取抢救、防止或减少损失的措施而支付的合理费用。但保险公司不承担因使用原子或热核制造的武器所造成的损失的赔偿。

邮包战争险的保险责任是自被保险邮包经邮政机构收讫后自储存处所开始运送时生效,直至该项邮包运达保险单所载明的目的地邮政机构送交收货人为止。

邮包运输保险的特殊附加险除战争险外,还有罢工险。在投保战争险前提下,加保罢工险不另收费。如仅要求加保罢工险,按战争险费率收费。邮包罢工险的责任范围与海洋运输罢工险的责任范围相同。

思考题

1. 我国陆运货物保险有哪些基本险别?其责任范围有什么区别?
2. 简述我国航空运输险和航空运输一切险的承保范围。
3. 我国航运保险和海运保险的责任起讫是否相同?
4. 简述我国邮包运输货物保险的责任范围和责任起讫。

第十四章 国际货物运输保险实务

> **学习目标**
>
> 掌握国际货物运输保险险别选择的考虑因素,了解保险单的缮制、批改和转让。
> 掌握保险金额计算公式和保险费的计算公式。
> 了解索赔的概念,掌握索赔的程序和被保险人应履行的义务。
> 了解理赔的概念,掌握国际货运保险理赔的主要内容。
> 掌握运输货物致损的主要原因,掌握不同类型理赔金额的计算公式。

在国际货物运输过程中,一般均需要办理货物运输保险。一般情况下,国际货物运输保险工作主要包括投保人的投保,保险人的承保和订立保险合同,保险的索赔以及理赔几个阶段。

第一节 国际货物运输保险投保实务

投保是指投保人向保险人表示订立保险合同的意愿,提出投保申请,将自己所面临的风险和投保的要求告知保险人,向保险人发出要约或询价,保险人表示承诺或对此询价提出包括保险条件及费率的要约的过程。在我国,投保人一般需要填写国际货物运输保险投保单来完成投保行为。

一、投保险别的选择

保险公司承担的保险责任是以险别为依据的,不同的险别所承保的责任范围并不相同,其保险费率也不相同。因此,投保人在选择保险险别时,应该根据货物运输的实际情况予以全面衡量。一般应考虑下面两个方面的因素:

1. 与货物有关的因素

1)货物的性质

不同种类的货物,由于其性质和特点不同,在运输时即使遭遇相同事故,所致的损失后果往往也并不相同。因此,投保人在投保时应充分考虑货物的性质和特点,选择适当的险别。例如,粮食的特点是含有一定的水分,经过长途运输,可能会因水分蒸发而造成短量损失;如果途中被水浸湿,或是船上通风设备不良,船舱中湿气过大,可能导致霉烂。对于这类商品,海运时一般需投保一切险,或在水渍险的基础上加保受潮受热险及短量险。此外,对某些大宗货物(如散装桐油、原煤、天然橡胶)以及某些特殊的货物(如冷藏货物),还需选择特定的或专门的保险条款进行投保，以求能得到充分保障。

2）货物的包装

一般情况下，因货物包装不足或不当使货物遭受损失，属于发货人的责任，保险人一般不予负责。因此，投保时必须充分考虑货物的包装条件来选择适当的险别。比如货物的包装方式会直接影响到货物的完好情况，包装货物会因包装材料的不同而可能产生不同的损失。

3）货物的用途与价值

货物的用途各有不同。一般而言，食品、化妆品及药品等与人的身体、生命息息相关的商品，由于其用途的特殊性，一旦发生污染或变质损失，就会丧失全部使用价值。因此，在投保时应尽量考虑能得到充分全面的保障。

2. 与运输有关的因素

1）运输方式

货物通过不同运输方式进行运输，途中可能遭遇的风险并不相同，可供选择的险别也有所差别。例如，海运保险的主险包括一切险、水渍险和平安险，陆运保险的主险则包括陆运一切险和陆运险。

2）运输工具

随着运输技术的发展，多式联运作为新的运输方式越来越多地被采用，由于它利用现代化的组织手段，将海运、陆运、空运等单一的运输方式有机地结合起来，因此货主在投保时应全面考虑整个运输过程中分别采用的运输工具的具体特点，分段选择相应的保险险别。

3）运输路线

运输路线的长短和货物的损失也有一定的关系，一般而言，运输路线越长，所需的运输时间越长，货物在运输途中可能遭遇到的风险越多；反之，运输路线越短，货物可能遭遇到的风险越少。另外，运输过程中经过的区域的地理位置、气候状况及政治形势等也会对货物的安全运输产生影响。例如船舶在经过赤道地带时，有些商品（如粮谷类）很可能因气候潮湿炎热而致发霉变质。又如经过的区域如果政局动荡，或是正发生内战，货物遭受意外损失的可能性自然会增加。此外，货物如果不是直达运输，需在中途转道，由于增加了装卸、搬运等操作，也使人为损坏的风险增加。因此，投保人应先根据运输路线的不同选择合适的保险险别。

4）运输季节

货物运输季节不同，也会对运输货物带来不同的风险和损失。例如冬季运送橡胶制品，货物可能出现冻裂损坏；而夏季运送水果，极易出现腐烂现象。投保人应根据不同季节的气候特点来选择险别。

5）港口（车站）

由于装货港（车站）、卸货港（车站）及运输工具中途停靠的港口（车站）条件不同，在运送能力、装卸设备、安全设施、管理水平及治安状况等方面均存在着差异，也会影响货物在装卸及存放时发生货损、货差的可能性。因此，投保人在投保时，应事先了解装卸地及中转地港口（车站）的情况，根据需要加保必要的险别。

二、保险金额的确定

保险金额是保险合同中必不可少的项目,是保险人对保险标的承担的最高赔偿金额,也是保险人计算保险费的依据。因此投保人在投保时须按照保险价值申报保险金额。

保险金额应以保险价值为依据。在国际货运保险中,保险金额一般是以 CIF 或 CIP 的发票价格为基础确定的,包括货物的价值、运费和保险费,还包括被保险人的经营费用以及预期利润。如果以 CIF 或 CIP 条件成交,保额金额应为

$$保险金额 = CIF(CIP) \times (1 + 保险加成率)$$

关于保险加成率,一般最低保险金额为货物的 CIF 或 CIP 价格的 10%,如果以其他贸易术语成交,则应先折算成 CIF 或 CIP 再加成。

如在实际中,已有 FOB(FCA)价或 CFR(CPT)价,则计算公式为

$$CIF(或 CIP)价 = FOB(或 FCA) + 运费/[1 - 保险费率 \times (1 + 加成率)]$$
$$= CFR(或 CPT)价/[1 - 保险费率 \times (1 + 加成率)]$$
$$保险金额 = CIF(或 CIP)价 \times (1 + 加成率)$$

在进口业务中,贸易合同中采用的贸易术语决定着应由何方办理货运保险。例如采用 CIF 术语,应由出口商办理保险,此时进口商应事先在贸易合同中确定保险金额。如果采用的是 CFR、CPT、FCA 或 FOB 等术语,应由进口商自行办理保险,此时保险金额的计算同样要以 CIF 或 CIP 价为基础,按实际需要进行加成后确定。

例如,某公司出口一批商品到欧洲某港口,原报 CFR 欧洲某港口,总金额为 10 000 美元,投保一切险(保险费率为 0.6%)和战争险(保险费率为 0.04%),保险加成率为 10%,保险金额计算如下:

$$CIF = 10\ 000/[1 - (1 + 10\%) \times (0.6\% + 0.04\%)] = 10\ 070.90(美元)$$
$$保险金额 = 10\ 070.90 \times (1 + 10\%) = 11\ 077.99(美元)$$

三、投保单的填制

1. 保险单的填写

投保单是投保人在投保时对保险标的及与有关事实的告知和陈述,也是保险人签发保险单和确定保险费的依据,因此,投保单的填写必须准确、真实。投保单的具体内容主要有以下几项:

(1)被保险人。被保险人是保险合同保障的对象。当以 CIF 或 CIP 条件出口时,应由出口方以投保人的身份办理保险,为能使自身承担的货物运输途中的风险得到保障,出口方应以本人作为被保险人。如果以 FOB、FCA 或 CFR、CPT 条件成交,则由进口方自行办理国际货运保险,投保人与被保险人一般均为进口方。

(2)发票号码和合同号码。此项确定保险保障的贸易货物的具体批号,主要是为了便于发生索赔时进行核对。

（3）包装数量。此栏需写明包装方式及包装的数量。

（4）保险货物项目。应填写保险货物的具体类别、名称，以便保险人确定适用的保险费率。

（5）保险金额。出口交易应按照贸易合同或信用证规定的加成计算得出的保险金额数值填写，且其末位进位成相对整数。进口交易按实际需要填写。保险金额的货币名称要与发票一致。

（6）装载运输工具。海运时应写明具体的船名，如果中途需转船，已知第二程船时应打上船名，如果第二程船名未知，则只需打上转船字样（With Transshipment）。集装箱运输应打明（Container Shipment），采用集装箱运输，保险费率低于一般的散货船运输。如采用联运时，应写明联运方式。由于保险公司对船龄超过15年的船舶所载货物的运输保险要加收保险费，所以投保人应事先在投保时作出说明。

（7）航次、航班。应写明船舶航行的航班、航次。

（8）开航日期。一般应注明"按照提单"，或注明船舶的大致开航日期。

（9）运输路线。填写起始地和目的地名称。中途如需转运，则应注明转运地。若到目的地后，需转运内陆，应注明内陆地名称。如果到达目的地的路线不止一条，要填写经过的中途港（站）的名称。

（10）承保险别。填写投保何种保险险别（包括主险和附加险），还应注明采用何种条款。投保人如果对保险条款有特殊要求，应予注明，以便保险人考虑接受与否。

（11）赔款地。通常在目的地支付赔款，如果被保险人要求在目的地以外的地方赔款，应予注明。

（12）投保人签章及企业名称、电话、地址。

（13）投保日期。出口方投保时，投保日期应在船舶开航日期或货物起运日期之前。

2. 投保时应注意的事项

投保人在办理保险手续时，应注意以下几点：

1）投保时所申报的情况必须属实

保险合同的双方当事人在订立和履行合同时，必须以最大的诚意履行约定义务，恪守承诺，互不欺骗，互不隐瞒。如果投保人对重要事项故意不告知，或投保人对重要事项的告知有错误或不全面，则保险人有权解除合同，并且不退还保险费，合同解除前发生保险事故，造成损失的，保险人不负赔偿责任。

2）尽可能投保到内陆目的地

如果货物运往的目的地在内陆，在投保时应将保险期限的终止地指定为内陆目的地，尤其采用海运方式时，不能只投保到目的港，以保证货物的全部运输过程均能得到保险保障。

3）特殊要求的处理

在出口业务中，如果进口方对保险有特殊要求，出口方应事先征得保险公司同意，方可接受进口方的要求。

4）投保单的内容必须同贸易合同及信用证上的有关规定相一致

（1）来证规定的承保范围过大或要求特殊，保险人不能接受的。

（2）来证规定的保险责任范围大于贸易合同规定，但保险人可以接受的。

（3）来证所列保险条款和贸易合同中的保险条款虽然保险责任相同，但在用词、编排上有所不同，或来证对保险责任作了进一步解释。

（4）来证要求的保险责任小于贸易合同的规定。

（5）来证要求采用国外条款。

第二节　国际货物运输保险承保实务

国际货物运输的承保是指保险公司对投保人填写投保单进行风险评估、费率确定及签发保险单的过程。承保是保险人与被保险人签订保险合同的过程，一般来讲，承保工作包括将一笔业务承揽下来要做的全部工作，如风险因素的评估、保单的缮制、费率的确定、危险的控制与分散等。

一、保险单的缮制、批改和转让

1. 保险单的缮制

保险单是保险公司根据投保人提供的投保单的内容而制作的，因此保险人在接受投保后，所缮制的保险单内容应与投保单一致，以满足投保人对保险的要求。

保险单一般均应包括下列事项：

（1）保险公司名称。保险单最上方均事先印上保险公司的名称。

（2）保险单名称。

（3）保险单号次（POLICY No.）。这是保险公司按出单顺序对保险单进行的编号。

（4）被保险人名称（THE INSURED）。

（5）发票号与唛头（INVOICE Nos. & MARKS）。填写发票号码，一般还应将发票上所标的唛头打上。这是因为保险索赔时必须提供发票，两种单据可以相互参照。

（6）包装及数量（QUANTITY）。

（7）保险货物项目（DESCRIPTION OF GOODS）。一般按投保单打制，应与发票相符。

（8）保险金额（AMOUNT INSURED）。

（9）保费（PREMIUM）。一般只打"按照约定（AS ARRANGED）"。但若信用证要求标明保费及费率，则应打上具体保费金额和保险费率。

（10）装载运输工具（PER CONVEYANCE S.S）。按投保单上记载打上船名和航次，如船名未知，打"TO BE DECLARED"。

（11）开航日期（SAILING ON OR ABT.）。一般打上"按所附提单（AS PER B/L）"，表明以提单为准，或打上具体时间。

（12）运输起讫地（FROM…TO…）。按投保单填写。

（13）承保险别（CONDITIONS）。此栏具体载明保险公司承担的保险责任，要求全面、详细而准确，根据投保单上的要求而制定。

（14）保险公司在目的地的检验、理赔代理人名称及详细地址、电话号码等内容。

（15）赔款偿付地点（CLAIM PAYMENT AT/IN）。一般以目的地为赔款偿付地，不能把国家名称作为赔付地点。

（16）保单签发日期（DATE）。应不迟于运输单据日期，因为银行不接受迟于运输单据日期的保单。实务中一般以投保单上的日期为保单签发日期。

（17）保险公司代表签名（GENERAL MANAGER）。

2. 保险单的批改

在保险单签发后，在保险期限内，投保人或被保险人如果需要对保险单内容进行变更和修改，应以书面形式向保险人申请批改。通常只要不超过保险条款规定允许的内容，保险人都会接受。如果涉及扩大承保责任或增加保险金额，一般也是可以的，但必须在被保险人不知有损失事故发生的情况下，在抵达目的地之前申请办理，并需加缴一定的保费。

保险人批改保险单一般采用签发批单的方式进行。保险人签发的批单，一般应贴在原保险单上，构成原保险单的一个组成部分，批改的内容如与保险合同有抵触的地方，应以批单为准。

3. 保险单的转让

保险单的转让主要是指保险单权利的转让，也就是被保险人把保险合同所赋予的损害索赔权以及相应的诉讼权转让给受让人。

根据各国保险法或海商法，关于保险单的转让一般有以下规定：

（1）海运货物保险单可以不经保险人的同意而自由转让，船舶保险单则必须征得保险人的同意，才能转让。

（2）海上保险单的转让，必须在保险标的所有权转移之前或转移的同时进行。

（3）在海上保险单办理转让时，无论损失是否发生，只要被保险人对保险标的仍然具有可保利益，保险单均可有效转让。

（4）保险单的受让人只能享有与原被保险人在保险单下享有相同的权利和义务。

（5）保险单转让后，受让人有权以自己的名义向保险人进行诉讼，保险人也有权如同对待原被保险人一样，对保险合同项下引起的责任进行辩护。

（6）保险单的转让，可以采取由被保险人在保险单上背书或其他习惯方式进行。

二、保险费的确定

1. 保险费计算公式

被保险人投保时，需向保险人缴纳一定数额的保险费，保险合同才能生效。保险费是保险人经营业务的基本收入，也是保险人所掌握的保险基金的主要来源。每个被保险人应交付的保险费是以投保货物的保险金额为基础，按一定的保险费率计算出来的，其计算公式为

$$保险费 = 保险金额 \times 保险费率$$

如果是按 CIF 加成投保，上述公式可改为

保险费 = CIF(1 + 加成率) × 保险费率

例 某外贸公司按 CIF 条件出口一批货物，CIF 总值为 5 000 万美元，按发票金额加成 10% 投保一切险、战争险，应付保险费多少？（一切险费率为 0.3%，战争险费率为 0.04%）

保险金额 = CIF 总值 × 110% = 5 000 × 110% = 5 500 万美元

保险费 = 保险金额 × 保险费率 = 5 500 × (0.3% + 0.04%) = 18.7 万美元

2. 保险费率的计算

保险费率是保险人以保险标的的危险性大小、损失率高低、经营费用多少等因素为依据，按不同商品、不同目的地及不同的投保险别加以规定。保险费率并不是绝对的，而是随着市场的供求关系和市场的供求变化，经常发生变化。

我国的进出口货物的保险费率是根据我国货物运输的实际货损情况，并参照国际保险市场的费率水平制定的。出口货物和进口货物的保险费率的确定方式基本相同，下面着重介绍我国出口货物保险费率的构成。目前，我国出口货物费率包括如下几项：

1）一般货物费率

一般货物费率适用于所有的出口货物。凡投保货运保险的货物均需按此项核定基本保险费，它并不具体针对某种货物，而是根据运输方式、基本险和目的地的不同而确定的费率。

一般货物费率按运输方式可分为海运、陆运、空运和邮包运输 4 种。海运的一般货物费率按基本险别即平安险、水渍险和一切险分为 3 种，每种险别又按目的地所在洲、国家或地区的不同而确定相应费率。陆运、空运和邮包运输各有两种基本险别，其一般货物费率的确定也遵循上述规定，根据主险和目的地来确定适用的费率。海运保险的一般货物费率表如表 14.1 所示。

表 14.1 一般货物费率表

洲别	目的地	险别 平安险	水渍险	一切险
亚洲	中国港、澳、台地区，日本，韩国	0.08	0.12	0.25
	泰国，新加坡	0.15	0.20	0.60
北美洲	美国，加拿大	0.15	0.20	0.50

2）指明货物加费费率

指明货物加费费率是针对易损货物加收的一种附加费率。由于这些货物在运输过程中的损失率高于一般货物，所以专门列出其名称并规定具体的加费费率。

凡属于指定货物加费费率项中的货物，无论使用何种运输方式，如果投保一切险，在计算保险费率时均需在一般货物费率的基础上，再按此项加费规定加收保险费。指明货物加费费率表如表 14.2 所示。

表 14.2 指明货物加费费率表

货物	加费	备注
散装、袋装大米、豆类	0.30	扣短量免赔率 0.5%
花生果、仁	1.00	

3）货物战争、罢工险费率

货物战争、罢工险费率实际上仅规定了战争险费率，而且不管采用何种运输方式，费率均相同。罢工险如果和战争险一起加保，只按战争险费率计收，不另加收；如果单保罢工险，则按战争险费率计收。在保险货物航程经过地区的战争或罢工风险发生变化时，保险人有权随时调整原定的战争、罢工险费率。

4）其他规定

对其他导致投保风险变化的具体情况或特殊情况所制定的加费或减费规定，具体包括以下几项：

（1）一般附加险加费。一般附加险应在平安险或水渍险的基础上加保。费率应按一切险费率的一定比例另行加收，加费比例依据加保的附加险是否所保货物的主要风险而有所区别。

（2）特殊附加费。这是指对除一切险之外的附加特殊险别的加费规定。特殊附加险费率根据加保的附加险的险别而定。例如，进口关税险按投保的基本险费率的70%收费；交货不到险的费率一般为2%左右。

（3）舱面险加费。舱面货一般只在平安险或水渍险的基础上加保舱面险，费率按主险的50%计收。如果在一切险基础上加保舱面险，按一切险费率100%加收舱面险费率。

（4）内陆运输加费。当保险起运地或目的地在海运港口以外的内地时，投保一切险视具体情况加收一定的费率。如果投保平安险或水渍险并不加费。

（5）延长保险期限加费。当货物保险的保险期限终止后还要求延长保险期限的，根据延长的时间加收一定费率。

（6）转运加费。运输途中发生转船、转车或转机时，按具体风险损失情况决定是否加费。

（7）免赔率增减计费。凡指明货物表内规定有免赔率的，如果投保人要求降低或增加免赔率，应按一定标准加收或减收保险费。

（8）贵重商品保险计费。保险货物已向承运人声明价值并支付从价运费的，视为贵重商品。按费率表的规定给予折扣优待。但战争、罢工险不享受这种优待。

（9）国内运输收费。如国外商人只要求投保在我国国内的运输险，按有关港澳地区的规定收费。

总之，计算出口货物费率时，应根据投保险别、货物情况、运输工具、目的港以及运输中其他的情况综合考虑，从上述4类费率中选择适合的费率。

当然，根据费率表计算得出的保险费并不一定是实际业务中的最终适用的费率，保险人一般需根据国际和国内保险市场的竞争情况以及货物的货损情况在一定幅度内进行调整。

第三节　国际货物运输保险索赔实务

被保险货物遭受损失后，被保险人应按规定办理索赔手续，向保险人要求赔偿。保险人在接到被保险人的索赔要求后，对被保险货物的损失赔偿要求的处理称为理赔。

一、国际货运保险的索赔程序

索赔时，被保险人对保险标的必须具有保险利益。以海运为例，若以 CIF 条件成交，货物的损失若是发生在起运港装上海轮之前的运输途中，应由卖方向保险公司索赔；如果货物的损失发生在装上海轮之后，根据保险利益原则的规定，应由买方向保险公司进行索赔。国际货运保险项下的货物遭受损失后，被保险人应按以下程序提出索赔：

1. 损失通知

被保险人获知货损一般有两种情况，一是货物在运输途中因运输工具遭遇到意外事故，例如卡车倾覆、船舶触礁等而受损，由于这种情况下货损情况往往比较严重，被保险人通常在事发后很快就能得悉。二是货物在起运前后虽然因各种原因而受损，但往往由于损失程度较轻或从外表无法察觉，直到货物运抵目的港，被保险人在提货时，甚至进入收货人的最后仓库时才能发现。不管属于何种情况，一旦获悉保险货物受损，被保险人就应立即向保险人或其指定的代理人发出损失通知。被保险人若没有及时进行损失通知，保险人有权拒绝理赔。如果有特殊原因致使被保险人无法在规定的期限内发出损失通知时，被保险人应及时向保险人申请延期通知。

2. 申请检验

被保险人在向保险人或其代理人发出损失通知的同时，也应向其申请货物检验。货物的检验对查清损失原因、审定责任归属是极其重要的，因而被保险人应及时申请检验，如果延迟检验，不仅会使保险人难以确定货损是否发生在保险有效期内，而且可能导致损失原因无法查明，影响责任的确定。特别当被保险人在货物运抵目的地的最后仓库才发现货损时，被保险人更应尽快地向保险人申请检验，以便确定损失是否是在运抵最后目的地仓库前，即在保险期限内发生的。各国的保险人对货物的损失通知和申请检验均有严格的时间限制，我国的保险公司一般要求申请检验的时间最迟不能超过保险责任终止后 10 天。当然，如果是因为被保险人无法控制的原因导致申请检验时间超过了规定的期限，保险人还是应根据实际情况予以受理。

3. 提交索赔单证

被保险人在向保险人或其代理人索赔时，应提交索赔必需的各种单证。按照我国货物运输保险条款的规定，被保险人在索赔时应提供保险单正本、提单、发票、装箱单、磅码单、货损货差证明、检验报告及索赔清单。如果涉及第三者责任，还须提供向责任方追偿的有关函电及其他必要单证或文件。

此外，如果损失涉及承运人、港口或车站等第二者责任，被保险人还应提交向责任方索赔的函电等文件的留底或复印件，以证明其已向责任方追偿，维护了保险人的代位求偿权。如果船舶在航行途中遭遇海事，被保险人还应提交海事报告摘录书或海事声明书，以证明货损与海事有关，保险人则据此审定自己的责任。总之，保险人可根据损失情况和理赔需要，要求被保险人提供与保险标的及海损事故有关的资料和证明，被保险人按规定提交所需单证后，由保险人审定事故的责任，决定赔付与否及确定具体赔款额，保险人应及时理赔并给付赔款。

二、被保险人应履行的义务和注意事项

1. 对受损货物应采取积极措施，防止或减少损失

对于已发生损坏的货物，若损失可能进一步扩大，被保险人应立即采取必要的措施防止损失扩大。依据《海商法》《保险法》及保险条款的有关规定，一旦保险事故发生，被保险人应采取必要的合理的措施，防止或减少损失。被保险人收到保险人发出有关采取防止或减少损失的合理措施的特别通知后，应当按照保险人通知的要求处理。若被保险人违反了上述规定而造成货物损失的扩大，保险人对扩大的损失部分不负赔偿责任。

2. 向有关责任方索赔

被保险人或其代理人在提货时发现货物受损，一方面应立即向保险人申请损失检验，另一方面应立即将损失情况通知有关责任方，并向其追偿损失。

此外，被保险人应在规定的索赔期限内向责任方提出索赔，并保留追偿权利，必要时还应申请延时索赔时效。如果被保险人未及时向责任方索取损失证明和进行损失通知，可能导致诉讼时效过期，最终会影响被保险人对保险人的索赔权。

第四节 国际货物运输保险理赔实务

公司保险理赔是指保险人在接到被保险人的损失通知后，通过对损失的检验和必要的调查研究，确定损失的原因、损失的程度，并对责任归属进行审定，最后计算保险赔款金额并给付赔款的一系列过程。

一、确定损失原因

对货物进行检验时，很重要的一项任务就是确定损失的原因。根据近因原则的规定，保险人只对近因属于承保风险而导致的损失予以负责。由于实际事故中，货物损失的情况多种多样，造成损失的原因也复杂不一，因而首先需要从若干致损原因中找出损失的近因，然后才能确定损失是否属于保险责任。在实践中，导致运输货物损失的原因主要有以下几种情况。

1. 货物原残

所谓原残，是指货物因本身缺陷造成的损失，包括货物在生产、制造、加工、装配、包装以及在起运前存放、转运过程中造成的损失，或货物品质、包装、数量等不符合买卖合同规定或国际惯例、不适合长途运输所造成的损失。由于原残属发货人责任所致，是保险除外责任，保险人不予负责。此时收货人应及时向有关机构申请检验，凭检验机构的检验报告及其他索赔单证向发货人直接索赔。

2. 货物在运输途中的受损

从损失的表现形式看，货物在运输途中的损失大致有以下几种：

（1）水渍损失。水渍损失是一种常见损失。采用海运方式时，造成水渍损失的原因有海水、淡水和舱汗3种。

（2）短量、短少损失。包装货整件短少的原因主要有3种，一是途中发生共同海损而被抛弃，二是被人整件窃走，三是在装卸时整件坠落引起。

（3）碰损、破碎损失。碰损、破碎可能因运输工具遭遇事故剧烈颠簸震动所致，或是装卸时未按规定操作或野蛮装卸所致，还可能因承运人配载不当或是包装不当所致。

此外，货物在运输途中还可能遭受火灾损失、串味损失、沾污损失等等，均须根据实际情况确定损失原因。

二、保险责任审定

在确定损失原因之后，保险人应根据保险条款中的保险险别及保险期限等规定，确定损失是否属于保险责任。

1. 险别责任的审定

每一份保险单都明确规定所承保的险别（包括主险和附加险）及适用的保险条款，保险人应以保险条款为依据，确定损失是否属承保责任。例如，运输货物按照我国《海洋运输货物保险条款》投保平安险，如果根据检验结果及被保险人提交的海事声明书可确定因船舶在运输途中遇台风导致货物部分被水浸湿，据保险条款规定可知货物因恶劣气候而致的部分损失不属平安险的承保责任，故保险人应予拒赔。

2. 保险期限的审定

对保险期限，主要审查保险事故是否发生在保险合同有效期内。

首先，应查看保险单中被保险人的名称。一般来说，卖方作为被保险人时，保险责任自货物运离发货人仓库起即开始；买方作为被保险人时，根据保险利益原则，保险责任自买方承担运输风险后才开始。

其次，应审查货物的损失是否发生在正常运输过程中。如果运输途中出现绕道、中途被迫卸货、转载等非正常运输现象，可能会增加保险人承担的风险。由于这些情况并不是被保险人所能控制的，所以保险人一般应予负责，但一般在保险条款中规定若发生非正常运输情况，被保险人应及时通知保险人，并在必要时加缴保险费。

再次，应注意保险单中的责任起讫地点。例如，采用海洋运输时，有时货物在目的港卸下后，还需转运至内陆目的地。如果保险单中载明的目的地为港口所在地，则在内陆运输发生的损失不在保险期限内，保险人无需负责。最后，保险单中如果没有特别载明，海运时货物在目的港卸离海轮满60天，陆运时货物运抵最后卸载的车站满60天，空运时货物在最后卸离地卸离飞机满30天，保险责任即终止。但如果被保险人要求延长保险期限，保险人已在保险单中予以确认的，则应按保险单的规定办理。

3. 被保险人义务的审定

由于保险合同是最大诚信合同，所以被保险人应履行合同中规定的告知、保证义务，否则保险人可以拒赔甚至解除保险合同。具体地说，首先，被保险人对保险标的及相关重要事实的告知必须是真实的，如果被保险人为少付保险费或为让保险人接受其投保申请等原因而故意隐瞒重要事实，保险人一旦获悉真情，即可解除保险合同，而且对发生的损失均不负责。其次，被保险人如果作了保证，则应自始至终遵守其所作的承诺，一旦违反合同中的保证条款，保险人即有权解除保险合同，但对被保险人在违反保证之前发生的保险事故损失，保险人应予负责。再次，如果在合同有效期间，保险货物危险程度增加，被保险人应及时通知保险人。

另外，保险人还应审定被保险人在事故发生后是否尽力采取措施，防止损失扩大，否则，保险人对扩大的损失部分有权拒赔。

三、计算赔偿金额

保险货物发生事故时，如果确定损失属于保险责任，保险人应当及时向被保险人进行经济补偿。我国《保险法》第23条明确规定，保险人收到赔偿请求后，应当及时核定，如属保险责任，应在同被保险人达成保险赔偿协议后10日内，支付保险赔款，否则保险人应当赔偿被保险人因此受到的损失。如果案情较复杂，保险人自收到赔偿请求及有关资料60天内不能确定赔偿金额的，应当根据已有证明和资料可以确定的最低数额先予支付，最终确定赔款后，应支付相应差额。

1. 货物损失的赔付

国际货物运输保险一般采用定值保险方式，一旦发生损失，保险人以保险金额为限计算保险赔款，并且不同的损失情况下，赔付也不一样。

1）全部损失

如果货物发生实际全损，或发生推定全损时被保险人进行委付，保险人也接受委付，只要保险金额不超过约定的保险价值，保险人按保险金额给予全额赔偿，而不管损失当时货物的完好市价如何。如果货物尚有残值，则归保险人所有。

2）单独海损

如果货物因保险事故遭受部分损失，则须按损失的程度或数量确定损失比例，然后计算保险赔款。

数量（重量）短少，计算公式为

$$保险赔款 = 保险金额 \times 损失数量(重量)/保险货物总数量(重量)$$

例如，出口货物共100袋，每袋重50 kg，已按我国海运货物条款投保海运一切险，保险金额为2万美元，运输途中减少200 kg，问保险公司如何赔付？

$$赔款额 = 20\,000 \times \frac{200}{100 \times 50} = 800 \text{ (美元)}$$

质量损失，计算公式为

$$赔款额 = 保险金额 \times (货物完好价值 - 货物受损后价值)/货物完好价值$$

例如，某公司出口一批货物，按我国海运货物条款投保海运一切险，保险金额 10 000 美元，在途中遭海浪袭击，被迫以 7 500 美元降价售出，该批货物完好价为 15 000 美元，试计算保险赔款。

$$赔款额 = 10\ 000 \times \frac{15\ 000 - 7\ 500}{15\ 000} = 5\ 000(美元)$$

需要注意的是，货物完好价值和货物受损后价值必须是同一地点的市场价，否则因为货物在世界各地的市场价并不一定相同，会导致两者之间缺乏可比性。在实际业务中一般以货物运抵目的地检验时的市价作为计算时的数据，但如果受损货物在中途被处理，并不继续运往目的地，则以处理货物所在地的市价为准。如果难以确定当地市价，经协议也可按发票价值计算，公式为

$$赔款额 = 保险金额 \times 按发票价值计算的损失额 / 发票金额$$

例如，出口一批粮食，发票金额为人民币 1 000 000 万，按我国海运货物条款投保海运一切险，人民币保险金额为 1 200 000 元，运输途中损失一部分，按发票计算损失金额为人民币 100 000 元，试计算保险赔款。

$$赔款额 = 1\ 200\ 000 \times \frac{100\ 000}{1\ 000\ 000} = 120\ 000(元)$$

3）规定有免赔率时的货物损失

对易碎、易损、易耗的货物的保险，保险公司往往规定有免赔率。免赔率的高低由各公司根据商品种类的不同而定，我国各保险公司采用的是绝对免赔率，即无论货物损失程度如何，对于免赔率额度内的损失，保险公司均不予负责。

例如，出口一批散货，共 200 箱，按我国海运货物条款投保海运一切险，保险金额为 10 万美元，运送过程中 10 箱受损，保险合同规定的扣短量免赔率为 2%，问保险公司如何赔付？

$$受损率 = \frac{10}{200} \times 100\% = 5\%$$

$$赔款额 = 100\ 000 \times (5\% - 2\%) = 3\ 000(美元)$$

4）修复时的赔偿

如果货物遭遇损失后，需要进行修复以维持原状，此时对合理的修理恢复费用，保险人一般在保险金额内予以赔偿。

5）共同海损

如果发生共同海损，无论投保何种险别，保险人对共同海损的牺牲和费用都负责赔偿。对保险货物的共同海损的牺牲，由保险人先按实际损失予以赔付，然后参与共同海损的分摊，摊回部分归保险人所有。被保险人可以提前得到保险赔偿，而且不受共同海损分摊价值的影响。

如果保险货物本身没有发生共同海损牺牲，但需要承担共同海损费用或其他方的共同海损牺牲的分摊，一般先由保险人出具共同海损担保函，待分摊完毕后，保险人对分摊金额予

以赔付。由于共同海损分摊价值和保险金额不一定相等，故保险人的赔偿金额有所调整，按我国《海商法》第241条规定，保险金额低于共同海损分摊价值的，保险人按照保险金额和共同海损分摊价值的比例赔偿共同海损分摊。

6）连续损失

连续损失是指货物在保险期内发生几次保险事故造成的损失。我国《海商法》第239条规定，保险标的在保险期内发生几次保险事故所造成的损失，即使损失金额的总和超过保险金额，保险人也应当赔偿。但是对发生部分损失后未经修复又发生全部损失的，保险人按照全部损失赔偿。

保险货物在同一航程发生连续损失时，如果在中途并未对受损货物进行处理或修理的，以到目的地（港）后所确定的货物损失程度按全部损失或部分损失金额予以赔偿。

如果货物在航行中因承保风险发生损害后，途中即支付一定费用对其进行处理或修复，其后在继续航行时，该货物又因承保风险而受损，保险人应对每次货物的损失均负赔偿责任，赔偿总额应为每次损害额之和。

如果货物遭遇保险事故而致部分损失后，在没有处理的情况下，又因为遭受非承保风险而导致全部损失，我国《海商法》并没有明确规定保险人是否应对未处理损失负责赔偿，但根据保险的基本原则和实际做法，保险人得以免除责任，因为被保险人并未遭受实际损失，他不能因保险而获得额外利益。

2. 费用的赔付

一旦发生保险事故，除了货物的损失，往往还需支付各项费用，以避免损失扩大，或用来处理损余物，或继续完成航程，或用来对货物进行检验。这些费用包括施救费用、救助费用、续运费用、检验费用、出售费用及理算费用等。

对于上述费用的支出，保险人赔付的原则是如果货物损失属于保险责任，则对费用的支出予以赔付，否则保险人可以拒赔。根据我国《海商法》第240条规定，被保险人为防止或减少根据合同可以得到赔偿的损失而支出的必要的合理费用，为确定保险事故的性质、程度而支出的检验、估计的合理费用，以及为执行保险人的特别通知而支出的费用，应当由保险人在保险标的的损失之外另行支付。保险人对上述费用的支付，以相当于保险金额的数额为限。

对救助费用的赔偿，当救助费用可作为共同海损费用向保险人索赔时，如前所述，应适用我国《海商法》第241条的规定，由保险人赔偿其分摊额，当保险金额低于共同海损分摊价值的，保险人按照保险金额同分摊价值的比例赔偿共同海损分摊。在其他情况下，根据货物运输保险条款的规定，保险人应对救助费用予以赔偿，但救助费用的赔偿和保险货物本身的损失赔偿之和不能超过保险金额。

续运费用是指船舶遭遇海难后，在中途港、避难港由于卸货、存仓及运送货物产生的费用，这部分费用在各国货运条款中均将其列入承保责任，由保险人负责赔偿。出售费用则应作为货物损失的一部分，和保险货物本身的损失赔偿之和不能超过保险金额。

案例思考

2002年31日，我国A公司与泰国B公司签订一份化工原料进口合同，合同约定货物买卖数量为 10 000 t，单价为 CFR 中国上海港 200 美元/吨，支付方式为 100% 不可撤销即期信用证。合同第 11 条"桶装要求"中规定，到达目的地的破桶率不得超过 0.5%，桶壁厚度必须大于 0.85 mm。

2002 年年 8 月 7 日，承运人在泰国曼谷签发清洁已装船不可转让的记名提单，提单上载明发货人为 B 公司，收货人为某银行，通知人为 A 公司，装货港为泰国曼谷港，卸货港为中国上海港。

2002 年 8 月 1 日，A 公司向某保险公司投保该批货物的货运险，被保险人为 A 公司，承保条件为中国人民保险公司海洋运输货物条款的一切险，保险金额为 220 万美元。8 月 15 日，货物抵达上海港，A 公司发现货物受损严重，随后，A 公司与保险人分别委托商检公司和检验检疫局进行残损检验，商检公司认为本案货损是由于包装桶不适合长途运输引起的；检验检疫局出具的检验报告也认定本案中灌装化工原料的桶壁厚度只有 0.6 mm，不符合贸易合同的要求。

2003 年 1 月 14 日，被保险人 A 公司正式向保险人发出书面索赔函，认为货损属于保险责任，保险公司应向其赔付保险金。而保险公司则认为：本案中记名提单项下的收货人为某银行，且记名提单不可转让，而提单是物权凭证，因此该批货物属于某银行所有，A 公司不具有保险利益，无索赔权；而且本案货损原因是属于保单除外责任，因此保险人不应承担保险责任。

请问保险公司是否可拒绝赔偿？

解析：

（1）关于 A 公司是否具有保险利益的问题。根据保险利益的定义可知，判断被保险人是否具有保险利益的标准是其"是否会因为保险标的物的损毁而可能受到经济损失"。本案中，该批货物采取了 CFR 价格术语，根据《2000 年通则》的规定，货物毁损灭失的风险在装运港越过船舷时由卖方转移给了买方 A 公司，此后，A 公司由于承担了货物毁损灭失的风险，有可能因该批货物的损毁而遭到经济损失。因此，作为风险承担者的 A 公司对该批货物具有可保利益，具有索赔权。而本案中的银行虽然是该批货物的所有权人，但根据信用证的业务特点，其并不需要承担货物毁损灭失的风险，因此一旦银行全额兑付了信用证，则无论货物是否毁损灭失，A 公司都有义务向银行支付全额的货款，所以银行对此货物并无保险利益。

（2）本案发生货损原因是否属于除外责任，根据中国人民保险公司《海洋运输货物保险条款》第三条"除外责任"的规定，属于发货人责任引起的损失不属于保险人的责任。本案中，在事故发生后，A 公司与保险人分别委托商检公司和检验检疫局进行残损检验。商检公司的检验报告认为本案货损是由于包装桶不适合长途运输引起的；检验检疫局出具的检验报告也认定本案中灌装化工原料的桶壁厚度只有 0.6 mm，不符合贸易合同的要求。上述两个报告均认为包装桶存在严重缺陷，此缺陷明显属于发货人的责任，根据保险条款的规定，属于发货人责任引起的损失不属于保险人的责任，因此保险人对此损失无须赔偿。

思考题

1. 保险人承保工作包括哪几个主要环节？

2. 在办理投保时，如何选择保险险别？
3. 保险单的缮制应包括哪些内容？
3. 国际货运保险的保险金额和保险费如何计算？
4. 保险货物遭受损失后，被保险人进行索赔时应该注意哪些问题？
5. 什么是保险理赔？理赔包括哪些环节？
6. 保险人在理赔时如何审定保险责任？

计算题

1. 我国以 CIF 合同规定按发票金额 110% 投保一切险和战争险，如出口发票金额为 15 000 美元，一切保险费率为 0.6%，战争险保险费率为 0.03%。试问：保险金额是多少？应付保险费多少？

2. 某商品出口报价为 CIF San Francisco 每吨 2 000 美元，按发票金额的 110% 投保，投保费率合计为 0.6%，客户要求按发票金额的 120% 投保，请问我方应改报多少？

3. 一批货物共计 100 箱，保险金额 1 000 000 美元，货物受损后只能按六折出售，当地完好价值为 120 000 美元，计算保险人应该支付的赔偿金额。

4. 一批货物共计 100 箱，保险金额 1 000 000 美元，共有 20 箱受损，按当地完好价值的每箱 1 200 美元的六折出售，计算保险人应该支付的赔偿金额。

5. 一批货物共计 100 箱，保险金额 1 000 000 美元，货物受损后只能按六折出售，当地完好价值为 120 000 美元，并且在出售中支付费用 12 000 美元，计算保险人应该支付的赔偿金额。

附 录

中华人民共和国出口货物报关单

预录入编号：　　　　　　　　　　　　　　海关编号：

出口口岸		备案号	出口日期	申报日期
经营单位		运输方式	运输工具名称	提运单号
发货单位		贸易方式	征免性质	结汇方式
许可证号		运抵国（地区）	指运港	境内货源地
批准文号	成交方式	运费	保费	杂费
合同协议号	件数	包装种类	毛重（千克）	净重（千克）
集装箱号	随附单据			生产厂家
标记唛码及备注				
项号　商品编号　商品名称、规格型号　数量及单位　最终目的国（地区）单价　总价　币制　征免				
税费征收情况				
录入员	录入单位	兹声明以上申报无讹并承担法律责任	海关审单批注及放行日期（签章）	
报关员			审单　　　　审价	
单位地址		申报单位（签章）	征税　　　　统计	
邮编　　　　电话		填制日期	查验　　　　放行	

单证样本——信用证（Letter of Credit）

Issue of a Documentary Credit		
		BKJPYUTYA08E SESSION: 000 ISN: 000000 BANK OFOSAKA NEWYORK NO. 216，AUMAHU，AKI_GUN，OSAKA，JAPAN
Destination Bank		XXXXXXXX BANK OF CHINA，NANTONG BRANCH 153，RENMING RD NANTONG CHINA TEL;0513-3578321
Type of Documentary Credit	40A	IRREVOCABLE
Letter of Credit Number	20	LGU-002156
Date of Issue	31G	010302
Date and Place of Expiry	31D	0103030 CHINA
Applicant Bank	51D	NEWYORK BANK，OSAKA
Applicant	50	YOUNGAN TRADING
Beneficiary	59	JIAHA INTER TRADING CO.， 60，NONGJU RD HAIAN JIANGSU，CHINA
Currency Code，Amount	32B	USD 26，520.00
Available with...by...	41D	ANY BANK BY NEGOTIATION
Drafts at	42C	AT SIGHT
Drawee	42D	NEWYORK BANK，OSAKA
Partial Shipments	43P	NOT ALLOWED
Transhipment	43T	NOT ALLOWED
Shipping on Board/Dispatch/Packing in Charge at/ from		
44A SHANGHAI		
Transportation to	44B	OSAKA，JAPAN
Latest Date of Shipment	44C	010320
Description of Goods or Services: 45A 100PCT RAYON DIASH CLOTH		

30SX30S/56X54/40X40CM 2PLY
CIF OSAKA
CHINA ORIGIN

Documents Required: 46A
1. SIGNED COMMERCIAL INVOICE IN 5 COPIES.
2. FULL SET OF CLEAN ON BOARD OCEAN BILLS OF LADING MADE OUT TO ORDER AND BLANK ENDORSED, MARKED "FREIGHT PREPAID" NOTIFYING ACCOUNT.
3. PACKING LIST/WEIGHT MEMO IN 4 COPIES INDICATING QUANTITY/GROSS AND NET WEIGHTS OF EACH PACKAGE AND PACKING CONDITIONSAS CALLED FOR BY THE L/C.
4. CERTIFICATE OF QUALITY IN 3 COPIES ISSUED BY PUBLIC RECOGNIZED SURVEYOR.
5. BENEFICIARY'S CERTIFIED COPY OF FAX DISPATCHED TO THE ACCOUNTEE WITH 3 DAYS AFTER SHIPMENT ADVISING NAME OF VESSEL, DATE, QUANTITY, WEIGHT, VALUE OF SHIPMENT, L/C NUMBER AND CONTRACT NUMBER.
6. CERTIFICATE OF ORIGIN IN 3 COPIES ISSUED BY AUTHORIZED INSTITUTION.
7. CERTIFICATE OF HEALTH IN 3 COPIES ISSUED BY AUTHORIZED INSTITUTION.

ADDITIONAL INSTRUCTIONS: 47A
1. CHARTER PARTY B/L AND THIRD PARTY DOCUMENTS ARE ACCEPTABLE.
2. SHIPMENT PRIOR TO L/C ISSUING DATE IS ACCEPTABLE.
3. BOTH QUANTITY AND AMOUNT 10 PERCENT MORE OR LESS ARE ALLOWED.

Charges	71B	ALL BANKING CHARGES OUTSIDE THE OPENNING BANK ARE FOR BENEFICIARY'S ACCOUNT.
Period for Presentation	48	DOCUMENTSMUST BE PRESENTED WITHIN 15 DAYS AFTER THE DATE OF ISSUANCE OF THE TRANSPORT DOCUMENTS BUT WITHIN THE VALIDITY OF THE CREDIT.
Confimation Instructions	49	WITHOUT

Instructions to the Paying/Accepting/Negotiating Bank: 78
1. ALL DOCUMENTS TO BE FORWARDED IN ONE COVER, UNLESS OTHERWISE STATED ABOVE.
2. DISCREPANT DOCUMENT FEE OF USD 50.00 OR EQUAL CURRENCY WILL BE DEDUCTED FROM DRAWING IF DOCUMENTS WITH DISCREPANCIES ARE ACCEPTED.

"Advising Through" Bank	57A	BANK OF CHINA, NANTONG BRANCH 135 RENMING RD NANTONG, CHINA TEL:0513-5341234

********other wordings between banks are omitted********

海运提单样本

1. Shipper Insert Name, Address and Phone	许可证号: JTL0008
	B/L NO.
2. Consignee Insert Name, Address and Phone	中远集装箱运输有限公司 COSCO CONTAINER LINES TLX: 33057 COSCO CN FAX: + 86(021)6545 8984
	ORIGINAL Port-to-Port or Combined Transport BILL OF LADING
3. Notify Party Insert Name, Address and Phone (It is agreed that no responsibility shall attach to the Carrier or his agents for failure to notify)	RECEIVED in external apparent good order and condition except as other-wise noted. The total number of packages or units stuffed in the container, the description of the goods and the weights shown in this Bill of Lading are furnished by the Merchants, and which the carrier has no reasonable means of checking and is not a part of this Bill of Lading contract. The carrier has issued the number of Bills of Lading stated below, all of this tenor and date, one of the original Bills of Lading must be surrendered and endorsed or signed against the delivery of the shipment and whereupon any other original Bills of Lading shall be void. The Merchants agree to be bound by the terms and conditions of this Bill of Lading as if each had personally signed this Bill of Lading. SEE clause 4 on the back of this Bill of Lading (Terms continued on the back hereof, please read carefully) * Applicable Only When Document Used as a Combined Transport Bill of Lading.
4. Combined Transport* Pre-carriage by	5. Combined Transport* Place of Receipt
6. Ocean Vessel Voy. No.	7. Port of Loading
8. Port of Discharge	9. Combined Transport* Place of Delivery

Particulars Furnished by Merchants

Marks & Nos. Container/Seal No.	No. of Containers or Packages	Description of Goods (If Dangerous Goods, See Clause 20)	Gross Weight Kgs	Measurement
		Description of Contents for Shipper's Use Only (Not part of This B/L Contract)		

10. Total Number of containers and/or packages (in words)
    Subject to Clause 7 Limitation

11. Freight & Charges	Revenue Tons	Rate	Per	Prepaid	Collect
Declared Value Charge					

Ex. Rate:	Prepaid at	Payable at	Place and date of Issue
	Total Prepaid	No. of Original B(s)/L	Signed for the Carrier, COSCO CONTAINER LINES

LADEN ON BOARD THE VESSEL
DATE   BY
(COSCON STANDARD FORM9803)

CNS01 0165305

装运通知

Contract no.	: CH/99/66.809
L/C no.	: LC84E0074/99

SHIPPING ADVICE

To	Dalian Weida Trading Co., Ltd. No. 10 Yunming Road Xigang District Dalian, China
From	Deling Trade bv P.O. Box 100 3700 GC Bunsten Holland
Commodity	DEMINERALIZED WHEY POWDER
Packing conditions	As called for by the L/C 4760 25kg in 4-ply paper sacks with inner polyethylene liner and big bags in 7x 20'containers
Quantity	119.00 Mt
Gross weight	121380 kgs
Net weight	119000 kgs
Total value	USD1118860.00

Please be informed that these goods have been shipped from Rotterdam to Dalian with mv Sea Nordica and Lindoe Maersk.
Shipment date September 15, 1999.

B/L no.	SEAU871107101

We herewith certify this message to be true and correct.

Deling Trade bv
as beneficiary

Bunsten, September 17, 1999

装箱单

成都新华维国际贸易有限公司 ** ORIGINAL **

CHENGDU NEW HUAWEI INTL TRADE CO.

RM 1003, 10/F HUADA TRADE MANSION, NO.266 WUHOUCI STR.
CHENGDU 610041 CHINA
TEL: 86 28 85540933   FAX: 86 28 85587730
EMAIL: export@newhuaweitrade.com
URL: http://www.newhuaweitrade.com

TO: PENKOR ENTERPRISE

NO.27,LORONG PERDA UTAMA 7,BANDAR PERDA

14000 BUKIT MERTAJAM,SEBERANG PERAI

PENANG,MALAYSIA

TEL:604-6212679

FAX:604-6212678

NO.: 23E19

DATE: August 4, 2003

PRODUCT: POLYIMIDE FILM

Polyimide film

0.05mmx100mmx777m(2rolls)11.1kg   155.4M2

0.075mmx55mmx500m(7rolls)20.63kg 192.5M2

0.075mmx125mmx500m(7rolls)46.87kg437.5M2

0.125mmx71mmx300m(3roolls)11.41kg 63.9M2

0.125mmx100mmx300m(1roolls)5.35kg   30M2

0.125mmx125mmx300m(1roolls)6.7kg   37.5M2

total net weight 102.05kgs,

  square meters 916.8M2

PACKING: 21 ROLLS/4 CARTONS

SIZE: 590mmX290mmX330mm 4 CARTONS

TOTAL   NET   WEIGHT: 102.05KGS

TOTAL GROSS WEIGHT: 114KGS

TOTAL   MEASUREMENT: 0.22CBM

Signature:

提 货 单
DELIVER YORDER

_____地区、场站 收货人/通知方:	SAME AS CONSIGNEE TO ORDER OF QINGDAO MATSUDA	年____月____日
船名 UMEKO	航次 0084W	起运港神户	目的港青岛
提单号 COSU7200700773	交付条款 CFS-CFS	到付海运费	合同号
卸货地点	到达日期 23/03/2004	进库场日期	第一程运输
货名	MATERIAL OF SWITCH	集装箱号/铅封号	
集装箱数	1×20'	CBHU00164290	101462
件数	10 PACKAGES		
重量	232.00KG		
体积	4.03M3		
标志 CF20130GF QMCOM PSW0300 C/NO. 1-10			

请核对放货

青岛中远集装箱船务代理有限公司

凡属法定检验、检疫的进口商品,必须向有关监督机构申报。

| 收货人章 | 海关章 | | |

附 录

《国际货协》运单

航空运单

Shipper's Name and Address	Shipper's Account Number		
		Not Negotiable **Air Waybill** Issued by	中国国际航空公司 **AIR CHINA** BEIJING CHINA

Copies 1, 2 and 3 of this Air Waybill are originals and have the same validity

Consignee's Name and Address	Consignee's Account Number
	It is agreed that the goods described herein are accepted for carriage in apparent good order and condition (except as noted) and SUBJECT TO THE CONDITIONS OF CONTRACT ON THE REVERSE HEREOF. ALL GOODS MAY BE CARRIED BY ANY OTHER MEANS INCLUDING ROAD OR ANY OTHER CARRIER UNLESS SPECIFIC CONTRARY INSTRUCTIONS ARE GIVEN HEREON BY THE SHIPPER. THE SHIPPER'S ATTENTION IS DRAWN TO THE NOTICE CONCERNING CARRIER'S LIMITATION OF LIABILITY. Shipper may increase such limitation of liability by declaring a higher value for carriage and paying a supplemental charge if required.

Issuing Carrier's Agent Name and City	Accounting Information
Agent' IATA Code	Account No.	

Airport of Departure (Addr. of First Carrier) and Requested Routing

To	By First Carrier	Routing and Destination	to	by	to	by	Currency	CHGS Code	WT/VAL PPD COLL	Other PPD COLL	Declared Value for Carriage	Declared Value for Customs

Airport of Destination	Flight/Date	For Carrier Use Only	Flight/Date	Amount of Insurance	INSURANCE-If carrier offers insurance, and such insurance is requested in accordance with the conditions thereof, indicate amount to be insured in figures in box marked "Amount of Insurance"

Handling Information

(For USA only) These commodities licensed by U. S. for ultimate destination. Diversion contrary to U. S. law is prohibited

No. of Pieces RCP	Gross Weight	kg lb	Rate Class Commodity Item No.	Chargeable Weight	Rate/Charge	Total	Nature and Quantity of Goods (incl. Dimensions or Volume)

Prepaid	Weight Charge	Collect	Other Charges
	Valuation Charge		
	Tax		
	Total Other Charges Due Agent		Shipper certifies that the particulars on the face hereof are correct and that insofar as any part of the consignment contains dangerous goods, such part is properly described by name and is in proper condition for carriage by air according to the applicable Dangerous Goods Regulations.
	Total Other Charges Due Carrier		
			---------- Signature of Shipper or his Agent
Total Prepaid		Total Collect	
Currency Conversion Rates		CC Charges in Dest. Currency	Executed on (date) at (place) Signature of Issuing Carrier or its Agent
For Carrier's Use only at Destination		Charges at Destination	Total Collect Charges

ORIGINAL 3 (FOR SHIPPER) A

Shipper's Name and Address	Shipper's Account Number	Not negotiable Air Waybill* SINOTRANS 中国对外贸易运输(集团)总公司
		issued by China National Foreign Trade Transportation (Group) Corporation ADD: Sinotrans Plaza. No. A 43. Xizhimen beidajie, Beijing, China 100044
		Copies 1, 2 and 3 of this Air Waybill are originals and have the same validity.
Consignee's Name and Address	Consignee's Account Number	It is agreed that the goods described herein are accepted in apparent good order and condition (except as noted) and SUBJECT TO THE CONDITIONS OF CONTRACT ON THE REVERSE HEREOF. ALL GOODS MAY BE CARRIED BY ANY OTHER MEANS INCLUDING ROAD OR ANY OTHER CARRIER UNLESS SPECIFIC CONTRARY INSTRUCTIONS ARE GIVEN HEREON BY THE SHIPPER. THE SHIPPER' ATTENTION IS DRAWN TO THE NOTICE CONCERNING CARRIER'S LIMITATION OF LIABILITY. Shipper may increase such limitation of liability by declaring a higher value for carriage and paying a supplemental charge if required.
Issuing Carrier's Agent Name and City		Accounting Information
Agent's IATA Code	Account No.	

Airport of Departure (Addr. of First Carrier) and requested Routing

to	By first Carrier	Routing and Destination	to	by	to	by	Currency	Chgs Code	WT/VAL PPD COLL	Other PPD COLL	Declared Value for Carriage	Declared Value for Customs

Airport of Destination	Flight/Date	For Carrier Use Only	Flight/Date	Amount of Insurance.	INSURANCE-If carrier offers insurance. and such insurance is requested in accordance with conditions on reverse hereof. indicate amount to be insured in figures in box marked Amount of Insurance

Handling Information

No. of Pieces RCP	Gross Weight	kg lb	Rate Class Commodity Item No.	Chargeable Weight	Rate / Charge	Total	Nature and Quantity of Goods (incl. Dimensions or Volume)

Prepaid	Weight Charge	Collect	Other Charges
	Valuation Charge		
	Tax		
	Total Other Charges Due Agent		Shipper certifies that the particulars on the face hereof are correct and that insofar as any part of the consignment contains dangerous goods such part is properly described by name and is in proper condition for carriage by air according to the applicable Dangerous Goods Regulations.
	Total Other Charges Due Carrier		
			Signature of Shipper or his Agent
Total prepaid		Total Collect	
Currency Conversion Rates		cc charges in Dest. Currency	Executed on (Date) at (Place) Signature of Issuing Carrier or its Agent
For Carrier's Use only at Destination		Charges at Destination	Total Collect Charges

ORIGINAL 3 (FOR SHIPPER)

参考文献

[1] 孟于群，陈震英. 国际货运代理法律及案例评析[M]. 北京：对外经济贸易大学出版社，2000.
[2] 严启明，韩艺萌. 国际货物运输[M]. 北京：对外经济贸易大学出版社，1996.
[3] 国际经贸学院运输系. 国际货物运输实务[M]. 北京：对外经济贸易大学出版社，1999.
[4] 杨占林. 国际货物运输操作规程[M]. 2版. 北京：中国对外经济贸易出版社，2002.
[5] 胡美芬，王义源. 远洋运输业务[M]. 4版. 北京：人民交通出版社，2006.
[6] 孟恬. 国际货物运输与保险[M]. 北京：对外经济贸易大学出版社，2008.
[7] 姚新超. 国际贸易运输[M]. 3版. 北京：对外经济贸易大学出版社，2009.
[8] 李勤昌. 国际货运实务[M]. 北京：科学出版社，2008.
[9] 刘寿兰. 国际货物运输[M]. 北京：中国铁道出版社，2003.
[10] 中国国际货运代理协会编. 国际海上货运代理理论与实务[M]. 北京：中国商务出版社，2005.
[11] 中国国际货运代理协会. 国际货运代理理论与实务[M]. 北京：气象出版社，2003.
[12] 吴百福. 国际货运风险与保险[M]. 北京：对外经济贸易大学出版社，2002.
[13] 顾寒梅，张华. 国际货物运输保险理论与实务[M]. 北京：中国物资出版社，2005.
[14] 黎孝先. 国际贸易实务[M]. 北京：对外经济贸易大学出版社，2002.
[15] 金乐闻，武素秋. 国际货运代理实务[M]. 北京：对外经济贸易大学出版社，2000.
[16] 杨海芳，李哲. 国际货物运输与保险[M]. 北京：清华大学出版社，北京交通大学出版社，2010.
[17] 胡骥. 对外贸易运输与保险[M]. 成都：西南交通大学出版社，2007.
[18] 刘宪. 国际货物运输[M]. 北京：清华大学出版社，2012.
[19] 王丽萍. 国际贸易理论与实务[M]. 北京：清华大学出版社，2011.
[20] 李凌，陈永芳. 国际货运代理实务[M]. 北京：对外经济贸易大学出版社，2007.
[21] 栗丽. 国际货物运输与保险[M]. 北京：中国人民大学出版社，2007.
[22] 杨海芳，李哲. 国际货物运输与保险[M]. 北京：北京交通大学出版社，2010.
[23] 姚新超. 国际贸易运输与保险[M]. 3版. 北京：对外经济贸易大学出版社，2010.